孙丽红 编著

解读 呈现 展开
——中学语文课堂教学艺术品析

JIEDU CHENGXIAN ZHANKAI

中山大学出版社
·广州·

版权所有　翻印必究

图书在版编目（CIP）数据

解读　呈现　展开：中学语文课堂教学艺术品析/孙丽红编著．—广州：中山大学出版社，2021.12
　ISBN 978-7-306-07170-5

　Ⅰ.①解…　Ⅱ.①孙…　Ⅲ.①中学语文课—课堂教学—教学研究　Ⅳ.①G633.302

中国版本图书馆 CIP 数据核字（2021）第 225726 号

出 版 人：	王天琪
策划编辑：	曾育林
责任编辑：	陈　芳
封面设计：	林绵华
责任校对：	陈　莹
责任技编：	靳晓虹
出版发行：	中山大学出版社
电　　话：	编辑部 020 - 84110283，84113349，84111997，84110779，84110776
	发行部 020 - 84111998，84111981，84111160
地　　址：	广州市新港西路 135 号
邮　　编：	510275　　　传　真：020 - 84036565
网　　址：	http://www.zsup.com.cn
	E-mail: zdcbs@ mail.sysu.edu.cn
印 刷 者：	广州一龙印刷有限公司
规　　格：	787mm×1092mm　1/32　12.625 印张　294 千字
版次印次：	2021 年 12 月第 1 版　2021 年 12 月第 1 次印刷
定　　价：	48.00 元

如发现本书因印装质量影响阅读，请与出版社发行部联系调换

MPR出版物链码使用说明

亲爱的读者,本书是MPR出版物,但凡带有链码图标"———"的地方,均可通过"泛媒关联"的"扫一扫"功能扫描链码,获得对应的多媒体内容。

您可以通过扫描下方的二维码,下载"泛媒关联"App。

《解读 呈现 展开——中学语文课堂教学艺术品析》
13个课例电子资源一览表

序号	执教者	课题
1	陈奇川	《蓼莪》
2	陈奇川	《师说》
3	林　岚	《李清照词二首》
4	杨　莹	《苤苢》
5	江鸿洋	《百合花》
6	吴文芬	《苦恼》
7	陈正仪	《乡土中国》读书沙龙
8	孙丽红	《乡土中国》共享课堂第1课时
9	孙丽红	《乡土中国》导读及第一章
10	吴文芬	《边塞战争诗四首》
11	黄薇薇	"老城市 新活力"广州特色文化调查活动
12	赖君健	高三语言运用复习课
13	程焰亚	"律诗"阅读鉴赏与写作学习活动课

自序：追求更美好的语文课堂教学艺术境界

这是一本写给教师的书，交流对中学语文课堂教学艺术的思索；这是一本为学生而写的书，因为学生的精神成长是不懈追求语文课堂教学艺术的本质意义。

多年以来，中考、高考的指挥棒把教育、教学指挥得团团转，回头一看，我们花费不少课时所教出来的学生语言表达能力却不尽如人意。而相较世界上的其他国家，我们在母语学习上安排的教学时数较多，这种反差不断引发社会对语文教学的种种关注，也不能不引起每一位语文人对语文教学效率的反思。客观地说，中考、高考是目前条件下相对公平的选拔国家建设人才的途径，如果某种程度上一定要说"应试"有过的话，我认为，"过"不在"应"而在"试"，在"试"的内容。"试"的内容合理、科学，则指挥棒的指挥作用就能通过"应"得到很好的发挥。如此，我期待科学的"试"带来积极的"应"，教学——考试——更好的教学，进入皆大欢喜的良性循环中。

《论语》云："取乎其上，得乎其中；取乎其中，得乎其下；取乎其下，则无所得矣。"这句话微言大义，告诉我们无论是治学还是立事，要以优秀的标准来要求自己并为之努力奋斗，才能取得一定的效果；如果只求过得去，则很可能"无所得"。任何一个行业或一个门类达到艺术的层次是很高的要求，因此，艺术家总是寥寥无几。基于此，本书从

中学语文课堂教学艺术的视角，围绕影响语文课堂教学效率的几个主要因素，撷取大量来自课堂的鲜活案例，尝试以对中学语文课堂教学艺术的不懈追求，更大程度地完善语文课堂教学环节，提升语文课堂教学效率。

给小书取名《解读 呈现 展开——中学语文课堂教学艺术品析》，理由是：其一，对教育政策、教育理念、教育理论、课程体系、课程标准、教材编写意图、单元篇目、教学辅助资料等教学准备材料的精准"解读"，是课堂教学的起点，也是课堂教学走向成功、日臻善境的坚实基础。其二，课堂教学不是纸上谈兵，而是"一朵云推动另一朵云"的心灵互动，需要借助更适宜、更高明的教学方法进行更佳状态的"呈现"，教学设计就是"呈现"的蓝图，需要精心描绘。其三，"展开"是在对"解读""呈现"的反复精心考量后的现场效果。我们的课堂是水到渠成达到了理应达到的预设目标，还是不经意间悄然偏离了航向？这一需要教学智慧的"展开"恰是教学生成难以预设、可能碰撞出火花的魅力所在，也是对整个课堂教学效率一锤定音的关键环节。当然，"一锤定音"是暂时的，我们的目标永远是更好的"下一节"。

"艺无止境"，我认为，对语文课堂教学艺术永不停歇的追求正是我们破解语文教学面临诸多困境的正途大道。品味、剖析一个个已然"开展"的较为典型的语文课堂教学，把它们作为案例，启发我们对语文课堂教学艺术进行实实在在的深思，以期更高水平的语文课堂教学艺术的出现和"展开"——这，是本书小而不小的愿望。

实现这个愿望的道路无疑是艰辛的，尤其是处在2021年这个时间节点上。2017年，《普通高中语文课程标准

(2017年版)》正式颁布,并于 2018 年正式实施,2019 年高中统编版教材在部分省市实验使用,2020 年年初新冠肺炎疫情暴发(课堂教学经历了从线下到线上,再到线上线下融合互生的急剧变化的过程),2020 年 9 月高中统编版教材在全国范围使用。为了迎接 2020 年 9 月高一新生的开学,作为一名高一任课教师,我度过了一个忙碌、充实的暑假,从 7 月到 8 月,参加教育部、人民教育出版社等组织的线上培训,从早到晚,没有午休,边吃饭边学习。教育理念需要把握、更新,教学观念也在不断学习、探索和落实中。所以,这也是一本在不断更新、不断否定自我中生长的书。否定自我是进步,但带着疼痛,每一次的否定都意味着局部的推倒重来,意味着一些星月相伴不眠的夜晚。但是,为了学生,一切都很值得。

在对中学语文课堂教学艺术的不断反思与实践中,我更深刻地认识到学习理论、领悟理念、认识规律的重要性,以及让理论和理念在课堂 40 分钟精准落地的艰难。课堂教学要遵循教育规律,引导学生获得学习的快乐和成长,没有引路人的辛勤付出是做不到的,每一位语文人都需要付出更多的努力。

"回顾所来径,苍苍横翠微。"让课堂上的每一分钟都有来处,让学生每一分钟都愿意聆听,我们的语文课堂教学就必须朝着追求艺术的道路不断前行。

在此,诚挚地向所有关心本书出版的单位与朋友致谢,谢谢你们的支持与帮助!

2021 年 5 月 15 日于广州

目 录

中学语文课堂教学的艺术境界 …………………………… 1
    一、中学语文课堂教学艺术概述………………………… 3
    二、中学语文课堂教学艺术研究的对象及意义………… 5
    三、中学语文课堂教学艺术的特点……………………… 6

中学语文课堂教学解读的艺术 …………………………… 19
    一、中学语文课堂教学文本解读问题的提出 ………… 24
    二、中学语文教学解读什么 …………………………… 26
    三、中学语文教学解读的重点是什么 ………………… 39
    四、中学语文课堂教学中文本解读的基本方法 ……… 42
    五、中学语文课堂教学解读艺术教学案例 …………… 49
    六、谈谈教师读书那些事儿 …………………………… 90

中学语文课堂教学呈现的艺术 …………………………… 103
    一、中学语文教学设计准备概说………………………… 106
    二、中学语文教学设计准备的基本形式………………… 118
    三、中学语文教学设计中的常规设计…………………… 122
    四、中学语文教学设计案例精选………………………… 140

中学语文课堂教学展开的艺术 …………………………… 223
    一、中学语文课堂教学基本功的艺术…………………… 226
    二、中学语文课堂教学中的逻辑思维能力培育………… 243
    三、中学语文课堂教学展开艺术案例实录品析………… 257

参考文献 ………………………………………………………… 390
跋 ………………………………………………………………… 393

中学语文课堂教学的艺术境界

- 一、中学语文课堂教学艺术概述
- 二、中学语文课堂教学艺术研究的对象及意义
- 三、中学语文课堂教学艺术的特点

一、中学语文课堂教学艺术概述

《现代汉语词典》(第7版)对"艺术"的解释是:①名词,用形象来反映现实但比现实有典型性的社会意识形态,包括文学、绘画、雕塑、建筑、音乐、舞蹈、戏剧、电影、曲艺等。②名词,指富有创造性的方式、方法:领导~。③形容词,形状或方式独特且具有美感:这棵松树的样子挺~。

在词语解释里,作为名词的艺术门类没有列出"教育"或"教学",那么,"教育""教学"是否属于"……等"之列呢?答案是肯定的。课堂是进行各种教学活动的场所,教学是教师把知识、技能传授给学生的过程。教学规律、教学技巧、教学美感、大量存在于教学之中的创造性与审美价值,以及优秀的教师们大量让人感受到艺术愉悦的课,这些都让我们认可课堂教学艺术的真实存在。甚至相较表演艺术,课堂教学的生成性给了教师更多的创作空间;不同的是,教师不仅要发挥个人才能,还需要和学生一起完成属于师生共同生成的课堂创作,学生既是课堂教学艺术创作的对象,又是必不可少的参与者,同时还是课堂教学艺术存在的意义——所以,我认为,课堂教学艺术是技术含量极高、博大精深的艺术。

"现代教育之父"夸美纽斯在其著名的《大教学论》一书中说:"教育人是艺术中的艺术,因为人是一切生物之中最为复杂、最神秘的。"他接着还说:"相当多的老师其实并不懂得教学的艺术,因而在履行职责时往往精疲力竭,在繁重的教学之中呕心沥血;又或接二连三地改变教学方法,

解读 呈现 展开——中学语文课堂教学艺术品析

徒然浪费时间和精力。"近400年过去了，于今天的教师而言，夸美纽斯的许多见解仍引起共鸣；而非常遗憾的是，他这些话描述的情况依然大量真实地存在于现实之中。因此，我建议《现代汉语词典》对"艺术"的解释加上"教育"门类，一方面可以明确教育"艺术之中的艺术"的地位，另一方面可以引发对教学艺术更深层次的思考与实践，期待"教学艺术"能大放异彩，少些"徒然"，惠及学子。

　　课堂教学艺术是指教师在课堂上遵循教育教学规律，灵活运用语言、表情、动作、多媒体等手段，为取得最佳教学效果而施行的一套独具风格的激活学生内在情感和思维的高度综合的创造性教学活动。由于语文学科的教学内容包含大量文学等艺术成品，加之语言本身即艺术，因此，语文课堂教学较其他学科的艺术性更为突出，有着与生俱来的艺术细胞，具有独特的艺术气质。

　　诚然，获得教师资格的老师都具备合法开展教学活动的资格，但这些合法的教学活动与其他各行各业一样，既需要传承经验，又需要发展创新，有水平高低之别。有的教学照本宣科，有的教学生动洒脱，还有的教学触动心灵……教学关乎受教育者的身心成长，高水平的教学能有效地帮助学生实现在关键期的成长，因此，不断追求高水平的教学，追求课堂教学的艺术境界，理应成为处于教学主导地位的教师们的职业需求。

　　综上，中学语文课堂教学艺术是指中学语文教师在语文课堂中富有创造性地、娴熟地运用科学的教学方法激发学生的学习兴趣、唤起学生的求知欲望，使学生主动、愉悦、印象深刻地习得知识、形成语文能力的高效教学方式和教学过程。语文课堂教学艺术是教师教育理念、专业素养、教学经

验、教学技能的完美结合与综合体现，需要语文教师在课堂教学实践中孜孜以求，不断精进，逐渐达至"教得准""教得巧""教得美"的艺术境界。

二、中学语文课堂教学艺术研究的对象及意义

语文课堂教学艺术的具体对象究竟是什么？目前存在不同看法，主要观点有三种。

观点1：语文课堂教学艺术研究的具体对象是存在于语文教学活动中的使教学顺利进行的内部机制。

观点2：语文课堂教学艺术研究的具体对象是语文课堂教学艺术的科学性和艺术性。

观点3：语文课堂教学艺术研究的具体对象是语文教学艺术的本质、规律及提高语文课堂教学效率的途径、方法和技巧。

这些观点都有其合理性，也带有一定的时代烙印。我认为，中学语文课堂教学艺术研究的具体对象是中学语文教学艺术活动的本质规律，以及与之密不可分的课堂教学实际效果。换言之，对语文课堂教学艺术的研究不能只停留在"要如何""要怎样"或者"要这样""要那样"的虚无缥缈的理论上，而必须落在实实在在的课堂教学现场，多关注应用性的微观教学技术的研究；艺术，也只有在美妙的"发生式表现"中才有可能被称为艺术。

课堂教学艺术的特殊性还在于，教师集编、导、演于一身。例如：剧本《雷雨》是文学艺术，作者是曹禺，搬上舞台或银幕演出成功成为舞台艺术，导演和表演家另有其

人;一节教学内容精准、教学策略方法适切、学生思维活跃、学生收获颇丰的课也是艺术,撰写教学设计、组织课堂教学、参与课堂教学的都是这位教师,教师的专业性集编、导、演于一体,扎实的教学基本功、高质量的教学设计与高水平的教学展开,三者的高度契合才能让我们的课堂走向艺术之境。

可以说,相较其他艺术门类,要达到课堂教学艺术之境需要付出更加艰辛的努力。这种认知基于我对语文课堂教学艺术的研究意义的理解:与这本小书的写作初衷一致,我们对语文课堂教学艺术研究的意义在于学生的情志发展,在于学生的精神成长。语文是一门特殊的学科,它承载了许多看得见的知识,也承载着太多摸不着却感受得到的东西;它有功利的一面,更有非功利的一面。为了避免"一个蕴藏着可贵才华的青年,只是由于他落到了某位半瓶子醋的老教书匠之手,于是大大丧失了英才的光芒,结果以无名小卒告终"(东京大学教授东洋先生语),我们深入研究语文课堂教学艺术,帮助更多的老师切实掌握教学艺术规律,提升育人效果——这,就是研究中学语文课堂教学艺术的最朴实的意义。

三、中学语文课堂教学艺术的特点

艺术是相通的,音乐、绘画、书法、戏剧等方面的爱好对文学艺术鉴赏力的养成大有裨益。艺术是细腻的,是精巧的,是富于创造的。昆曲《牡丹亭》名段"游园惊梦"中杜丽娘和柳梦梅相会一节,表演中二人手部碰与不碰,眼神对视与否,名角们都大有讲究。印象颇深的一个有创意的表

演是二人水袖相触,似碰非碰,将昆曲舒缓、曼妙的特点和主人公情窦初开的心理徐徐展现,达致极佳的艺术境界。艺术表现的背后是演员对剧本的研究与思考,用最佳的表演来呈现原作的滋味,从而感染、打动观众。课堂教学与戏剧表演有不同之处,但更多的是情意相通,殊途同归。教师不是演员,但教师负有激发学生学习兴趣、引发学生思考探索、调动学生学习情绪、触动学生情感生长的责任。因此,如何取得更佳的激发、引发、调动、触动效果,正是教师为了达到课堂教学艺术而需要思考的问题。

中学语文课堂教学艺术既具备形象性、创造性、审美性等诸类艺术的共性特点,又有其特殊性。我认为,语文课堂教学艺术独特的艺术特征主要有以下几点。

1. 立德树人的引领性

《普通高中语文课程标准(2017年版)》开篇这样表述:"党的十九大明确提出:'要全面贯彻党的教育方针,落实立德树人根本任务,发展素质教育,推进教育公平,培养德智体美全面发展的社会主义建设者和接班人。'基础教育课程承载着党的教育方针和教育思想,规定了教育目标和教育内容,是国家意志在教育领域的直接体现,在立德树人中发挥着关键作用。"课程基本理念第一条是:"坚持立德树人,增强文化自信,充分发挥语文课程的育人功能。祖国语文是中华儿女的精神家园,语文课程对继承和弘扬中华优秀传统文化、革命文化、社会主义先进文化,培养文化自信,推动文化的创新发展,具有不可替代的优势。普通高中语文课程,必须以习近平新时代中国特色社会主义思想为指导,坚持立德树人,弘扬民族精神,融入社会主义核心价值观教育,培养热爱中华文明、热爱祖国、热爱人民、热爱中

国共产党的深厚感情,以及热爱美好生活和奋发向上的人生态度,使学生逐步形成自己的思想、行为准则,增强为中华民族伟大复兴而努力的历史使命感和社会责任感。坚持加强语文课程内容与学生成长的联系,引导学生积极参与实践活动,学习认识自然、认识社会、认识自我、规划人生,在促进人的全面发展方面发挥应有的功能。"

语文教材在所有学科教材中具有较高的社会关注度,正可谓"小教材,大影响",是一个时代价值导向的风向标。语文课堂教学因之也首先具有了对学生道德情操、人生价值、是非观念的引领作用,也可谓"小课堂,大作用"。值得肯定的是,新版统编教材较好地体现了语文教学的引导性,为语文课堂教学艺术的生长提供了优质土壤。例如高一必修上册,通过对第一单元《沁园春·长沙》《百合花》等经典篇目的教学,可引领学生在理解文本、品味语言、体会风格的同时,思考青春的价值;通过对第二单元《以工匠精神雕琢时代品质》《芣苢》等经典篇目的教学,可激发学生对劳动的热爱、引领学生向大国工匠致敬,在学生心中埋下爱岗敬业的种子。新版教材中这样的例子还有很多,语文教师要认识到语文课堂教学艺术立德树人的高层次引领作用,春风化雨,善于挖掘教学内容中的关联点,充分发挥语文的陶养功能。

2. 形象生动传神

在《现代汉语词典》对"艺术"的解释中,"形象性"是所有艺术最基本的特点。具体到中学语文课堂教学中,是指教师从衣着打扮到教学言行,从课件呈现到即时板书,都要注意将较抽象、隐晦的文字适当转换为形象、贴切的描绘,让学生易于接受。例如,我曾看见不少语文老师为了达到更好的教学效果，在穿着上精心搭配：讲《爱莲说》《荷花淀》《荷塘月色》，女教师穿上有荷花图案的长裙；讲《师说》，穿上有教师范儿的长衫或旗袍……当然，这些并非评判教学优劣的关键，但都是教师追求更完美的教学的细节表现。语文教学与其他学科一样，需要通过缜密的学科思维逻辑来达到教学目的，生动、鲜明、具体、形象的教学艺术则可以帮助我们更好地达成这个目的。对母语教学而言，语文教师语言的形象性特别重要，通过巧妙机智的语言，可使学生更快把握要领、茅塞顿开。例如，讲《故都的秋》，学生对"秋士"一词难以理解，教师朗读一下《秋声赋》《赤壁赋》的精彩片段或杜甫的《登高》，"秋士"的形象便马上出现在学生的脑海，中国文人之秋和中国文化之秋得到印证，学生理解起来就更深刻了。

3. 富有学科独特的情感

心理学研究表明，带着充沛的情感教学比平淡的知识讲解能取得更佳的教学效果。一般而言，教师在课堂上热情、乐观、友善、满面春风的教态能使学生之间及师生之间感情融洽和谐，产生共鸣。

语文教学内容本来就包含着丰富的情感，情感共鸣显得更为重要，如果挖掘转化得好，教学情境和情绪与作品表现出的情绪基本吻合，那么，对学生就会产生强烈的感染和激发作用。学习一篇篇"情动而辞发"的美文，学生在教师饱含情感的引领下融入其中，在融入中建构情感体验、探求表情达意的路径、咀嚼遣词用字及句段搭配的奥妙。当然，除了感性情感，语文教学内容还包含大量的理性情感，阐述观点、臧否时事、扬善涤非，这些毫无疑问也是一种情感。情感共鸣的产生需要教师有高尚的师德情操，热爱学生，主动营造能产生共鸣的环境,善于创设教学的情境,行云流水,水到渠成。例如,讲解李清照的《声声慢》,有的老师不注意创设与作品较一致的情感氛围,课堂上嘻嘻哈哈,笑语不断,学生始终无法很好地体会作品中浓重的愁情,无法与作品产生共鸣。教学的情感性和教育性是紧密结合在一起的,教学艺术则是运用情感,以情感人,不少情感深厚的文学作品中也蕴含着传统文化。教师应通过挖掘教学内容中的情感因素,把学生置于一种情感激发和陶冶的气氛中,使之为其所感、为之所动,进而转化为强烈的学习动机;反之,则方向走偏。例如,讲《背影》这篇感人至深的散文,学生提出"父亲爬铁路月台去买橘子违反了交通规则",继而引发学生大讨论,如果教师不予正确引导,则会让课堂失控,令文章苦心经营的动人亲情荡然无存。

4. 在预设中生成,在生成中共鸣与创造

预设性与生成性相辅相成,互相融合。语文课堂教学艺术需要语文教师对课堂教学内容、教学方法、教学环节、教学资源、教学板书、教学课件等进行全面充分、深思熟虑的准备。这种课前进行的有计划的设想就是教学预设。每一节课都应有教学设计,每篇课文、每个单元、每个学期、每个学年、每个学段也都应有更为完整的、整体的、宏观的教学设计和安排。语文教学既具体而微,差之毫厘,谬以千里;又深远恢宏,与广阔世界紧密相连。教学预设体现了教师的主导作用和对文本的尊重,并主要呈现在教学设计上,也有些预设凭借教师经验,不一定写在书面的教学设计中。语文课堂教学艺术的预设性贯串"解读""呈现""展开"三个环节,是语文课堂教学艺术成功的根基。解读的精准与深刻,基本决定了预设的质量,是远离表面热闹实则肤浅空虚

的低效、无效甚至负效课堂的"避雷针"。

课堂教学生成的提出,体现了以学生为主体的教学理念。中学语文课堂教学的生成性是指在合理的教学预设前提下,在教学展开过程中由师生共同根据教学内容开展教学活动、推进教学发展的过程,是一个师生同学、共建的教学发展过程,是开放、互动、多元的新型教学形式。在文本、教师、学生的交叉对话中,在教师巧妙的安排和激发下,出现超出教师预设方案的新情况,这些新情况随着教学环境、学习主体、学习方式的变化而变化,根据教师的不同处理而呈现出不同的价值,使课堂呈现出灵动的、生机盎然的特点。在这样的课堂中,学生的精神得到不同程度的生长。教学生成强调在师生互动的过程中,教师需要针对学生的学习兴趣和心理做出价值判断(这种价值判断的准确性取决于教师的专业水平),调整预设的教学活动,以促进学生在现有能力上更上层楼。中学语文课堂教学生成的艺术是中学语文教师在课堂中娴熟运用综合教学技巧,按照语文教学规律和语言艺术美的规律开展的独创性教学实践活动。语文课堂教学艺术的生成性是在课堂教学实践中即时发生的、不可重复的生成性,语文课堂的生成性较其他学科强得多;反过来,这样的特性对教师的课堂教学艺术水平要求极高。因此,语文教师需要更强的课堂生成意识与方法策略。

著名教育家巴班斯基认为:"只有在师生积极的相互作用中,才能产生作为一个完整现象的教学过程。"师生双方积极参与、认识相通、思维碰撞、情感共鸣是语文课堂教学艺术火花产生的前提。思维碰撞需要教师率先思考,教师的专业积累与素养是高质量预设、生成、创造的前提。中学语文课堂教学艺术的代表人物于漪老师曾说:"这些年走下

来,我们很多教师,包括一些优秀的教师,在上课的时候,自信力都很少,往往是不知道课怎么上。我想这样一种心态,会影响我们语文教学质量的进一步提升。……我们听了很多课,特别是年轻教师的,教学过程可以说是天衣无缝,一个环节接着一个环节,<u>丝丝入扣</u>,分秒不差。对怎么教考虑得很多,但对教什么考虑得显然不够。"换言之,思维火花的出现不能急于求成,需要教师不断积累经验,同时基于学情,研究教材编者的思路和文本真意,精心设计课堂的提问引导……

5. 具有极强的创造性

创造性是一切艺术的生命,也是教学艺术的突出特点,更是生成性极强的语文课堂教学艺术的特点,可以说,没有创造就没有语文教学艺术。语文教学艺术的创造性首先表现在备课时对文本的创造性思考、创造性地设计教学实施方案,这一点将在后文"解读的艺术"和"呈现的艺术"中详述。组织教学的过程本身就是创作,而且比艺术家的创作更富有创造性,语文教学艺术特别要求具有求异性和独创性,在教学实践中具有教学艺术才华的教师,其教学具有自己独特的风格和特色。语文教学艺术的创造性还应具有生成因变性,需要语文教师及时巧妙灵活地处理教学中无法预料的情况——这,是一切教学机智中的机智,是区别"平庸的教书匠"和"教学艺术家"的重要尺度。生成创造是语文课堂教学艺术中的珠穆朗玛峰,也是语文教学艺术比其他艺术如舞台艺术难度更大之处。它无法酝酿排练,只能现场发挥,灵活表演,处理得当能产生出人意料的精彩的艺术效果。比如,学生提出了老师意料之外的问题,对这些问题进行恰当而迅速的回答便是一种教学艺术。有的老师试图通过

教学设计消除这种突发情况,但我们需要认识到,教学的生成性与教学中的计划性并不矛盾,即使再周密的教学计划,运用起来也需要有灵活性和创造性,语文教学的常态是有计划而又不拘泥于计划,是生成与创造的浑然天成。

6. 语文课堂教学贯串着审美与鉴赏

从拿到教材到备课,再到呈现和展开,审美自始至终贯串在语文课堂教学中。因此,具备较高的审美力是语文课堂教学艺术的又一个重要特点。试想,如果语文老师自己不具备文学作品的审美能力,不懂审美的路径与方法,又怎么能够胜任带领学生解读文学艺术的大任呢?然而,在实际中,这样的"南郭先生"不在少数,这也是语文课堂教学效率不高的主要原因之一。语文教师的语言之美、书写之美、板书设计之美、教学方案之美都是语文教学艺术的组成部分。教学设计的美表现为教学计划方案新颖、别具一格和具有可行性;教学过程的美表现在整个教学过程自然流畅;教学语言的美表现为生动形象、言简意赅、精确明快、富有情感;教态的美表现为衣着大方、仪态端庄、态度真诚、举止潇洒;板书设计的美表现为布局设计比例协调、对比鲜明,系统而又有重点,难点突出,书写规范,而且漂亮工整。在教学艺术中,审美仅仅是手段,从属于教学效益,并以教学效益为取舍标准。

鉴赏性是语文学科与生俱来的一个突出特点,遗憾的是,目前严重缺乏与之相关的语文教学理论研究,导致着力不够,教学中似鉴赏非鉴赏的偏离问题十分突出。语文学科教学内容本身具有极强的艺术性:诗、词、小说、戏剧、散文都是文学艺术,其他类型的文本很大意义上也是汉语言运用的典范。可以说,语文是一门从识字开始,随着学生年龄增长、思维水平的发展,朝着各层级鉴赏能力提升的路径探寻的学科;语文学习是一个在鉴赏中教学相长,审美能力及创造能力不断提升的过程。尽可能精准的文本解读是文学鉴赏、语言鉴赏的第一步。然而,令人担忧的是,中学语文教师的学历越来越高,教学实际中的文本解读能力却没有随之得到提升,在我看来,距离基本要求还有明显的差距,这不能不说是一个令人尴尬的问题。汉语言文学专业毕业的本科生、硕士研究生甚至博士研究生,解读中学语文教材课文的能力严重欠缺。当然,这里绝对不是说学历与解读能力负相关,而是指出这个问题的严重性。更令人担忧的是,教师走上讲台后,在读书和研究上投入的时间不足,教学研究环境欠佳,实际情况恐怕比在实际工作中看到的严重得多,在大面积促进有效教研方面,我们的办法显然还不够有效。"知不足而能自反",希望我的忧虑只是杞人忧天。

7. 学科逻辑的严谨

语文属于人文学科,以往我们对学科的逻辑有所忽视,造成了不少问题,如概念不清、偷换概念、张冠李戴、前后矛盾等。

2008年全国高考新课标卷选考实用类选文摘编自夏东元《盛宣怀传》,文段题目是《盛宣怀的教育思想和办学实践》,第18题的设问是:"盛宣怀办学成功的主要原因,有人认为是他有丰富的办学经验,有人认为是他教育思想先进,有人认为是他经济实力强,有人认为是李鸿章的培植。你的看法呢?请就你认同的一种原因进行探究。"这道题要求对盛宣怀办学成功的主要原因进行探究,并把四种答案直接写在题面上,即"有人认为是他有丰富的办学经验,有人认为是他教育思想先进,有人认为是他经济实力强,有人认为是李鸿章的培植"。然后问"你的看法呢？请就你认同的一种原因进行探究"。可以说，这是一种大胆的尝试。评分标准也做了相应的调整："不要求面面俱到，只要能就以上四点中的任何一点或其他观点进行探究，即可根据观点是否明确、论述是否合理酌情给分。观点明确给2分，论述合理给6分。"以下我们看看学生答案中存在的逻辑问题（以下所举实例中还存在其他问题如语法错误等，为剖析其正误，一律实录，不加修正。后同）。

学生答案示例1：我认为主要原因是他的教育思想先进。①"精细为同僚之冠"，注重对训练班的经验总结，而只注重实用，不求系统，为后来办学提供了经验基础。②坚持"学以致用"的原则。使学生循序渐进并学习专门科学，培养出专门人才。③重视基础教育。完善了南洋公学的各级学院，为国家教育大业做出贡献。

学生答案示例2：①开创新兴企业意识到新式人才的重要性，附设学堂，注重实用并及时总结经验。②开办北洋大学堂时以"学以致用"为准则，创定不许躐等，学习科技的准则，摒弃语言。③以钦定专科，培养政法人才的方式开办南洋大学。④重视基础教育，创办了一系列师范院、外院等。

学生答案示例3：①我认为盛宣怀办学成功的主要原因是有丰富的办学经验。②盛宣怀在经营企业过程中开办训练班，注重实用经验教学。③盛宣怀开办中国首所北洋大学堂，学习专门科学技术。④盛宣怀设立南洋公学，培养全国政法人才。同时他完善了基础教育体系，推动了中国教育近代化发展。⑤盛宣怀通过创办学堂等不断积累教学经验，为其办学成功奠定基础。

学生答案示例4：①有丰富的办学经验，办训练班、北洋大学堂、南洋公学；②教育思想先进，学以致用，重视基础教育；③经济实力强，控制许多大型企业；④李鸿章的培植，保举做高官，支持办学。

学生答案示例5：我认为主要原因是盛宣怀"具有创新精神"。①他在经营企业过程中开办训练班，注重实用经验教学。②他开办中国首所北洋大学堂，学习专门科学技术。③盛宣怀设立南洋公学，培养全国政法人才。同时他完善了基础教育体系，推动了中国教育近代化发展。④盛宣怀通过创办学堂等不断积累教学经验，为其办学成功奠定基础。

学生答案"示例1"虽然观点基本明确，认为主要原因是盛宣怀教育思想先进，但概念不清，佐证材料的第一点就不是体现盛宣怀教育思想的。回答这个题目，需要明确两个基本概念：教育思想和办学经验。"教育思想"指人们对人类特有的教育活动现象的一种理解和认识，它以某种方式加以组织并表达出来，其主旨是对教育实践产生影响。"办学经验"指在兴办学校实践中得到的知识或技能。原文为"基于这种认识，盛宣怀在经营企业的过程中，往往创办附设于企业的带有训练班性质的学堂。比如办电报局时，他在天津、上海等地办有电报学堂；督办汉阳铁厂时，也办有附设的学堂。这些学堂在学制、课程等方面都只注重实用，理论和基础知识则不求系统，属于非正规的训练班。盛宣怀是一个有心人，'精细为群僚之冠'，他对这些训练班及时总结经验，作为以后办正规学堂的准备"。显然，办训练班当属办学经验一类，不能列入教育思想。学生答案"示例2"和"示例4"暴露出学生完全没有概念意识，置设问中的"办学经验""教育思想""经济能力""培植"等提示于不

顾，而单纯罗列盛宣怀的做法，即便踩对答题点，由于缺乏必要的观点界定，也只能是徒劳。学生答案"示例3"暴露出学生缺乏基本的逻辑判断与推理，将观点与佐证材料并列，心目中只有答题要点，逻辑思维极不严谨，答案经不起逻辑推理。学生答案"示例5"则表现学生能准确揣摩题目要求，思维能力较强。

《普通高中语文课程标准（2017年版）》特别强调了语文学科的逻辑、教学的逻辑，要求培养学生的学科逻辑思维，这是抓住了语文教学要害的。

俄国教育家乌申斯基说："教育是一切艺术中最广泛、最复杂、最崇高和最必要的艺术。"中学语文课堂教学的对象是13～18岁的青少年学生，他们的心智发育尚未完全成熟，个体发展不均衡，在课堂教学中，特别需要教师艺术地处理教学内容，艺术地呈现与展开。语文教学内容本身具有鲜明的艺术特征，因此更需要艺术地转化，让学生愉悦地感受蕴藏在艺术作品中的深刻内涵和艺术魅力，汲取精神养料，从而促进自身精神的成长。语文课堂教学不仅仅是对知识的讲解和传授，还应该是一种如沐春风的艺术享受，它是教学过程在更高、更美层次上的体会。把握教学艺术的特点，是我们了解和运用教学艺术的关键。

中学语文课堂教学解读的艺术

- 一、中学语文课堂教学文本解读问题的提出
- 二、中学语文教学解读什么
- 三、中学语文教学解读的重点是什么
- 四、中学语文课堂教学中文本解读的基本方法
- 五、中学语文课堂教学解读艺术教学案例
- 六、谈谈教师读书那些事儿

不管在中学还是大学课堂上,经典文本的微观解读都是难点,也是弱点。……许多学者可以在宏观上把文学理论、文学史讲得头头是道。滔滔不绝的演说、大块的文章充斥着文坛和讲坛。在文本外部,在作者生平和时代背景、文化语境方面,他们一个个口若悬河,学富五车,但是,有多少能够进入文本内部结构,揭示深层的、话语的、艺术的奥秘呢?就是硬撑着进入文本内部,无效重复者有之,顾左右而言他者有之,滑行于表层者有之,捉襟见肘者有之,张口结舌者有之,胡言乱语者有之,洋相百出者有之,装腔作势,借古典文论和西方文论术语以吓人,以其昏昏使人昭昭者更有之。

——孙绍振

高中语文统编教材使用以来,群文阅读、整本书阅读、单元整合教学等新气象令部分语文教师产生"单篇教学过时了""文本解读没那么重要了"的误解,过度知人论世、牵强附会的群文阅读和蜻蜓点水式的整本书阅读交流时被"尝试"、屡获"探索"。殊不知,新课标、新教材、新课堂对文本解读的要求更高了,语文教师精准深刻的文本解读成为新课程理念在中学语文课堂教学落地的"实处"。

——孙丽红

如前所述,语文课堂教学艺术具有与生俱来的独特的艺术气质。文学艺术作品直接成为语文学习内容,探究这些艺术的价值、汲取经典艺术的营养成为语文学科责无旁贷的任务;如何精准解读这些艺术作品、引领教学对象感受这些艺术作品的艺术感染力是语文教师的职责所在。

生活中,解读无处不在,文字的解读、图画的解读、表

格的解读、音频的解读、视频的解读、情绪的解读、情感的解读、表情的解读、神态的解读……这些无处不在的解读能力是相通的,文字是我们认识世界的语言符号,解读文字是生活的基本能力。在中学语文教学范畴内,解读主要是对文本的解读,解读能力也主要是阅读文本的能力;在此基础上,教师培养学生日后工作、生活所需要的听、说、写的能力。要实现让学生在课堂上较顺利地学有所得并获得精神上的成长,起点就在于精准、深刻、适度的解读。

中学语文教学内容涵盖听、说、读、写等方面,课堂教学中师生面临的主要是阅读教学。从幼儿园、小学到初中、高中,学生的身体和精神都在成长,每个阶段都有不同的学习起点,学习内容的难度也在快速增加。作为教师,在进入课堂前必须了解学生的起点和中点(请注意不是"终点")。概括而言,即处于每一个阶段的学生,他们的学习起点是文本中包含的需要学习的地方(反过来说就是学生暂时还不会的地方);中点可以说是阶段性的"终点",依然指向以文本本身为主要学习内容的必须理解的关键之处。因此,中学语文课堂教学的主体是学生,指向是蕴藏于文本之中的文字奥妙,教师是学生成长与文本奥妙之间必不可少的桥梁。要成为教学中的桥梁,教师首先需要筑牢自己的根基,这个根基就是教师自身的解读水平。

2020年全国高一年级学生正式统一使用语文统编教材,统编教材篇目更为经典了,我们对经典篇目的解读则更显重要了;新教材单元组合更科学了,对我们基于解读整合单元的能力要求更高了;新课标对学生真实的语文学习活动及语言运用更加重视了,我们更应积极发挥作为标杆的经典文本的引领作用。我不赞同那种误认为单元整合、群文阅读可以

替代单篇深读的观点和做法，窃以为汉语言母语教学的解读问题仍然是中学语文教学中永恒的，也是最重要的一个话题，真正优秀的、获得认可的单元整合、群文阅读正是建立在对单篇经典价值的精准、深刻的认识之上。

毋庸置疑，新课程、新课标、新教材给中学语文课堂带来深刻的学习方式的变化、变革，突飞猛进的信息技术也正对传统教学方式产生着巨大而深远的影响。课程改革有许多新理念需要落实，从语文教学看，前提是教师要花更大的力气解读好文本真意，并在此基础上开展课程标准规范下的群文阅读、项目式学习、整本书阅读。可以说，教师广泛阅读、深入阅读是开展各类语文学习活动的基石。然而，无论是单篇教学还是多篇教学或者整本书阅读，在课堂教学实际中都普遍存在浅层、偏离、误读等常见的解读问题。

当然，文本解读也是备课的一部分，本书将它单列的理由有：其一，较长一段时间，文本解读暴露的问题很多，已成为中学语文课堂教学需要突破的瓶颈；其二，文本解读是中学语文教学最主要的内容之一，解读质量更是落实其他所有教学目标效果的根基；其三，新课标、新教材、新高考对文本解读提出了更高的要求，文本解读是否精准到位，成为教师能否引领学生开展高质量学习活动的关键；其四，文本解读是常谈常新的话题，解读没有止境，解读亦有其独特系统的方法；其五，语文是在学习经典母语范例基础上引导学生运用语言的学科，对文本语言的解读是固本培元的基础工程。基于这些考量，本书将文本解读单列出来，并围绕中学语文教学中篇目（或整本书）文本解读的艺术进行讨论。

一、中学语文课堂教学文本解读问题的提出

2005年广东高中新课程实施伊始，我听了一节语文交流课，课题是粤教版必修3第三单元"微型小说两篇"中德国作家克里斯蒂·安森的《差别》。

文章篇幅短小，字面意思不难读懂。在分析人物形象环节中，学生们在概括阿诺德性格特点时认为他是一个敬业、勤劳、做事主动、善于动脑筋、善良诚实的人，老师肯定了回答问题的学生，并且将他们的概括板书在黑板上。其实，细读不足600字的文本，我们找不到丝毫表现阿诺德善良诚实的依据。可能在师生的潜意识里，善良诚实是大多数情况下获得老板赏识的一大优点，于是顺理成章地把它放在了阿诺德的身上，而没有忠实于文本本身，没有依据文本来判断小说是否确实表现了人物的这一性格特点。由此我想，中学语文课堂首先应该是有效的教学，继而是追求更高效的教学，最后才是力求迈向艺术高度的教学。通向语文教学艺术殿堂的方法与途径很多，但我们的探索究竟是更加接近目标还是南辕北辙，这是一个值得思索的问题。方法论告诉我们，任何行动的结果要达到更加接近目标的目的，首先需要满足其前提条件。从以上案例及无数语文课堂教学实践看，这个前提条件是对教学使用文本的精准解读。

改革开放以来，我国基础教育的历次语文教育教学改革无疑取得了一些成绩，特别是树立了以生为本的教育教学理念，的确是一个顺应时代发展的大的推进。然而，从语文学科的角度而言，我们的注意力过多地转移到对课程的设置、

课程标准的变化、教材单元篇目的变化、学习方式的变革上,无意中忽视了语文学科的根本:我们在花样百出地实施这样那样的先进教学理念之时,仍需花更多的力气首先落实好对教学材料的精准、深刻的解读——这,正是能令先进教学理念落地的基础。

现实中,不少中学语文课堂教学存在文本解读的各种问题,语文教师主动放弃对文本解读的关注,继而逐步丧失深读文本能力的现象较为严重,从而直接导致了课堂教学质量的滑坡。其原因很多:其一,误以为科班出身的教师解读能力不成问题,因而不屑于探讨文本解读问题。其二,把握教情学情的意识不强,眉毛胡子一把抓,重点不突出,难点难突破。其三,过于依赖教材、教参、教辅的权威,直接照搬、照套、照本宣科。其四,没有时间深读或懒于深读。网络时代,资源丰富,我多次拿着明显是直接从网上复制的教学设计听课,甚至连格式、标点、字体都没有调整,教学实施环节完全脱离教学设计……新课程实施以来,高频出现的"单元整合""群文阅读"颇令教师们焦虑,对单篇教学造成了一定的影响。我认为,影响不一定是坏事,但"单元整合"也好,"群文阅读"也罢,都是建立在更高质量的单篇深读基础之上的,在单篇阅读的问题尚未真正解决的情况下,讨论文本解读问题正当其时。

2021年5月底,在本书审稿过程中,温儒敏老师针对新教材实施以来教师备课方面的问题提出他的看法:"大多数老师上大学期间学过文学史,读过一些作品,但未必认真研究过。现在要教书了,是需要补课的。要让自己在状态中,就是围绕教材,比较系统地重新学习大学期间下功夫不够的课程,要适当地跟踪和了解学术研究界的新的成果,将

一些比较新的有共识的学术观点转化到自己的教学中去。"温老师语重心长的话我深以为然,特此补述。

二、中学语文教学解读什么

"中学语文教学解读什么?"这不是一个新鲜问题,也不是一个明知故问的问题,而是一个貌似人皆知晓,一到课堂却常常出问题的问题——因此,它正是我们在谈论文本解读时需要先仔细琢磨、认真想明白的方向性问题。

无疑,文本解读要正确、准确、深刻,但谬误、偏离、肤浅的解读在目前的中学语文教学中仍大量存在。在统编教材进入课堂的当下,这是语文课程标准落地、教材教学目标落实的瓶颈,需要认真讨论和研究。据我观察,大凡足够重视文本解读且解读得法的个人、备课组或区域,学生的语文素养和教学效果都可圈可点,能顺利进入稳步提升的良性循环;反之,以"肤浅的花式"为目标,满足于浅尝辄止的"外围式"解读,沾沾自喜于热闹非凡但缺乏实效的"学习活动",则会南辕北辙,距离需要到达的目标愈加遥远。

一方面,教师的解读与学生的解读基本一致但不完全相同。这里包含三层意思:第一,一般情况下教师的生活经验、专业背景较学生更为丰富、精深,在"裸读"文本的感悟方面,师生之间存在天然的差异,学生之间由于个体差异亦存在理解感悟的不同;第二,作为传授者,教师解读的范围、深度必须超过受教者,所谓"要给学生一杯水,教师必须有一桶水"说的就是这个道理,且教师的博学与学生所得正相关;第三,教师无须将自己的解读全盘托出,倾囊相授,学生所处的学习阶段的学习目标决定了我们的课堂

教学内容。正常情况下，语文教师通过自己的汉语言文学专业储备，洞悉文本精要、关键所在，引领学生领悟文字背后的奥妙，欣赏汉语言的美妙，在尽量深刻的感悟中逐步习得运用汉语言文字的方法。海德格尔说"语言是存在的家园"，朱自清曾说"文字就是思想"，汪曾祺认为"语言不只是形式，语言本身便是内容"。我们的语文教学正是要引导学生透过语言的外壳，读懂作者精心设计的情感表达，读懂作者的心灵与思想，帮助学生理顺暂时难以理解之处。

另一方面，语文教材篇目来自几千年中华文化沉淀的精华，语文课堂应正面回答经典文本经典何在的问题。所谓深读，我认为不是目前大量出现在课堂的"换句话"——重复原文的意思（现代文不需要逐字逐句翻译表层意思），或过多简单的配乐、朗读（例如，没完没了漫无目的的齐读、男女分读、个人朗读），而是解读作者写了什么，为什么写这个内容，为什么这样表达。

我们来看《我与地坛》，首先请判断下面哪一段是作者史铁生的表达。

表达1：它等待我出生，然后又等待我活到最狂妄的年龄上忽地残废了双腿。四百多年里，古殿檐头浮夸的琉璃剥蚀了，门壁上炫耀的朱红淡褪了，一段段高墙坍圮了，玉砌雕栏也散落了，祭坛四周的老柏树愈见苍幽，到处茂盛的野草荒藤也都自在坦荡。

表达2：它等待我出生，然后又等待我活到最狂妄的年龄上忽地残废了双腿。四百多年里，它一面剥蚀了古殿檐头浮夸的琉璃，淡褪了门壁上炫耀的朱红，坍圮了一段段高墙，又散落了玉砌雕栏，祭坛四周的老柏树愈见苍幽，到处的野草荒藤也都茂盛得自在坦荡。

表达3:它看着我出生,然后又看着我活到最狂妄的年龄上忽地残废了双腿。四百多年里,它一面剥蚀了古殿檐头浮夸的琉璃,淡褪了门壁上炫耀的朱红,坍圮了一段段高墙,又散落了玉砌雕栏,祭坛四周的老柏树愈见苍幽,到处的野草荒藤也都茂盛得自在坦荡。

"剥蚀""淡褪""坍圮""散落"按常规后面不带宾语,形容词"茂盛"后面带上补语感觉陌生,"等待"和"看着"有什么不同?……作者希望表达出怎样的意味?需要琢磨何种表达取得最为贴近写作者的意思或情感效果,使语言和思想融为一体,交相辉映。从经典之作中,我们看到"思想是语言的思想,语言是思想的语言",同样地,"情感是语言的情感,语言是情感的语言"。地坛曾经是一个皇家祭祀之所,后来成为公园,在史铁生生活的时代是一个公共场所,这样的地方北京城到处都有——但,起码我承认,地坛是史铁生的地坛,因为他,不少人专程去地坛观望。在文中,"等待"表达的是"不采取行动"但"期望人或事物出现"的意思,"看着"则意味着"观察"。用"等待",既承上段末句"仿佛这古园就是为了等我,而历尽沧桑在那儿等待了四百多年",又继续表达了这古园的无比耐心。"剥蚀了""淡褪了""坍圮了""散落了"则表现出地坛的主动,并赋予了地坛灵性,具备了与"我"相知相伴的灵魂。接下来的"茂盛得自在坦荡"就成为神来之笔,洒脱放松。

世界上没有两片完全相同的树叶,不同文本(即便文体相同)也有不同(甚至很不一样)的特点;不过,文本之间的关联也无处不在。语文教师的通病是热衷于讲同类文本或同一个单元文本的共性,"浅水游泳、平面滑行",疏

于甄别,视而不见"这一篇"作品独特的价值。想要提高语文课堂的效率,这种鉴别作品独特价值的功夫是尤为重要的。新课程背景下的语文课堂提出的新主张,实际上是建立在具备相当单篇解读能力基础上的更为贴近学习者、更强调将知识和方法的内化转换为运用能力的教学理念,它在课堂教学中的落地其实对教师的阅读储备和鉴赏力提出了相当高的要求。可以说,教师的不适应,并不是对新理念、新教学方式的不适应,而是对专业基础不牢的"不适应",这才是深层次的原因。例如,统编教材高一语文必修上册第五单元《乡土中国》,许多老师以前并未读过,加之是社会学典范之作,在难度上吓倒了不少老师,出现了不少怀疑、反对之声。再如,高一语文必修下册第六单元,将《林教头风雪山神庙》和《装在套子里的人》编排在第13课,接着将《促织》和《变形记》编排在第14课,显然比单篇教学更具挑战,教学空间大大拓展了,如果没有对单篇更为深刻的理解和认识,单元整合、群文阅读都会因此而落空。事实上,我们看到过渡顺畅的地区恰恰是那些人文积淀深厚、一贯重视语言教学的地区;落实到位的老师恰恰是那些功底扎实、阅读积累深厚的老师,他们在新课标、新教材背景下行走自如,如鱼得水。

为了讲出"深度",某些课堂出现了新的问题:"过度解读文本主题(或曰'中心')""过度解读作者及写作背景""牵强附会人物情感""机械解读段落及大意""强加道德或政治含义"等。这些"误解"又包含许多花样百出的"变式",令人眼花缭乱而难知其所以然。例如:讲王维作品,即上溯到其祖母自幼熏陶,大谈特谈王维之佛性渊源;讲杜甫《登高》,挖掘出杜甫当时患有"糖尿病",故

解读 呈现 展开——中学语文课堂教学艺术品析

云"百年多病";讲《背影》,讨论文中父亲爬过铁路买橘子是否违反了交通规则,还有,因为"橘"与"吉"同音,父亲执意买橘子是对儿子的美好祝福;讲陶渊明《归园田居》,与学生探讨"假如是你,在'为官'与'隐居'之间会做出怎样的人生选择";讲苏轼,津津乐道于"苏堤""东坡肉"等;讲信息时代的语言运用,大量引入新鲜出炉、极不规范甚至不雅的网络用语(包括"火星文字");讲契诃夫的《苦恼》,对乘客群像展开"冷漠无情"的道德审判,引导学生多关心陌生人、多做好人好事……凡此种种,借"大语文""文本深读"之名头,貌似"趣味横生""拓展创新",实则"乱花渐欲迷人眼",柳暗花明不见村。

事实上,我并不反对语文课堂上的主题探究、知人论世、脉络梳理,而且十分赞成一些文字、文本中春风化雨的德育、美育熏陶,只是应把握好解读基础上渗透的"度"。我认为,语文课堂教学的一切活动应建立在语文学科素养的四个维度范畴之内,尤其是贯串整个语文教学的"语言建构与运用"——这是基础教育需要完成的继立德树人之后的一大目标,帮助学生在正确、准确、精细化理解语言形成语感的基础上流畅、准确、优美地运用祖国的语言文字。

如果在这一点上认识不坚定,稍有风吹草动,教学就容易走偏。让我们来看统编教材高一语文必修上册第七单元。

14 故都的秋/郁达夫
　　＊荷塘月色/朱自清
15 我与地坛(节选)/史铁生
16 赤壁赋/苏轼
　　＊登泰山记/姚鼐

单元学习任务

在统编教材主题、任务群双线组元的大框架下,第七单元古今散文的同一文体组合颇显"特立独行"。虽然篇目都是"老"的,但文本排列、组合不同了,讲授过多次的老师们面对这些"陌生的熟悉文",感到不知如何是好——在新的(实际已出台3年)课程标准下、新的教材之中,"讲解什么"成为一个不小的问题。在线上和线下的语文课堂中,我观察到老师们是这么去努力对接新课标的。

【**案例1**】第14课第1篇《故都的秋》

教学目标:①语言建构与运用:有感情地朗读精彩语段,品味散文独特的语言美。②思维发展与提升:能表达阅读散文后的直觉感知、形象画面和对散文的情感体验。③审美鉴赏与创造:在阅读鉴赏过程中体会散文的情感内涵,形成正确审美意识、健康向上的审美情趣与鉴赏品味,并尝试表现美、创造美。④文化传承与理解:理解散文的人文内涵,进而体会民族心理,提升文学欣赏品味。

教学重点:学会运用作者以情驭景、以景显情所创设的"物""我"之间完美融合的手法。

拓展学习活动:秋日学农,描写你眼中的秋景,抒发你感受到的秋情。

课时安排:讲读1节课(其中朗读20分钟),拓展学习展示交流1节课。

【**案例2**】第16课第1篇《赤壁赋》

课时安排:疏通文义1节课,深入了解苏轼人生经历1节课,交流知人论世与文本抒发情感之间的关联。

【**案例3**】第16课第2篇《登泰山记》

课时安排:疏通文义半节课,姚鼐人生经历半节课,学

解读 呈现 展开——中学语文课堂教学艺术品析

习活动分享1节课（通过知人论世"深度"解读文本的"深层"含义）。

　　从课堂内容、环节、言行中，我看到教学设计背后的反复权衡和最终选择，这些未能落实文本的"飘飘然"的想法，恰恰是新教材课堂教学探索时期的真实回响。"案例1""放之四海而皆准"，目标没有针对性，教学内容何以落实？从拓展环节的设置来看，读与写相关联的仅仅一个"秋"字，解读之肤浅显而易见。"案例2"误将知人论世当作深读；"案例3"误将知人论世当作整合（两篇古文都有特定的写作背景和个人经历）。值得肯定的是他们的探索精神及可能的曲径通幽的教学效果，但我不得不明确指出这其中极大的疏漏，以及与课程标准要求的貌合神离——这也正是我们探讨文本解读问题的主要动因。

　　朱自清在《文学的美》中说："文字里的思想是文学的实质。文学之所以佳胜，正在它们所含的思想。但思想非文字不存，所以可以说，文字就是思想。"教学的深度源于文本的经典性及解读的深度，通过文字，也只能通过文字把耐读、有价值的文本读出味道，教学自然就有了内涵。

　　还是以《故都的秋》为例，对文章的写作背景及其作者郁达夫的深入了解是解读《故都的秋》、准确把握其经典层次的钥匙。我们来看文章的题目、第一段和最后一段，特别是最后一段。

　　秋天，这北国的秋天，若留得住的话，我愿意把寿命的三分之二折去，换得一个三分之一的零头。

　　　　　　　　　　　　　　　　1934年8月，在北平

　　这句话的字面意思很好懂，类似发誓——但，这是一个相当不同寻常的誓言。我们读过许多描写美景的文章，春夏

秋冬、晨昏雨晴、东升西落、开谢荣枯……中国文人极尽笔墨之能，妙笔生花——然而，什么样绝美的景色值得一个人用大半且精确到三分之二的生命去换取呢？这句话单独作为全文的结尾段，个中意味颇耐寻味。查阅各版本的鉴赏评论，包括《现代散文鉴赏辞典》（上海辞书出版社 2020 年 6 月第 1 版），对这重笔浓墨、力透纸背的末段的评论是："最后，作者甚至表示愿意以折去寿命的三分之二，来留住这北国的秋天。"虽然，这个版本的郁达夫散文作品鉴赏是我迄今见到的最佳鉴赏，然而，对《故都的秋》末段的鉴赏显然是不够分量甚至含糊不清的，只是换了一种说法重复了作者的意思，并没有正面回答作者此言的深层缘由。

再看题目和第一段：

故都的秋

秋天，无论在什么地方的秋天，总是好的；可是啊，北国的秋，却特别地来得清，来得静，来得悲凉。我的不远千里，要从杭州赶上青岛，更要从青岛赶上北平来的理由，也不过想饱尝一尝这"秋"，这故都的秋味。

为什么是"故都"？当时的中国都城何在？"故都"实即"北平"，则"故都的秋"可否改换为"北平的秋"而语意不变？（1936 年郁达夫又写了《北平的四季》，首句"对于一个已经化为异物的故人……"也颇奇崛）北国之秋的"清""静"不难理解，何来"悲凉"？

这三个紧密相连的关键处，仅从全篇文字本身是难以找到答案的，但不弄清楚这几个关键问题，仅凭"陶然亭的芦花，钓鱼台的柳影，西山的虫唱，玉泉的夜月，潭柘寺的钟声"，《故都的秋》尚不足以"力压群秋"。郁达夫在文学创作上主张"文学作品，都是作家的自叙传"，因此，他常

常把个人的生活经历作为小说和散文的创作素材,在作品中毫不掩饰地勾勒出自己的思想感情、个性和人生际遇,在讲求真情实感的抒情散文中更是如此。《故都的秋》之耐读,正在于其情味浓厚、真率酣畅,饱含了作者愿意为融化了国人生活气息、秋意文化的故都的秋付出生命的缱绻深情(由于情势难以保全这绝美的故都之秋,付出生命的誓言使之蒙上"悲凉"的意味)。加之语言优美细腻,入木三分地写出其时、其地、其人感受独特新奇的秋的情味,遂成千古名篇中的佼佼者。

一般而言,我主张在文本文字中寻找答案,幸而统编教材编者在《故都的秋》课文的注释中做了极佳的必要提示:

①选自《郁达夫全集》第三卷(浙江大学出版社 2007 年版)。略有改动。郁达夫(1896—1945),原名郁文,浙江富阳人,小说家、散文家。因在南洋从事抗日活动,1945 年 9 月 17 日被日本宪兵秘密杀害于印度尼西亚的苏门答腊。1952 年,中央人民政府追认他为革命烈士。

为了解开"三分之二生命"的疑团,我们不难继续找到郁达夫如下生平资料。

② 1913—1922 年,郁达夫留学日本。初学医学,1916 年改读政治学。1917 年 7 月毕业,同年 11 月进入东京帝国大学经济学部学习。1921 年与同为留日学生的郭沫若等人创办文学团体"创造社",同年他的首部短篇小说集,亦是中国现代文学史上第一部白话短篇小说集《沉沦》出版,轰动国内文坛。1922 年,毕业于东京帝国大学经济学部,获得经济学学士学位,同年回国任教。

③ 1923 年,出任北京大学讲师,讲授统计学。1926 年任教于广州中山大学文学院,年底辞职,返回上海后,郁达

夫开始主持创造社出版工作，发表了《小说论》《戏剧论》等大量文艺论著。1928年，加入"太阳社"，并在鲁迅支持下主编《大众文艺》。1930年，中国左翼作家联盟在上海成立，郁达夫为发起人之一，但不久即退出，同年任安徽大学中文系教授4个月。1933年，加入中国民权保障同盟，4月，由上海移居杭州，创作大量的山水游记和诗词。

④1931年"九一八事变"爆发，1934年3月1日，溥仪在长春就任"满洲国"皇帝，北平不再是首都。同年郁达夫任浙江省政府参议，由杭州往青岛，再到北平，8月创作了散文名篇《故都的秋》。

⑤1935年，担任《中国新文学大系·散文二集》主编。1936年，出任福建省参议兼公报室主任，号召文化界积极开展抗日救亡活动，同年10月，写纪念鲁迅先生的《怀鲁迅》一文。1937年8月，成立了"福州文化界救亡协会"，任理事长，同时担任《救亡文艺》主编。在47天内，郁达夫发表的作品就有20篇（其中连续8天每天写一篇）。他在光禄坊寓所为文学青年程力夫的题词中写道："我们这一代，应该为抗战而牺牲。"

⑥1938年3月，中华全国文艺界抗敌协会在武汉宣告成立，郁达夫赴武汉担任政治部设计委员，参加军委会政治部第三厅的抗日宣传工作，会上周恩来和郭沫若相继发表演说，郁达夫在中华全国文艺界抗敌协会成立大会上当选为常务理事，任研究部主任以及《抗战文艺》编委。其间曾赴徐州劳军，在各前线参访。

⑦台儿庄大捷后，郁达夫受命作为特使率国民政府军委会政治部代表团到台儿庄劳军，巧遇想去台儿庄考察但未获批准的美驻华武官史迪威。后经郁达夫协调，李宗仁答应史

迪威到台儿庄考察。史迪威后来写了一篇关于台儿庄战役的详细报告，在一份军事杂志上发表，在美国政府和军方引起了很大反响，促使美国开始对华援助。这次前线考察让郁达夫受到了极大鼓舞，他回到武汉写了一系列文章，热情讴歌了中国军民坚决抗战的英雄气概。

⑧1938年，应新加坡《星洲日报》邀请，郁达夫前往新加坡参加抗日宣传工作，在船上他写下了《岁朝新语》，坚信"中国决不会亡，抗战到底，一定胜利"。到达第二天，郁达夫连生活都没安排好就写下了《估敌》一文，坚信"最后胜利，当然是我们的，必成必胜的信念，我们绝不会动摇"。文章引发了强烈反响。1941年太平洋战争爆发后，任"星华文化界战时工作团"团长和"新加坡华侨抗敌动员总会"执行委员，组织"星洲华侨义勇军"抗日。1942年，郁达夫出席了由陈嘉庚领导成立的"新加坡文化界抗敌联合会"成立大会，被选为新加坡文化界抗敌联合会主席，成为新加坡华侨抗日领袖之一。

⑨1945年9月17日（一说8月27日），由于汉奸告密，被日本宪兵秘密杀害于印度尼西亚苏门答腊丛林。抗日战争胜利后，陈嘉庚曾对夏衍说："那时郁达夫不仅掩护了我，还援救了许多被日本人逮捕的华侨。"一位马来西亚共产党负责人说："没有他的帮助，我们的组织会遭到不可补救的损失。"

⑩1952年，中华人民共和国中央人民政府追认郁达夫为革命烈士。1983年6月20日，民政部授予其革命烈士证书。

这些史料有助于我们了解写作背景，了解作者思想。对郁达夫这样一位个性独特鲜明的作家，在解读其作品存疑

时,最好的办法就是知人论世了。

《故都的秋》写在一个特殊的历史节点:当时的中国并无真正意义上的首都,新京(长春)是伪满洲国的"首都",洛阳是国民政府的临时"都城",国民党急于"剿共",红军于1934年10月开始长征。国运衰微,风雨飘摇,北平的确已成"故都"。此时,刚刚担任浙江省政府参议的郁达夫,由杭州往青岛,再到北平,对时局了然的他不能不担忧祖国的前途命运,"故都"二字已然透露出他这样的心境。作为伟大爱国主义者的郁达夫,尾段"我愿意把寿命的三分之二折去",其实就是保卫北平独特绝美秋景的誓言。再看首段,"悲凉"之感就不难理解了。怀着这样国不知所在,只留下"故都"的"悲凉"心境,与其说作者是在描写眼前的美景,不如说是在痛惜它的即将"失去",那些不为人注意的秋日寻常,那些"破屋""碗茶""蓝朵""落槐""残声",那"一层秋雨一层凉"的对答,那蕴藏中国文化中的"秋士"……这种特定时空激发了作者"不能自已的深情",描写越细腻越表现了极其爱惜之情深。到最后,时年38岁的郁达夫终于发出"我愿意把寿命的三分之二折去",留住这北国的秋天的誓言,这与他所言"我们这一代,应该为抗战而牺牲"的思想是非常吻合的。这个结尾,充分体现出散文的特点:作者用个性化、精准的语言表现丰富(甚至是复杂)、细小(甚至是细微)的感官触动、情绪触发。这种触动是"我的",不宜也不能用"形散神聚"之类的套话去"贴牌",而要以言逮意,唤起学生对这些精致语言的敬重,学习典范母语。

我举这个例子,并不是说我们要把语文课上成历史课,恰恰相反,我反对有些老师在讲作品(例如苏轼《赤壁赋》、姚鼐的《登泰山记》）时，大谈特谈作者其人，过度知人论世导致牵强附会；同样，我也不建议在讲授《故都的秋》时，花费许多时间介绍郁达夫的人生经历。我想说的是，语文教师应具备语言的敏感性，在阅读经典作品时，应善于循着文字去发现问题（例如《故都的秋》末段的不同寻常）；在备课时，应尽可能深入、翔实地挖掘、掌握与文本相关的材料，帮助自己尽可能准确地把握文本真意，为备好课打下坚实的基础，为课堂教学的展开定好调。在必要的知人论世的基础之上，不轻易下结论，留给学生充足的思考的空间，帮助他们自己建构心中的那个"哈姆雷特"。同时，这种阅读的方法本身也是一种很好的示范，它让学习走出了"要……要……"的以其昏昏使人昭昭的泥潭，走进了"原来如此"的触类旁通、举一反三的新天地。

可圈可点的语言，也是这篇经典散文的解读重点。教学课中抓住文眼"清""静""悲凉"，从写景状物中品味作者心中"别样的秋味"，探寻中国文人的秋日情怀，我们可以和学生一起，在抑扬顿挫的诵读和比较中品味作者洒脱平凡、清新典雅、酣畅淋漓的语言风格，深深叹服作者炉火纯青的语言功力。

原文：北国的槐树，也是一种能使人联想起秋来的点缀。像花而又不是花的那一种落蕊，早晨起来，会铺得满地。脚踏上去，声音也没有，气味也没有，只能感出一点点极微细极柔软的触觉。扫街的在树影下一阵扫后，灰土上留下来的一条条扫帚的丝纹，看起来既觉得细腻，又觉得清闲，潜意识下并且还觉得有点儿落寞，古人所说的梧桐一叶而天下知秋的遥想，大约也就在这些深沉的地方。

对比：北国的槐树，也是一种能使人联想起秋来的点

缀。早晨起来,像花而又不是花的那一种落蕊会铺得满地。脚踏上去,没有声音,也没有气味,只能感出极微细极柔软的触觉。清洁工一阵扫后,灰土上留下来的一条条扫帚的丝纹,看起来既觉得细腻,又觉得清闲,还觉得落寞,古人所说的梧桐一叶而天下知秋的遥想,大约也就在这些深沉的地方。

从比较中引导学生品味寻常院落、普通花草、主观色彩浓厚的故都秋味,作者笔下的秋是小巷街头、千家万户寻常可见的秋,也是打上中国传统文化烙印的文人秋士眼里的北国之秋。

有了这些铺垫,才可能有语文课堂上的深入浅出,才可能引导学生贴近文本语言、领悟文本主旨、走进文本深处,而语文课程标准中的"语言建构与运用"也才算是有可能落到实处。

三、中学语文教学解读的重点是什么

这个问题本不是问题,语文课程标准中已有明确的回答,"语文核心素养"是中学语文教学的重点,当然也是解读具体文本需要关注的重点。问题来自课堂教学实践,所谓知易行难大约就是这个意思。

目前,反映在课堂教学中"文本解读失重"的主要表现有:变相重复作者话语,浅表滑行,"似重非重"导致"似懂非懂";以知人论世替代文本解读,避重就轻,牵强附会;重中心思想、主题解读,轻语言品味,不仅令经典大打折扣,而且使"思想"失去支撑。"变相重复作者话语"在现代文阅读教学中显得尤为难以容忍,现代文字面意思不

解读 呈现 展开——中学语文课堂教学艺术品析

难理解,需要我们引导学生领略的是文字里面的内涵。例如,《雷雨》中周朴园淡淡的一句"梅家的一个年轻小姐,很贤惠,也很规矩。有一天夜里,忽然地投水死了。后来,后来,——你知道么?"就很能看出他的性格。忽略了"很""忽然""后来,后来"也就放走了作者苦心深藏其中的意味,忽略了"可有可无"的破折号,也就难以体会人物复杂的心情。有的老师在处理时,只是简单地让学生分角色朗读,这显然是不够的,而且这也属于"重复"的一种形式,我们需要直面"为什么这样表述"的探寻,找到文字背后的密码。再说"知人论世",尤其需要把握恰当的时机,发挥其可以发挥的作用,如果不进行知人论世也不影响文意的解读,那么,就大可不必走过场甚至喧宾夺主。强调这一点,是因为我不止一次听到这样的课:讲姚鼐的《登泰山记》,组织学生探究姚鼐生平与写作此文的关联;讲苏轼诗文,重点梳理他的人生轨迹、赞叹他的才情,甚而挖掘出"江山不可复识"中宋王朝的一次战役的失败(其实毫无证据表明其关联);讲陶渊明的《归园田居(其一)》,大谈特谈他的人生价值取向,讨论"假如面临跟陶渊明同样的问题,你会如何抉择?"这样的问题,打着"联系学生实际"的旗号,实际上已经偏离教学了。凡此种种,都是对语文课到底教什么、课堂教学重点何在、学生到底需要养成什么,以及对语文素养认识不清或不够坚定的表现;再深一层,有可能是教师缺乏对文学作品的鉴赏能力的表现。

课前教学目标定位不准,必然会造成解读重点的偏离;课中"读"得泛而浅,"解"得急而散,学生将难以内化;为拓展而拓展,"飘飘然不知其所至",导读多而杂,漫无

边际,不切实际,大大消解了文本的经典价值,让语文教学内容架空。朱自清先生还说:"只注重思想而忽略训练,所获得的思想必是浮光掠影。因为思想也就存在语汇、字句、篇章、声调里;中学生读书而只取其思想,那便是将书里的话用他们自己原有的语汇等等重记下来,一定是相去很远的变形。这种变形必失去原来思想的精彩而只存其轮廓,没有什么用处。"这段话强调要从经典作品中的语言里去寻找、去读出蕴含其中的独特情感与思想。首先,要正确地解读,读懂文本的意思,先把握住叙事类文本中的事件,再细品情节中的人物形象,进而走进作者的情感世界,感悟作者独特的人生体验,最终形成自己正确的情感、态度、价值观;然后是准确地解读,准确定位教学目标(学段目标、单元目标、本课目标),弄清文本在本单元教学中承载的任务,需要提高学生的哪些能力;最后,根据文本本身的特征,可以教会学生阅读这类文本哪些具体方法。此外,还可以进行有创意的解读。有创意的前提是不能抛开文本,只是要尊重学生个体阅读的体验。阅读本来就是个性化的,是读者与作者之间的交流,甚至于是一种"再创作"。在忠于文本的基础上,"一千个读者,就有一千个哈姆雷特"。我们现在的教学,往往是"一言堂",老师说什么,学生记什么,长此以往,学生逐渐失去了阅读的能力,甚至是阅读的兴趣。现在提出文本解读,其实就是要尊重学生的阅读体验。

　　文本解读最考验我们教师自身的阅读功力,它对我们的要求很高,只有我们自身积淀厚了、识理多了、视野宽了、立足点高了,我们的文本解读才会正确、深入、有创意,我们的教学才能做到游刃有余。

四、中学语文课堂教学中文本解读的基本方法

明确了解读文本是开展教学活动的相当重要的第一步，接下来，我们进一步探讨解读的基本方法和达至解读艺术境界的路径。

解读文本的第一步是"读懂"。上课时，老师有个口头禅是"懂了吗"，学生常常客气地回答"懂了"；这不是真正意义上的"懂"，而是"似懂非懂"。钱梦龙老师有一堂我认为非常经典的课——《死海不死》，里面有位给我留下非常深刻印象的女生。当钱先生问她："你懂了吗？"她勇敢地回答："……就是似懂非懂的……"钱先生非常耐心地再问她哪里不懂。其实，课堂上，学生"不懂"或"似懂非懂"才是正常的，不知道自己不懂、不知道自己哪里不懂才是可怕的。教师这边呢？知道学生可能在哪里不懂并善于引导的老师是高明的，因为这符合人类探索未知的本能与渴望找到答案的天性；但很可惜的是，相当一部分老师的课人云亦云，照本宣科，只是不断地在重复学生已知的东西。

关于怎样解读好中学语文教材中文本的真意，孙绍振先生在其《名作细读》等著作中有非常专业的阐述，他提出的"还原分析法""矛盾分析法""以作者身份与文本对话""'教师主导'地位应备受重视"等文本解读观点方法令人深受启发。在此，我根据自己的实践和思考归纳出第一印象法、知人论世法、占有资料法、咬文嚼字法、独立思考法、以己度人法、触类旁通法、妙用注解法等解读文本真意的方法，将这些更为浅易的"草根解读法"提供给大家，

仅作参考。

1. **第一印象法**

语文老师备课忌"直奔主题",文章本身还没有读,就急于翻看教学参考资料,忙于上网搜索别人的教学设计,热衷于多媒体课件的共享和制作,这是急于求成的表现,犯了备课的大忌。"文章合为时而著,诗歌合为事而作",入选中学语文教材的作品都是古今中外的文中精品,感受这些文字本身的魅力,为教师当好作品与学生之间的桥梁有着不可替代的重要作用。所以,教师应首先具有直面文字、感受文本的意识,从文章本身寻找教学的价值,定下教学的基调。默读、诵读、研读,这些耳熟能详的阅读方法并非学生才能使用的专利,我的经验是:教者备课的第一步就是从头至尾读文本,在自己脑海中留下宝贵的第一印象,尽量熟悉文本、消化文本、内化文本,为讲解文本打下坚实的基础。

例如,我在听《山中与裴秀才迪书》(粤教版高中教材选修2《唐宋散文选读》第三单元)一课前,专门反复读了原文,一读感受到作者王维遣词幽雅、句式灵活、音韵和谐、行文流畅之美,二读从王维对好友裴迪的热情相邀中悟出他对山中四时美景的情有独钟。一般而言,老师们对高中选修课文言文课堂教学的"套路"驾轻就熟:疏通词句—读读背背—研讨探究—学案练习。遗憾的是,我却发现这样有条有理的一节课,学生只是麻木地跟着老师走;一堂课下来,教学环节都进行了,教学任务也都完成了,但学生与文本之间仍然"隔着厚厚的一层壁障"。这样的课其实并没有达到语文教学的真正目标。那么,突破口在哪里呢?初读文本,其实有个疑问:王维与裴迪是志趣相投的好友,三言两语就能说明相邀之意,一封便笺何须如此"啰唆"?答案就

在文本本身：美景深深地打动了王维，激起了他相邀"有要务"在身的好友裴迪前来同游共享美景的强烈欲望，当有"驮黄檗人"可以捎信时，他便提笔洋洋洒洒地写下这篇文质兼美的书信。至此，学生就不难理解为何一张小小的相邀便笺可以写得如此文采飞扬，也更加明白了要写出打动别人的文章，首先自己要被感动，情动方才可以辞发。这时，再分析作者写了什么景、为什么写、怎样写的、有何妙处等问题则有了抓手。最后，在指导学生进行仿写时，才能避免学生堆砌辞藻、无病呻吟。

同样的道理，学生要解读好文本真意，也需要教师提供必要的时间让他们先接触文本本身，留下"第一印象"，避免囫囵吞枣，消化不良。

2. 知人论世法

一些作品通过知人论世，可以更加深入地理解文本；还有一些作品在解读时必须先知人论世，才能读懂作者这样写的用意。比如，讲光未然的《黄河颂》（人教版七年级下册第二单元），就十分需要详细介绍诗作的创作背景：诗人在抗日战争爆发、中南重镇武汉沦陷后，经壶口东渡黄河，面对气势磅礴的中华民族母亲河，激发起强烈的感情，创作了这首铿锵有力又饱含深情的歌词。了解了这一点，才能进一步理解文本赞颂自然的黄河，赞颂文化的黄河，更加赞颂精神意义上的黄河；才能理解作者为什么反复歌咏作为伟大民族精神象征的黄河的"伟大坚强"，而这一点正是基于抗日战争中勃发的民族精神的时代背景。在这样的历史背景下，结合现实进行引导，学生才能"借梯而上"，读出母亲河的自然之美、文化之美和精神之美。如果不进行必要的知人论世，那么，学生对文本的认识只能停留在空话、套话的浅层,不能从中感受到崇高的、打动灵魂的感染力。此外,中学语文教材中许多名家(比如苏轼、鲁迅等)的作品,也十分需要运用知人论世的方法。"知人论世"是中学语文教学中被广泛用来辅助解读文本的一种方法,但它也是一把双刃剑,要注意"时"与"度"的把握。在借助"知人论世"这把双刃剑时,请注意:首先要善于择"时",关于背景和作者的介绍不一定设置在教学的开始环节,可以穿插或布置在课前预习、课后作业中,适时而非刻意地推出,虽不必"千呼万唤始出来",却最好是"好雨知时节,当春乃发生"。其次应把握好其"度",背景介绍为理解文本服务,它不是展示教师知识渊博的工具,而应该是学生理解课文的有效信息。

3. 占有资料法

鲁迅先生在《拿来主义》中认为面对"大宅子",要先"占有",再"挑选"。这句话对我们解读好文本也颇有启发。初读文章后,我们对作品有了第一印象,接下来,就要尽可能多地占有已经存在的对作品的解读资料,尤其是典型的、权威的资料,为深读文本打下基础。在阅读大量资料的过程中,我们一方面可以加深或修正自己的"第一印象",使自己对文本的认识更加全面;另一方面,还可以丰富教学素材,启发对文本的思考。例如,可以从观点不同的材料中明确哪些是已成定论的问题,发现对文本有争议的问题,从而挑选出有探究价值的"真问题"。

例如,粤教版高中语文教材中苏轼的"赤壁三文",由于苏轼思想的复杂性和个人经历的曲折,理解起来有一定难度。尤其是选修2第四单元中的《后赤壁赋》,它是在东坡的黄州"赤壁三文"中最难读懂、较多争议的一篇,不少

高中老师觉得"不好教",有的老师干脆放弃。然而,"赤壁三文"是苏文中的精品,它们的写作时间非常接近(前后"赤壁赋"创作时间仅相差三个月),但作者从中流露的思想情感却有明显的不同。金圣叹在《天下才子必读书》中云:"若无后赋,前赋不明;若无前赋,后赋无谓。"故完全不讲《后赤壁赋》,我认为至少是遗憾的。其实,查找资料不失为解决难题的办法,读林语堂的《苏东坡传》、余秋雨的《东坡突围》,了解一点宋史,回头再看"赤壁三文",我认为,可以用"自然""自在"和"自由"三个词分别概括"赤壁三文",这三个层次正体现了作者的思想变化,反映出其复杂的感情世界,以此可以定下解读《念奴娇·赤壁怀古》《赤壁赋》和《后赤壁赋》三文的基调。另外,考虑到高中生阅历尚浅,解读这样的文学作品有相当的难度,哪些内容可以引导学生在本节课解决,哪些内容可以留待日后去感悟,也是教者占有必要的材料后要考虑的问题。

查找并阅读资料的过程看似很烦琐,实则事半功倍。只要培养查找资料的好习惯,学习查找资料的方法,勤于查找资料,就一定能品尝到得心应手运用资料的乐趣。

4. 咬文嚼字法

文本离不开语言文字,"推敲"是国文的优良传统。剧本《屈原》中"你是无耻的文人"改为"你这无耻的文人"就是十分典型的例子。因此,不要忽视文本中的字词细节,而要认认真真、老老实实地咬文嚼字,越是"简单"的文章,我们越不要放过蕴涵在看似浅显的文字中的深意。

人教版七年级下册第二单元《散步》一文,从字面上看十分"简单",以至于不少语文老师觉得从语言角度没有

仔细讲解的必要，于是增加了不少德育内容，大讲特讲尊老爱幼是中华民族的美德。不可否认，该文蕴涵丰富的亲情、道德等方面的内容，但语言表达方面的教学素材也异常丰富，不可轻易放过。比如文章第一句："我们在田野散步：我，我的母亲，我的妻子和儿子。"为什么把"我"放在前面？按从老到小、从小到老、女士优先等常理都不能解释。但可以说，抓住这一句分析清楚这个问题，全篇的主旨就更加鲜明了。再如"今年的春天来得太迟，太迟了"，为什么文中并没有描绘春天的迟到呢？还有"后来发生了分歧"一段中的"早已习惯""还习惯""总是"都用得恰到好处，分寸感很强。

针对文本中的字、词、句本身，多问几个为什么，既推敲了语言，又培养了对语言文字的敏感，还加深了对全篇主旨的认识，一箭三雕，何乐而不为呢？

5. 独立思考法

"拿来"不是简单的"占有"，教学也不是机械的传递。在中学语文教学实际中，需要独立思考之处很多。例如，《散步》中有一句："我想拆散一家人……""拆散"一词用在这里与全文温馨的基调不协调，可讨论换什么词语更好。大至教材的调整和变化，为什么调整、为什么增加、为什么删减，现有教材有哪些不足需要我们再加工，把这些问题思考清楚了，对帮助我们准确把握教材和文本的定位有很大的作用，也使得我们的教学思路更加清晰了。例如，2013年版的人教版七年级上册将《童趣》删去，增加了《虽有嘉肴》，这是为什么？为此，应是怎样整合单元教学？怎样落实多篇目对比阅读？

师生在传授和获取知识的过程中产生的真实互动和对话

是建立在双方独立思考的基础上的，作为教学的引导者，教师的独立思考显得尤为重要。

此外，在教学实际中，还有以己度人法、触类旁通法、妙用注解法等，在特定情境下行之有效的文本解读之法，在此不一一详述。

关于文本解读，有各种理论。我个人十分信服孙绍振先生的文本解读方法，并拜读了他的《文本解读方法论》等专著。特别令人惊喜的是孙先生实践了他的解读方法，大量解读基础教育语文教材中的选文，他的《名作细读：微观分析个案研究》《孙绍振如是解读作品》《经典小说解读》《孙绍振解读经典散文》《月迷津渡：古典诗词个案微观分析》和《解读语文》（与钱理群、王富仁教授合著）等一版再版，对中学老师的语文课堂教学帮助很大。因为有了以孙绍振先生为代表的专家的解读理论，一方面，我无须重复关于解读的理论，另一方面，我幸而可以在这些学理的基础之上，从中学语文教学实践的层面，以基础教育语文教师的视角，谈谈作为教师的我们如何让解读落地，把每一位"我"的解读转化为真实文本与学生心灵成长的桥梁，让冲破迷雾的解读成为提高课堂教学效率的推进器，成为学生语文素养的组成细胞。鉴于此，我在梳理语文教学中必要的解读常规之后，重点以中学语文教学案例来说明教师精准、深层的解读对教学的重要性和必要性，以及对学生精神成长的重要性和必要性。回到本书的题目，可以毫不夸大地说，"解读"是"呈现"与"展开"的基石，是课堂呈现与展开不致步入歧途、不致南辕北辙的保障。

五、中学语文课堂教学解读艺术教学案例

文本解读与文本解读艺术有什么不同?譬如一首经典名曲,五线谱上曲子的音符、谱号、音调都已确定,可是为什么不同的演奏者演奏出来的效果不同?甚至为什么同一支乐队演奏同一支曲子,指挥家不同,演奏效果大为不同?文字较之音符,语义之丰富与多重情况更为复杂,实际上,我们在解读文本时,其难度绝不亚于较好地弹奏出一支曲子。文本解读指作为专业人员能深刻理解文本基本意思,懂得基本的解读方法;文本解读艺术则是教师综合学情、教学目标等有选择性地将自己的深刻解读巧妙地在课堂展现。如果说深刻的解读更需要技术,那么适宜的选择、高超的展现更是一种深谙经典之妙、善于言说经典之美的艺术。解读文本的过程,就是教师带领学生进行的一次文字或文学艺术的探索之旅;优秀的语文教师能通过自己的创造性解读让学生领略文字、文章、文学之奇美、壮观,不断沐浴经典的光辉、获得精神的滋养,渐而形成素养、养成人格;不称职的语文教师则可能通过拙劣的解读败坏学生对人类文化经典的品味,减退学生的学习兴趣。能令学生不断沐浴经典的光辉、获得精神的滋养的语文课堂,才是达到艺术境界的课堂。

语文教师是"教教材"还是"用教材教"?如果停留在按部就班地传递教材内容,语文教师的作用完全可以被轻易替代,但这还不是重点,重点是学生从语文课堂上不应该只是看到表层内容。语文课堂的濡养、浸润作用需要合宜的土壤、温度,这个环境需要能够善用教材的老师来完成。

在诸多教学艺术门类(板书艺术、提问艺术、导入艺

术……）中，解读艺术是隐性而关键的，是牵一发而动全身的，解读不到位，精美的板书、精心设计的导入、反复琢磨的提问等都将黯然失色，显得华而不实。所以，要达至语文教学艺术之境，语文教师首先要在解读文本上深耕、求真。

由于解读的艺术表现在课堂，以下尝试从准确、深度、群文阅读中的文本解读三个层面，以教学案例具体阐释中学语文教学中解读的艺术。

（一）准确解读文本是中学语文课堂教学的基本要求

【案例1】《最后一课》（人民教育出版社初中语文教材旧版）

我曾经听过一位40岁左右教学经验丰富的教师上人教版义务教育七年级课文《最后一课》，其间，一位在课前、课上都表现得很调皮的男生主动提出了一个问题："老师，为什么题目是《最后一课》，课文里面却说'语法课完了，我们又上习字课''习字课完了，他又教了一堂历史'，这跟题目是矛盾的……"一位七年级学生，能提出这个问题难能可贵，其中蕴含着他稚嫩的逻辑推理——语法课、习字课、历史课加起来是三堂课，不等于"一课"。这一问看似幼稚，实则精彩，反映出学生较强的发现问题和思考问题的能力。

然而，十分可惜的是，在课堂上，老师不仅没有抓住这个契机引导学生找出原文中"韩麦尔先生说'我的孩子们，这是我最后一次给你们上课了'""今天是你们最后一堂法

语课"等句,通过语言的推敲、语意的推理共同回答学生的疑问,也没有鼓励学生的质疑精神,以肯定这位难得一问的男生的提问质量,更没有意识到这个问题"牵一发而动全身"之妙,是与小说主题密切关联的一问。记得该老师当时的反应是:"坐下!下面,我们一起读一下最后三段。"这个"反馈"并没有回应或评价这个有点突然的提问,而其中传递出的无视与冷漠着实令人痛心!我很担心这位坐在最后一排的小男生受到打击,我当时的感觉是,如果提问者是我,老师的"坐下"已经告诉我自己提了一个多么无聊甚至愚蠢的问题!从男生默默坐下的背影里,我看到了他无法言说的失落。

课后,我立在走廊耐心等这位老师出来,交流了我对这节课的看法并建议她鼓励学生提问,而且可以发动学生帮助解答或留待下节课解答。离开学校的时候,我很后悔没能在课间鼓励一下这位提问的男生。

从解读文字的层面,我们进一步分析此问。

语法课完了,我们又上习字课……习字课完了,他又教了一堂历史。

——《最后一课》(都德)

语法课、习字课、历史课加起来是三堂课,不等于"一课"。

——七年级学生

老师被问住了,说明这个问题是有一点难度的。"一堂语法课、一堂习字课、一堂历史课,加起来是三堂课",这个推断没有问题;问题在于题目说的是"一课",并没有说是"一堂课",有没有"堂"这个量词很关键。学生提问中暗含着将"一课"理解为"一堂课"(或"一节课")的意

思，由此产生了"三堂课"为什么等于"一堂课"的疑问。如果我们"小和尚念经"地读书，即便也认为题目中的"一课"就是"一堂课"（事实上笔者在培训中曾做过调查，这样认为的读者不在少数），也根本不会发现这有什么问题，因为它并不影响我们对小说"热爱祖国，热爱祖国语言文字"主题的理解。

客观地说，男生的提问仅止于"三堂课"不等于"一堂课"的简单逻辑推理，实在算不上巧妙；然而，我们要特别珍视来自学生（尤其是后进生）的疑问，有些在别人看来不是问题的问题，在学习者那里恰恰是一道坎，亟待点拨——课堂的作用、教师的作用正在于此。再者，这个璞玉般的问题来自文字本身：表面看，题目中的"一课"在文中应理解为"一次课"，也就是"最后一次上法语课"的意思，与还上了其他两节课丝毫没有矛盾；进一步引导，"最后一次法语课"，其中含有留念、不舍、珍惜之情，这个题目与主题的关联由于对"一课"的准确解读更加紧密了，对我们更深入地理解作品大有裨益。——这种来自学生、来自文本的问题实在如宝石一般可贵，理应被珍惜。

后来，我在许多发言的场合不点名地提及这个案例，把这个学生提出来的问题呈现给老师们思考。直到现在，我还常常想：如果在那节课上，小男生的提问受到老师的重视，引发了全班同学的热烈讨论，这位看上去调皮的男生的学习兴趣是否能得到极大的激发？他的人生也会有某种改变吗？每念及此，我总觉上课、听课、评课如履薄冰，不容丝毫懈怠。

【案例2】《沙田山居》（广东教育出版社高中语文必修

1 篇目）

余光中先生的作品选入中学课本的有《乡愁》《沙田山居》《听听那冷雨》等篇目，其中《乡愁》是抒情诗，《沙田山居》和《听听那冷雨》是抒情散文，《沙田山居》被收入广东教育出版社高中语文必修 1 中。《乡愁》中的"我"隔着一湾海峡，深情地呼唤故乡；《听听那冷雨》，通过听觉的世界，感受浓烈的乡愁；那么，《沙田山居》如何呢？

许是《乡愁》的名气太大、印记太深吧，令我们一提及余光中，脑海中就会浮现一位游子伫立海峡对岸，愁眉不展，愁情深重，翘首遥望大陆故土的形象。遍搜网上网下几乎所有的教学设计，都将《沙田山居》抒发的情感定位在"乡愁"，完全无视作者闲适地欣赏沙田美景的愉悦和激动的心情！首先，读《沙田山居》，笔者的"第一感觉"是：沙田景色很美，作者心情很好；山居之人以闲适的心情观沙田海、天、山、人，用华丽的文字描写景色之美，表达"心动"与"神往"之情。仅在篇末引用作者自己的诗作《北望》中"碧螺黛迤逦的边愁欲连环"一句有一"愁"字，联系上下文，这个"愁"字显然不是该文抒情的重点。其次，《现代汉语词典》（商务印书馆 2016 年第 7 版）中对"乡愁"的解释是："深切思念家乡的忧伤的心情。"例句："离家多年，乡愁日增。""乡愁"与"思乡"有关，但不等于"思乡"，它是一种"思乡病"，是"思乡"到了忧愁的程度。那么，现在我们要解读文本真意，弄清《沙田山居》抒发的究竟是什么样的情感，按图索骥就可以了——如果作者在文章中主要表达了"深切思念家乡的忧伤的心情"，那么"乡愁"二字是可以代表作者抒发的情感；反之，则不能将作者抒发的情感冠以"乡愁"。

回到文本，文章第1～6自然段运用典型的余氏语言，细腻传神地描绘了所居四周目之所及的海、行之所至的山变幻莫测的美景。所谓"一切景语皆情语"，作者享受其间，心情是无比愉悦的，感觉是飘飘欲仙的。及至文末的第7自然段，作者更是十分直白地告诉读者："海潮与风声，即使撼天震地，也不过为无边的静加注荒情与野趣罢了。最令人心动而神往的，却是人为的骚音。"此句显然是解读《沙田山居》一文的"钥匙"，无论从文章的内容还是结构而言，它都是十分关键的过渡句，我们绝不能视而不见。从这个句子中，我们完全可以读出这样的意思：在作者眼中，秋晴的沙田是"无边的静"；"撼天震地海潮与风声"中的沙田是富有"荒情与野趣"的；"静"也好，"动"也罢，固然令人"心动而神往"，但都还不是作者所要传递的重点，一个"却"字道出了作者的真情——"人为的骚音"才是"最令人心动而神往的"。好一个"最令人心动而神往"，它使我们再也不能忽视文字间涌动的喜悦与按捺不住的激动。

也许有的读者还有疑惑：那么，"苏月"和"陶菊"呢？还有"碧螺黛迤逦的边愁欲连环"呢？的确，《沙田山居》首段的末句写道："18个月，也就是说，重九的陶菊已经两开，中秋的苏月已经圆过两次了。"这难道还不是"深深的乡愁"吗？"重九"与"中秋"是中华民族重要的传统节日，作者饱含深情地将故乡的菊花称作"陶菊"，将故乡的月亮唤作"苏月"，其中蕴藏的深意说饱含"思乡之愁"也不为过吧？我认为，其一，"陶菊"与"苏月"中蕴含的"愁"当属文化之愁，而非地域之愁。其二，无论它是文化之愁还是地域之愁，都不能改变全篇抒发的主要情感的性质。也就是说，就算"陶菊"与"苏月"中蕴含着作者的

愁绪，在全文中也只是居于次要的位置，作者通过字里行间主要抒发了他对沙田美景的喜爱，以及看到沙田与故乡联系密切（"骚音"）的按捺不住的喜悦和激动之情，实际上文中并没有流露出哪怕是较为明显的"愁"。如果一定要根据文章的结尾"碧螺黛迤逦的边愁欲连环"一句说有提及"愁"的话，那也只能是"极淡极淡的"，是更为次要的一丝愁绪。

综上，《沙田山居》表达的主要情感不是"愁"，而是"心动"与"激动"，作者流露的对故乡的情感可以称为"故土之思"。如果一定要说有哀愁，那也只是淡淡的文化之愁而非地域之愁，这种淡淡的文化之愁与余光中的诗歌《乡愁》中的"愁"是大有区别的，与其散文《听听那冷雨》中的"愁"也是大有区别的。

综上，如果在解读《沙田山居》时把作者抒发的主要情感理解为"乡愁"，我认为是欠妥当的。

因此，即便是在阅读非常感性的文学类作品时，读者（尤其是教师）需要保持十分清醒的逻辑思维判断意识，如果按照头脑中已有的思维定式，是难以挖掘文本蕴含的真义，感受文本抒发的真情的。

【案例3】《差别》（广东教育出版社高中语文必修3）

有学生认为《差别》中的阿诺德善良缺乏文本依据；在另一节课上，还有学生认为阿诺德是一个诚实的人。老师追问理由，学生说："对老板的问题他都如实回答了，这就是诚实。"其他学生也纷纷点头表示认同，老师以"哦，同学们很善于思考"含糊结束了讨论。其实不然，"诚实"指"言行跟内心思想一致（指好的思想行为）；不虚假"。回答

价格等问题属于一般的回答提问，谈不上是"好的思想行为"，这是"如实"而非"诚实"。借此讨论，可以生成一个来自学生疑惑的很好的教学点，分辨"如实"和"诚实"的"差别"，落实课程标准中反复强调的"增强语言文字运用的敏感性"（见"学习任务群4'语言积累、梳理与探究'"），从而增加语言积累，引导学生更好地把握运用语言文字的方法。

由此我想，实施中学语文课堂有效教学的方法与途径很多，但我们的探索究竟是更加接近目标还是南辕北辙，这是一个值得思索的问题。方法论告诉我们，任何行动的结果要达到更加接近目标的目的，首先需要满足其前提条件。

那么，实现中学语文课堂有效教学的前提条件是什么呢？我认为，是回归教育本真，将真知识传承给后代；从语文学科知识具体而言，就是教师首先务必尽可能准确地解读所授文本真意。在准确解读文本真意的前提下，才有可能进行真正意义上的批判性阅读、创造性阅读、比较阅读等教学环节。

根据我的观察，造成这种情况有时是因为教师的责任心和专业水平问题。这几个教学案例时时提醒着我：语文老师对文字永远要抱有敬畏之心，我们的失误会造成少则上百名，多则数千名学生的误解，我们对文字的负责永远都是值得的。

（二）深度解读文本是走向中学语文课堂教学艺术的必由之路

语文课本的选文，是文章中的精品，是善于运用汉字的

典范,其中,文字的美妙、结构的奥妙、文化的深厚,需要细细品读才能于平淡中品出真味,读出文字背后的含义。于教者而言,必须做足深读的功课才能进而深入浅出,才能依据学者的学习能力游刃有余地调整课堂,才能更好地实现"教"与"学"的对话,激活思维,展现语文课堂教学艺术之美。以下举例讨论中学语文课堂教学解读艺术之深读及其作用。

【案例1】苏轼《记承天寺夜游》(统编教材八年级语文上册第三单元第10课)

短短85字的《记承天寺夜游》被收入多种版本的义务教育初中阶段语文教材中;我了解到,不少学生认为此文太浅显,太一般;我听老师们说,除了疏通文义外,不知道还可以讲些什么;我发现,中学教学核心刊物上关于此文的教学设计等难觅踪影;同时,我还注意到,在我们的语文教学中,对这篇短文末句的解读存在较大的分歧和误解。于是,我觉得十分有必要把我经过思考、查证,对《记承天寺夜游》的解读整理成文,探讨此文真意,就教方家,同时,就中学语文教学中如何进行文本阅读的问题谈点个人的看法。

让我们先来再次细读《记承天寺夜游》原文:

元丰六年十月十二日夜,解衣欲睡,月色入户,欣然起行。念无与为乐者,遂至承天寺寻张怀民。怀民亦未寝,相与步于中庭。庭下如积水空明,水中藻、荇交横,盖竹柏影也。何夜无月?何处无竹柏?但少闲人如吾两人者耳。

关于此文的争议集中在"但少闲人如吾两人者耳"一句究竟传递了作者怎样的思想感情。客观地说,抛开作者个人际遇,单纯阅读这85字小文,仅凭第一印象,我们读到

的应该只是作者沉浸月夜美景的欣悦和宁静。结合作者当时的境遇，争议的观点概括起来主要有两种：第一种观点认为其中包含有贬谪的悲凉、人生的感慨、赏月的欣喜、漫步的悠闲；第二种看法则认为末句表达出作者轻松自得、淡泊宁静的情怀和对为功名所累，无暇赏月的世人的惋惜。很显然，"欣喜悠闲""淡泊宁静"是共识，争议的焦点在于文章是否流露出遭遇贬谪的悲凉之情。

第一种理解占压倒优势：几个主要版本的教科书、配套教学参考书、几乎所有教辅资料、我查到的 20 余个相关教学设计（来源于网上，教学核心刊物未发现）、我听过的课堂教学、不少省市有关此文的中考试题答案等，都不同程度地持这种观点。第二种看法处于绝对劣势：只有寥寥几套较小范围使用的相关测试题答案、部分高校相关研究论文认同此观点。同时，也有未表明态度的：人教版八年级语文上册教材（第 197 页的提示语中写道："《记承天寺夜游》以寥寥数语，描绘了月夜小景，传达了作者的微妙心境，语言朴素而含有深长的意味。"）、2007 年某地级市中考题考查了全文阅读但未涉及体会作者思想感情。

古代文人"学而优则仕"，宋代此风尤盛，官场左迁，按常理推测，必然失意，必然悲凉，即便洒脱，也必然是暗含着伤感的旷达。作者写此文时被贬不假，但作者是"人间不可无一难能有二"（林语堂语）的苏东坡，情形就可能不一样了。为了理清依据，我们先将有关史实做个简单的罗列。

1. "乌台诗案"后，苏轼被贬黄州。此文成于他谪居黄州的第三年（宋神宗元丰六年，公元 1083 年 10 月）。

2. 因"乌台诗案"身陷囹圄的苏轼，睡觉时"鼻息如

雷",皇帝派去查看他的太监说他睡得很沉,很安静。于是皇帝对侍臣说:"我知道苏轼问心无愧。"

3. 六个月后,圣旨调他往常州之时,他说自己的心情犹"小儿迁延赖学",继而犹豫是否呈表皇上要求继续留在黄州,但最终不忍拂皇帝好意,于是从命。再过年余,一路升至翰林学士制诰。

4. 苏轼少年成名,二十岁即考中进士,名列前茅,文采非常人能及。

5. 苏轼家庭生活幸福,妻贤妾从,子孝家和。他言谈幽默,极富生活情趣,东坡肉、东坡酥、东坡汤都是他的发明。

6. 为人爽直重义,守正不阿,放任不羁,所到之地深受民众欢迎,朋友如云,在其被贬之时,甚至有数人为帮助他而丢官。

7. 苏轼极佩服陶潜,喜爱躬耕田园生活,元丰三年(1080)即被贬黄州的第二年,他开始在东坡一片田里劳作,怡然自得,自称"东坡居士"。他曾经在一首诗中说陶潜是自己的前身,他觉得陶诗很好地表达了自己的思想和情感。

8. 被贬黄州是苏轼人生的重大转折,也是他精神变化的重要时期,这一时期他思绪泉涌,创作了大量传世佳作。林语堂先生认为这一时期的"四大精品"有《念奴娇·赤壁怀古》《赤壁赋》《后赤壁赋》和《记承天寺夜游》。

9. 宽厚仁爱,胸襟博大,言"眼前见天下无一个不好人"。行动上,与"道不同"的王安石能"和而不同",讨论政见;晚年甚至原谅了曾将自己发配至海南儋州,欲置自己于死地的章惇,回复章某之子曰:"但已往者更说何益?

惟论其未然者而已。"

关于苏轼的材料很多,佩服苏轼的人也很多,举不胜举,仅列以上九点佐证。

典型的教学设计这样表述对《记承天寺夜游》的理解:本文精华在于学生能否理解文章的末句,因此采用"知人论世,披文入情"的教学方法。"何夜无月?何处无竹柏?但少闲人如吾两人者耳。"以平淡朴实的文字诉说了作者内心复杂的情感。其中,固然表现了作者那种解脱世俗、忘情自然的恬然旷达的思想,一种享受自然美的自慰自得的欣慰,然而仔细品味,又何尝不深重地流露出作为"闲人"的惆怅和愤懑呢?结合当时的背景,苏轼贬居黄州,政治上受排挤,不能不造成他内心的苦闷。也许,辗转难眠正是两个"同是天涯沦落人"起行赏月、排遣郁闷的原因所在,所以做个"闲人",在自然中去自娱自乐、寻求解脱便在情理之中了。

如果说《记承天寺夜游》写在苏轼被贬黄州之初,那时他可能有些许"郁闷",还可能流露出作为"闲人"的惆怅和愤懑。但三年之后,陶醉于躬耕垄亩生活的苏轼,我想他彼时的心境已然不是忘忧,而是无忧,不是求解脱,而是求之不得了。因此,根据常理臆断他的惆怅和愤懑是颇值得商榷的,用"深重地流露"这样程度的字眼更是欠妥当的。根据东坡其人其事,与其将"闲人"解读为"惆怅之人",不若解作"快乐的仙人"更佳。

本来,就这篇短文而言,在教学中把侧重点放在诵读翻译的层面,末句只点出"宁静淡泊"也无不可,像前面提到的人教版教材中的"微妙心境"和 2007 年湖北荆州市中考题的设置(只考查了文言实词和"闲人")。但是,笔者

认为万不可将末句理解为"深重地流露出作为'闲人'的惆怅和愤懑",至少不能只有这一种理解,因为如果造成凡遭遇贬谪、失意之事,必成伤心、惆怅之人这样的思维定式,就已经不是教得好不好、深不深的问题,而是教得对不对、该不该的问题。

其实,并不是篇篇课文都如此去教,但对于有典型意义的佳品,作为教师完全可以根据实际情况伸缩课时,选择重点。《记承天寺夜游》作为苏轼作品中的精品,在教学中,可以考虑通过不同层次挖掘它的精品的价值:初中阶段(现为八年级课文)翻译、朗读、背诵,初通其意,允许发表不同意见(对末句的理解是值得探究的真问题);高中阶段在学习了《念奴娇·赤壁怀古》《赤壁赋》《后赤壁赋》等名篇后,可在高二语文选修内容中再系统地认识苏轼其人其作,不仅可以结合前文背景重温《记承天寺夜游》,还可以从文章布局谋篇的角度,谈他以貌似平淡的文字开头,终至令人回味的意境;及至大学,如果学生有缘进一步接触苏轼作品,则可以从作者生平、文章内涵、创作风格等角度更加全面深入地独立解读。

苏轼的作品在中学语文教材中占有相当分量,这与他的文学地位是相称的。我非常赞同《记承天寺夜游》入选初中语文教材,它短小简练,明净雅致,蕴涵丰富,足以担当解读苏轼作品入门篇的大任。可以说,读懂《记承天寺夜游》,对阅读苏轼作品具有奠基的作用。此外,我认为,通过语文课堂教学引领学生读好《记承天寺夜游》,还必然能在阅读方法、阅读思维、阅读兴趣等方面全面提升学生个性化的语文素养。从这个意义上说,虽然《记承天寺夜游》短小,但如果教师能在教学中引导学生正确解读,辨明其中

真意,则意义不小。

【案例2】汪曾祺《葡萄月令》(人教版高中选修《中国现代诗歌散文欣赏》)

《葡萄月令》有啥看头呢?被下放到张家口沙岭子农业科学研究所劳动改造,撰写过《中国马铃薯图谱》的汪曾祺,以白描的写法淡然讲述了葡萄的生长全过程——以致有老师产生疑惑:这真的不是一篇说明文吗?从"一月下大雪""二月刮春风"到"十一月葡萄下架""十二月葡萄入窖",写的都是怎么种葡萄的事。

但他真的只是写种葡萄的事儿吗?仔细咂摸,你能读出葡萄生长的这十二个月里不同寻常的某些滋味,其中有让你的心沉静下来的东西——什么东西呢?作者没说,自个儿琢磨去吧!但要告诉你的是:《葡萄月令》的确是一篇散文,而且它被公认是最能代表汪曾祺语体风格的散文佳作,几乎所有的汪曾祺作品集都收录了这篇文章。它文字疏朗清淡,充分体现了汪曾祺的语言风格和语言主张:语言是流动的,一篇作品的语言是一个整体,是有内在联系的,文学语言不是像砌墙一样一块砖一块砖垒在一起,而是像树一样长在一起的,枝干之间,汁液流转,一枝动,百枝摇。语言要有暗示性,要使读者感受到字面上没有写出来的东西,即言外之意,弦外之音。语言的美不在语言本身,不在字面上有所表现的意思,而在语言暗示出多少东西,传达了多少信息,即让读者"感觉"想见的情景有多广阔——他把语言的重要性推到了极致。他认为,生活是美的,生活中是有诗意的,他追求的不是深刻,而是和谐,他曾戏称自己是"一个中国式的抒情人道主义者"。

汪先生的女儿说，"果园是父亲干农活时最喜爱的地方，葡萄是长在他心里最柔软处的果子"，"他常常会用诗样的语句和画样的笔触来描绘这段平实、朴素、洁净的人生景色"。据说汪先生写完这篇散文后十分得意，说看哪家刊物运气好，谁先来就给谁，结果早已成名的汪先生居然遭遇了退稿，"葡萄"又全须全尾地被"还"回来了！不久，《葡萄月令》在1981年第12期《安徽文学》上发表后，很快就引起了评论界的关注，几乎把它奉为抒情散文的经典。这个小插曲告诉我们，鉴赏《葡萄月令》难度不小，对语言感受力要求很高，因而也很适合编入高中教材，引导学生从"似懂非懂"走进"读懂散文"的殿堂。

【案例3】契诃夫《苦恼》（课外篇目）

这是一篇课本之外的世界短篇小说名篇，采用了汝龙先生的译文。

这篇世界经典短篇小说，乍一看字、词、句都很简单，意思也貌似很明白：在一个漆黑的冰雪夜，一个卑微的马车夫刚刚遭遇了丧子之痛，他渴望并尝试向人倾诉，但屡次失败，终究没有一个人愿意倾听他的苦恼，最后他只好跟他的那匹老马诉说自己的遭遇。

在一次面对高中生的同题课堂教学竞赛中，参赛教师的解读各不相同，表现出不同层次的解读能力，一些课由于解读的偏差，导致一系列教学环节的"走偏"，终致游离于文本之外，距离文本越来越远。让我们看以下三个要求在一个课时内完成教学任务的教学设计（节选），重点从"教材分析""教学提问"等方面针对"文本深读"进行对照分析，进而思考由"文本深读"问题引起的教师对"教学目标"

"教学重点""教学难点""教学环节"等问题的认识与实施的差别,进而导致了不同的教学效果的原因。

《苦恼》这个案例的特别之处在于:首先,篇目十分经典,翻译十分经典,实属看似简单实则复杂、篇幅短小却越读越令人感到沉甸甸的大作。网上没有现成的教学参考资料,因此很考验参赛者的解读能力和水平。其次,在多位教师同课异构的情况下,我们更能看到问题存在的普遍性,更容易发现症结所在,提出有针对性的建议。最后,作为竞赛课题,教师及教师背后的团队备课时投入的精力相对较多,更具代表性。本节我们重点关注这些教学设计的"教材分析"部分(因大同小异,仅列四个),"教学目标"等环节在"课堂教学呈现"部分具体分析,课堂教学实录则收入"课堂教学展开"部分具体点评,读者可以按照案例题目前后联读。

【教材分析1】

《苦恼》是契诃夫短篇小说创作中的代表作之一,曾被托尔斯泰列为"第一流"的作品。小说叙写了马车夫约纳无处诉说苦恼的遭遇,揭示了19世纪沙皇统治下,俄国社会底层小人物悲惨无援的处境和苦恼寂寞的心态。契诃夫通过小说表达了对底层人物和社会人心的关注,这在一个多世纪后的今天仍具有强烈的现实意义。写作特色方面,小说注重运用对话和细节描写刻画人物,而且语言简洁,给读者留下了丰富的想象空间。

【教材分析2】

《苦恼》是契诃夫于1886年创作的一篇短篇小说。作品通过无处诉说苦恼的约纳的悲剧,揭示了19世纪俄国社会的黑暗和人间的自私、冷酷无情,这正是当时沙皇统治下

俄国社会生活的剪影。《苦恼》情节简单,引导学生从倾诉对象入手进行梳理,即可快速地概括出故事情节。小说主人公约纳向军人、三个青年、扫院子的仆人、年轻车夫倾诉苦恼而不得,最后只能向马诉苦,故事情节前后形成了鲜明的对比——人不如马。

【教材分析3】

这篇文章选自人民文学出版社2015年4月第一版汝龙译的《契诃夫短篇小说选》。它是俄罗斯批判现实主义作家契诃夫于1886年创作的一篇思想性和艺术性都很高的短篇小说。这篇小说承袭了普希金以来的"小人物"创作传统,讲述了一个老马夫约纳的儿子刚刚死去,他想向人们倾诉自己心中的痛苦,无奈偌大的彼得堡竟找不到一个能够听他说话的人,最后他只能对着他的小母马诉说。作品通过无处诉说苦恼的约纳的悲剧,揭示了19世纪俄国社会的黑暗和人间的自私、冷酷无情,这也正是当时俄国社会生活的剪影。

【教材分析4】

《苦恼》是契诃夫的名篇,列夫·托尔斯泰认为它是第一流的小说;高尔基对约纳的遭遇产生了强烈共鸣,称赞它是一部非常真实生动的作品。作者通过人和马的对比揭示了作品的主题:沙皇专制统治下社会底层劳动人民的悲惨境遇,以及社会的自私、冷漠、冷酷与黑暗。区别于其他作家及契诃夫的其他名篇,小说不是以动人的故事情节吸引人,而是以显现悲哀的心理世界震撼人。小说反映人物痛苦的深刻之处,不仅在于他的悲惨遭遇,更重要的是约纳精神上的孤寂和痛苦。本文在写作艺术方面的显著特色是以小见大,通过对话、细节、心理描写真实生动地刻画人物心理,在人与马的对比、环境与马对人物的映衬中不断强化人性的冷漠

解读 呈现 展开——中学语文课堂教学艺术品析

与人的孤独感。

从这些"教材分析"中,我们可以看到教师有文本解读的意识,在讲授这篇课外文本之前,不约而同地进行了文本分析,关注到了文本写作背景及文本价值。但这都是在"是什么"层面的分析,从文本分析中看不出老师们正面回答"为什么《苦恼》是契诃夫短篇小说中的杰作,被托尔斯泰列为作者'第一流作品'"这个关键问题的努力,甚至不止一个"文本分析"中"忍不住"明确地说"这篇小说的故事情节很简单朴素""《苦恼》情节简单,引导学生从倾诉对象入手进行梳理,即可快速地概括出故事情节""情节简单,学生易于掌握"。从后面整个教学设计来看,正是由于未能正面思考或师生共同讨论这个问题,在设定"教学目标""教学环节"等处步步被动、隔靴搔痒,始终无法将一个"简单的""彼得堡冰雪夜中马车夫约纳屡次向人诉说他的悲伤而不得,最后只得向自己的老马倾诉"的故事从其文学价值的层面说清楚。在课堂教学言行中,"教学导语""教学提问""教学拓展"一步步沦陷(这一点,我们在"展开"部分具体探讨),最后,在课堂上学生几乎一无所获,甚至被带进误解的泥潭。相比之下,"教学分析4"较为深入。

运用前文所述解读方法,我的解读过程如下:第一步,浏览全文,再读全文,三读全文,这一步的任务是寻找经典作品中的经典故事的"看点"。契诃夫是世界小说大师,《苦恼》是被公认的短篇小说杰作,以下疑问是我们初读需要注意到的:"小说描写的人物中,你认为哪些人的言行表现是正常的,哪些是反常的?为什么?""对不愿意倾听马车夫约纳倾诉的军官、青年、看门人和青年车夫,作者是否

持批评态度?为什么?""作品的主题是揭示社会的冷漠(包括人与人之间的冷漠)还是人性的孤寂?为什么?"第二步,调动小说鉴赏基本常识关注文本结构。作品以题记"我拿我的烦恼向谁去诉说"为情节线索,依次写出了约纳向人诉说苦恼的连续失败,只能向马倾吐内心感情。

小说由三个部分组成,第一部分即第一自然段,用一个街头即景画面,写车夫约纳和他的小母马。约纳被失去儿子的痛苦折磨得麻木了,小母马也在默默地想心事,他们可怜地伫立在风雪之中,与周围喧哗、熙攘的世界格格不入。第二部分是小说的主干,写约纳向人倾吐内心苦恼时的种种遭遇:军人对他的冷漠,青年人根本不听他的苦诉,看门人对他的指责,蒙头而睡的小伙子……遇到那么多人,竟没有一个人愿意倾听他的苦恼。第三部分从"出去看看马吧"到全文结束,描写约纳只能向马倾诉苦恼,马成了他唯一可以求得宽慰的动物。所有的情节内容都紧紧围绕着约纳深怀苦恼和倾诉苦恼的动机、行为与心理展开。首尾互相呼应并形成对照,首尾人与马的关系又与中间部分人与人的关系构成对比,因此,全文结构紧密、中心突出,又如行云流水,浑然一体。题记作为小说的总领不容忽视,其中的"我"应该是包括约纳在内的所有人,"约纳"以及"约纳的遭遇"只是生动诠释这个题记的故事。

第三步,剖析语言,看细节描写。作者不厌其烦地反复描写约纳"试图倾诉"的强烈愿望直至"倾诉不得"的必然结局,对恶劣环境、人物外貌、语言、动作的描写细微生动,约纳的遭遇越令人揪心,人类共同的命运也就越引人深思,于是作者的创作意图也就巧妙地完成了。

所以,作者笔端刻画的这个处在社会底层的马车夫形

解读 呈现 展开——中学语文课堂教学艺术品析

象,不仅揭露了造成小人物不幸命运的社会黑暗,更深入地揭示了人性的孤寂。这篇描写小人物悲剧命运的忧愤深广之作,读来令人震颤而又耐人寻味。我们可以从以下四个层面去理解它的思想内涵。第一层,作品表现了黑暗现实中的小人物悲惨无援的处境和苦恼。车夫约纳身处社会的下层,军人可以向他发脾气,青年们随意取笑谩骂他,扬言"给他一个脖儿拐"的看门人和他的同行都对他的痛苦无动于衷、缺乏同情心。他的生计也很艰难。午饭前出来到"黄昏的暗影笼罩金城",他还没拉到一趟生意;奔波到晚上十点钟,竟然"连买燕麦的钱还没挣到"。他的遭遇又极其不幸,老婆早已去世,唯一可寄托希望的儿子又新近病逝。作者真实地刻画了一个地位低下、苦苦挣扎、命运悲惨的小人物形象。第二层,我们要看到对默默承受这一切的约纳来说,最苦恼的还不是他的现实境遇,而是他的痛苦无处诉说,无人理解和同情,心灵的孤寂和折磨比现实生活的不幸更难以承受。作者写出了他在浩大无边的苦恼摧残下的内心麻木;他一动不动地任凭风雪的袭击,他无心拒绝不公道的车价,他相信一切都是"上帝的意旨"。但作为一个活人,他毕竟还有向人倾吐苦恼、与人交流情感的渴望。然而,在偌大的社会中,他却找不到一个关心同情他、能分担他的苦恼的人,他只能在马身上实现他那小小的可怜的心愿。一个小人物孤单寂寞、压抑滞重的心态由此得到了深刻的揭示。如果说在契诃夫的《一个文官的死》中,作者哀其不幸之余,不乏怒其不争的意味,那么,《苦恼》更具有对马车夫的同情和惺惺相惜的悲凉。也有人认为约纳的麻木、逆来顺受和不觉悟,既是生活的赐予,也是他无法通过斗争改变自己命运的心灵桎梏。第三层,作为普通人的老约纳,他在艰

68

难生存中的忍耐与坚强已经足以令人敬佩,他在这种情境之下越来越强烈的倾诉欲望是非常正常的心理表现,这种越来越强烈的倾诉欲望得不到回应与倾听给他带来的痛苦是如此的令人揪心,结局的"一股脑儿"就不由让人潸然泪下了。第四层,这一层的依据在题记"我向谁去诉说我的悲伤"。每个人都会有悲伤无处倾诉的瞬间,人们负重前行,虽不一定向马儿倾诉(高尔基读完这篇大作后说自己曾向老鼠倾诉),但它跨越时空,已引起不同时代、不同种族、不同社会背景下人们的共鸣,并且回响至今。

《苦恼》似易实难的复杂之处在于,它揭示了社会的冷漠(包括人与人之间的冷漠)带给人的孤寂,并同时暗示了这种孤寂也许是人性的必然。读者无须纠结约纳向小母马的倾诉是否成功回答了题记中"我拿我的烦恼向谁去诉说"的疑问,从契诃夫的悲悯中我们领悟到小说的重点应在于引导学生看到人性的共同点并希望这个世界更好,而不是仅仅从道德层面去评价甚至批判"乘车人"。

《苦恼》这个伟大作品的艺术价值还体现在富有深刻内涵的细节描写。俄国著名的现实主义画家列宾曾就契诃夫小说赞叹道:"简直无法理解,从一篇如此简单、平淡,甚至可以说是贫乏的小说中,怎么弄到最后竟会浮现这样不可抗拒的深刻庞大的具有人类意义的思想……我深受震惊,无限神往……您是一位多么了不起的大力士。"(《契诃夫作品、书信全集》第8卷,苏联科学出版社1977年版,第92页)这里的重要原因之一就是以小见大,平淡中见深刻的出色的细节描写。《苦恼》中没有巨大的场面和引人入胜的曲折情节。它的整个故事都是建立在马车夫想找人倾诉儿子死了这一细节的描写上,但这件日常小事和小人物小小的可怜的心

愿却折射出人类的遭遇和命运。误读的症结在于我们习以为常的"道德审判式"解读,误以为小说是在批判漠不关心马车夫的军官等群体,但是,如果我们客观地分析:乘客群像的表现其实比较正常,他们付费乘车,没有义务跟马车夫聊天,我们也不能拿慈悲的道德标准要求每一个人;相反,马车夫约纳的表现很不专业,他不揽客、不看路、不讲价……这种种"反常"会引起有鉴赏力的读者的关注,从而读出作品真味,进而忍不住为之击节叫好!小说结尾约纳对马倾诉衷肠的细节描写,更是强烈地突出和深化了主题,给读者以巨大的震惊和长久的回味。此外,以二十个戈比坐一趟车既写出了三个青年的耍赖,又刻画出约纳为苦恼压倒而无心讲价钱……这些都是内涵深刻而丰富的细节刻画。

【案例4】《过秦论》(统编高中语文选择性必修中册教材篇目)

《过秦论》原题《过秦》,萧统《文选》加上"论"字,后称《过秦论》。《过秦论》列贾谊《新书》第一,分上、中、下三篇,以上篇最为有名,《过秦论(上)》(以下简称《过秦论》)是多个版本高中语文教材中的传统经典选文,其文本地位极高,自其问世以来就走上了史论价值、政论价值与文学价值不断被诠释、传承的经典之旅,造就了其集史学经典与文学经典于一身的辉煌。然而,我发现,不少高中语文老师并不喜欢这篇"西汉鸿文"(鲁迅语),其教学价值受到一定程度的质疑,质疑的疑点主要集中在它全文的论证逻辑及部分史实。

通过对"仁义不施(而)攻守之势异也"一句的解读,结合贾谊其人其见,我认为,《过秦论》的论证逻辑是经得

起推敲的，文人意气淋漓尽致，部分史实有倾向性出入，但微瑕不能掩瑜。在充分认识到《过秦论》文本价值的基础上，尝试从落实《普通高中语文课程标准（2017年版）》的角度进一步探讨《过秦论》在"学习任务群"中的学习价值。

首先，我们来关注对《过秦论》论证逻辑的质疑。刊载在《中学语文教学参考·高中》2019年1—2合刊上的《瑕瑜互见中的经典成就——〈过秦论〉教学价值的反思》一文，其"摘要"云："《过秦论》就其论证逻辑分析存在自相矛盾之处，但因其对比渲染与对史实的忽略及突出手段的运用，使得文章具有雄辩的气势。本文试解析文章的逻辑矛盾与雄辩气势的矛盾对立与统一，从而反思此文在高中阶段的教学价值。"这颇能代表一些语文老师的想法，此文作者对历史的关照、对文本的深读均极显功力，读来颇受启发；结尾处"《过秦论》从论证逻辑角度看存在自相矛盾，阅读时似乎不影响其雄辩性"的模棱两可之意，接着将教学价值定位在"在理性的逻辑分析之后还需要更理性的篇章分析，让学生理解对比渲染、史实的忽略选择与突出这两个亮点，并引导学生理解这两种方法在说理上能够产生更强大的气势"，读来亦引人深思。

"过秦"就是论秦的过失，汉高祖刘邦在与大臣陆贾的对话中说道："试为我著秦所以失天下，吾所以得之者何，及古成败之国。"秦王朝从盛极一时到轰然崩塌仅仅经历了短短十五年，显然，汉高祖刘邦不想重蹈覆辙，他希望从强秦速亡的历史中吸取教训，稳固汉朝江山。自此，"过秦"成为西汉史论文中鸿儒们常谈的话题，而贾谊的《过秦论》更是其中翘楚，千百年来从未被超越。《过秦论》具体创作

时间不详,但可以肯定的是写于"文景之治"的前期汉文帝在位时期。贾谊以他敏锐的洞察力,透过表象,看到了西汉王朝潜伏的危机。当时,权贵豪门大量侵吞农民土地,逼使农民破产流亡,苛重的压迫剥削和酷虐的刑罚,也使得阶级矛盾日渐激化。国内封建割据与中央集权的矛盾、统治阶级与劳动人民的矛盾,以及民族之间的矛盾都日益加剧,统治者的地位有动摇的危险。为了调和各种矛盾,使西汉王朝长治久安,贾谊在《治安策》《论积贮疏》《过秦论》等著名的政论文中向汉室提出了不少改革时弊的政治主张。其中,《过秦论》就是以劝诫的口气,从总结历史经验教训的角度出发,分析了秦王朝政治的成败得失,为汉文帝改革政治提供借鉴。在谈到写作目的时,贾谊说过他之所以要"观之上古,验之当世,参以人事,察盛衰之理,审权势之宜",主张"去就有序,变化因时",其目的是求得"旷日长久,而社稷安矣"(《过秦论》下篇)。《过秦论》一文总结秦朝兴亡的教训,实为昭汉之过。

其实,考量《过秦论》的论证逻辑问题的关键之处在"仁义不施(而)攻守之势异也"句。

高中教材人教版《过秦论》选自《新书》,个别字句依《史记》和萧统《文选》改,末句为:"仁义不施而攻守之势异也。"高中教材粤教版《过秦论》选自《新书校注》,末句为:"仁义不施,攻守之势异也。"句中"而"字被逗号取代,作为回答上句"何也?"的答案更易将此句理解为"原因是:第一,不施仁义;第二,攻与守的形势已经产生变化(由攻转守)"。上海辞书出版社2014年版《古文鉴赏辞典》的版本则是"仁义不施,而攻守之势异也"。

对此句的不同的理解围绕"而"字存在的主要分歧有:

①"而"字表示因果,相当于"因而""所以",此句理解为"仁义不施因而导致攻守的形势产生变化"。②"而"字表示并列,相当于"和""与",此句作为回答上句"何也?"的答案理解为"不施仁义,攻与守的形势已经产生变化"。③"而"字表示转折,相当于"然而""却",此句理解为"(同样是)不施仁义然而攻与守的形势已经产生变化"。《瑕瑜互见中的经典成就——〈过秦论〉教学价值的反思》一文正是将人教版中的"仁义不施而攻守之势异也"做第一种理解,接着用"否定之否定"(即"如果实施了仁义则攻能进守能久")倒推得出这个判断有明显的逻辑问题,从而得出"课文的论证有明显的逻辑漏洞"的结论——假如真是这样的话,贾谊的浩浩文采也只能付诸东流,恐不能流传千古。那么,到底这句话的意思是什么呢?是"因为不施仁义因而导致攻守的形势产生变化",还是"攻与守的形势已经产生变化(由攻转守),不施仁义不行(也许能夺天下但一定不能守住天下)"呢?依据上文多层雄辩力透纸背的对秦国、六国、秦朝、陈涉等力量的对比、较量结果的反差和水到渠成的归因,我认为,人教版中的"仁义不施而攻守之势异也"表达的是贾谊一以贯之的观点:取天下可以凭武力,守天下却必须靠仁义。人教版《教师教学用书》中对此句的翻译是这样的:"就因为不施行仁义而攻守的形势已经发生变化了啊。"显然,语意是以上第②种或第③种,只是未明确"而"是并列还是转折而已。

如此,则攻守之势不同了——由攻转守,秦朝仍"不施仁义",灭亡也就是必然的了,这个逻辑推理是站得住脚的。顺带说一下,还有人认为贾谊的观点不对——即便如此，难道夺天下（攻）时就可以不施仁义了吗？我认为，第一，贾谊并没有明确地这么说；第二，贾谊写"过秦"的目的不在"夺"则应如何，他气势如虹一气呵成的"意"集中在说服汉文帝汲取秦王朝速亡的历史教训，施行仁政以保社稷久远，守江山稳固。他的目的达到了——这也是此文受历代文人推崇的重要原因之一。

其次，关于"（陈涉）斩木为兵，揭竿为旗，天下云集响应，嬴粮而景从。山东豪俊遂并起而亡秦族矣"句，多遭质疑之处在于陈涉揭竿而起不假，然刘邦先入关中，项羽火烧阿房宫灭秦，真正灭秦的并非陈涉，为何在篇中陈涉成为大书特书的主角？其语气语势甚至令人产生陈涉直接灭秦的错觉？我相信，作为朝廷重要谋臣的贾谊，不可能不知道在灭秦大军中项羽、刘邦的伟绩，亦不可能不知道在灭秦大军中项羽、刘邦发挥的作用远超陈涉，但贾谊偏要这样来抒写，这正是贾谊"过秦"的高妙所在：其实，霸气四射的鸿文之中，"山东豪俊遂并起而亡秦族矣"还是为史实留下了足够的空间。再有，"秦孝公据崤函之固""（始皇）吞二周而亡诸侯""秦无亡矢遗镞之费""拱手而取"等词句，的确与史实存在出入，但我相信这也大多绝非贾生无知之误，而是为造势有意为之的夸张之辞，当属瑕不掩瑜之言。金圣叹在《才子古文》（历朝部分）卷二中对《过秦论》加批语说："《过秦论》者，论秦之过也。秦过只是末句'仁义不施'之语，便断尽此通篇文字。……至于前半有说六国时，此只是反衬秦；后半有说秦时，此只是反衬陈涉。最是疏奇之笔。"这个点评说得是相当扼要而又切中肯綮的。另外，在洋溢着贾谊丰盈文人意气的文字背后，扑面而来的是让读者感受到贾谊深厚的现实关怀——那就是以最强

的说服力劝谏汉文帝实施仁政。所幸，他的目的达到了。

正如刘向所说，"贾谊言三代与秦治乱之意，其论甚美，通达国体，虽古之尹、管未能过也"。拨开疑云，《过秦论》是历经不同时代的洗礼与检验的经典之作，是一篇至今仍值得学习与传承的"鸿文"。

以上通过文脉词句梳理了《过秦论》中的论证逻辑，阐述了对《过秦论》中的论证逻辑的认同，这些探讨丰富了我们对教学文本的理解，使我们在新的认识高度上再次确立这篇"史论"的经典价值，有助于我们在教学实践中更加精准地进行教学定位与凸显文本价值，从而进一步落实、深化具体的课堂教学。接下来，让我们来思考《过秦论》在高中语文"学习任务群"中的学习价值。

《普通高中语文课程标准（2017年版）》颁布以来，一线教师积极探索，文言文课堂教学被"激活"，被冠以"任务群""群文阅读"的"群教学"大有引领潮流之势，取得了一些经验和成绩的同时，也暴露了一些新的问题。为此，课标组专家频频发文指出新课标实施过程中存在的误区，在新层面上深入探讨以"学习任务群"为主线的高中语文课堂教学。在此，我依据《普通高中语文课程标准（2017年版）》，以《过秦论》为例，谈谈中华传统文化经典篇目在高中语文新课程标准"学习任务群"中的阅读教学思考。

1. 准确把握"学习任务群"的内涵及要求

新课标中的语文学习活动，概括起来就是"阅读与鉴赏""表达与交流""梳理与探究"；"任务"就是让学生把这三者综合在一起去解决课程设置的问题。在"学习任务群"的学习中，一方面，学习的主体从外在到内在都是学生，学生在个性学习的基础上交流、研讨，在碰撞、探究的

学习过程中达到更高层次的个性内化认知,学习过程充分体现学生学习的主动性,由此积累语言文字运用的经验,增进语文能力,提高语文素养;另一方面,教师的指导作用不是被弱化了,恰恰相反,是被不着痕迹地强化了,"学习任务群"特征突出的课堂一定是教师善导、学生善思的课堂。

"学习任务群"的教学实施对教师的学理水平提出了更高的要求。例如,实验阶段教师热衷的"群文阅读",选文就暴露出不少问题,还有一些浮于表层而难以落实到语言文字现象的深层,更加难以上升为语理,再用已经探究出的语理去解决同类的问题,导致课堂学生表面上活动起来了,实际上处在平面滑行的"溜冰"状态。还有一种情况,即学生发表了自己的看法,但教师不能给出恰如其分的评价,在学生需要得到启发的关键地方,教师没有进行必要的点拨,这是非常可惜的。因此,要设计好、实施好"学习任务群",教师首先要提高自己的学养,提高自己的指导水平。教师加强阅读,热爱阅读,深入钻研文本无疑是第一步。

此外,"学习任务群"教学安排特别需要从总体进行关照。这个"总体"可以有不同层级与角度:高中语文—某条主线贯串—必修—选择性必修—选修……例如,在"中华传统文化"这条主线贯串下的"必修—选择性必修—选修"教学,应该整体设计,力求"同中有异,首尾相顾"。新课标对各版块(包括"中华传统文化")在高中不同学段的要求有明显梯度,三年总体关照有利于及早明确各阶段目标,使教学遵循一定章法,不致"花招"频出,失魂落魄。

针对所谓"群文阅读"遍地开花的现象,需要说明的是,"学习任务群"并不是"眉毛胡子一把抓"的多篇教学,不能从单一的角度看哪篇有名,或者仅仅考虑体裁和写

作手法,而是有章法地根据任务主题来选择突出教学重点、指向核心素养和语文能力的学习资源。不同阶段的教学根据具体情况,有时是重点篇目与辅助篇目有侧重地教,有时是几个篇目通过比较来教,有时是在一个更加宏大的目标下古今中外贯通思考……在目标明确、情境真实的前提下,选择好的资源,找到能牵一发而动全身的任务,阅读、写作就会朝着有深度的方向顺利发展。

2.《过秦论》在"学习任务群"中的教学价值

统编高中语文选择性必修中册第三单元篇目如下:

9 屈原列传/司马迁

10＊苏武传/班固

11 过秦论/贾谊

＊五代史伶官传序/欧阳修

单元研习任务

统编选择性必修教材这个单元精选四篇历史散文经典作品编为三课,属于中华传统文化经典研习学习任务群的第二个专题,主题为"回到历史现场",意在引导学生在阅读历史散文作品时要联系历史背景,回到特定的历史文化现场,结合时代因素、作者的思想经历,客观辩证地认识作品中的人物,理解史家观念、史评立场,品评历史人物和历史类作品。教材从历史撰述和历史评论两个角度切入,引导学生分别研习史传文学和史论散文,了解中国悠久的修史传统,考察这类作品在中国文化史上的贡献,把握中国人善于以史为鉴的思维方式;学习史传文学的叙事艺术,理解作品中融入的史家观念和个人情志;把握史论作品的说理艺术,理解作者观察历史的角度,分析作品的表达特点,辩证思考论述的合理性与不足;同时,通过阅读作品丰富文言文的语言

积累。

之前的教材多将《过秦论》编入高一年级必修部分。以人教版为例,《过秦论》入编必修3第三单元,为略读课文,单元篇目有:8.寡人之于国也/9.劝学/10.过秦论/师说。人教版本单元教学说明是:这个单元学习古代议论性散文。这些散文中,有议论治国得失的,有总结军事经验的,有讨论学习和人才培养的。通过聆听其中的济世忠告,感受古人的襟抱与睿智,我们可以进一步体会到传统文化思想精华的宝贵之处。通过阅读这些充满智慧的篇章,还可以借鉴古人议论的艺术,学会清晰有力地表达自己的思想和见解。阅读时要多琢磨文章立论的方法,注意其严密周详的论证逻辑,以及由此产生的说服力量。同时,还应当有点质疑问难的精神,大胆提出问题、探究问题,从而提高思考能力和议论能力。

不难看出,这个单元选文的指向一是古代议论性散文,二是古人的襟抱与睿智,三是质疑探究的精神。在这样的篇章载体中,是可以呈现出"文"与"言"的完美结合的。然而,在教学实际中,由于种种原因,我们仅停留在文本表层。一方面,局限于实验版课标中"阅读浅易文言文"的"读懂"要求;另一方面,更囿于《普通高等学校招生全国统一考试大纲(语文)》中"领会常见的文言文和古代诗词意思"的对文言文停留在"理解"层面的考查要求——"为形成一定的传统文化底蕴奠定基础""学习从历史发展的角度理解古代作品的内容价值"几乎被架空。

如上文所言,我主张从高中阶段总体观照"中华传统文化"教学,力求"同中有异,首尾相顾"。新课标对各版块(包括"中华传统文化")在高中不同学段的要求有明显梯度，三年总体观照有利于及早明确各阶段目标，使教学遵循一定章法。以《过秦论》为例，它可以呈现在"学习任务群4　语言积累、梳理与探究"，可以呈现在"学习任务群6　思辨性阅读与表达"，还可以呈现在"学习任务群8　中华传统文化经典研习"，甚至还可以呈现在"学习任务群14　中华传统文化专题研讨"和"学习任务群17　跨文化专题研讨"。

"学习任务群6　思辨性阅读与表达"旨在引导学生学习思辨性阅读和表达，发展实证、推理、批判与发现的能力，增强思维的逻辑性和深刻性，认清事物的本质，辨别是非、善恶、美丑，提高理性思维水平。其中，对中华传统文化经典作品"学习目标与内容"的要求是：阅读古今中外论说名篇，把握作者的观点、态度和语言特点，理解作者阐述观点的方法和逻辑。"教学提示"有：阅读古今中外典型的思辨性文本，学习并梳理论证方法；教学过程要注重对学生思维过程和思维方法的引导，注意发展学生的辩证思维和批判性思维，注重培养学生思维的逻辑性。位于此"学习任务群"中的《过秦论》，应以解决"定篇"为主，"群文"为辅。教学定位为：在透彻理解"此篇"之"个性"基础上，辅以能突出《过秦论》特色的相关联"群文"，如《六国论》（苏洵）、《六国论》（苏轼）、《六国论》（苏辙）、《治安策》（贾谊）、《论积贮疏》（贾谊）、《过秦论》（中、下，贾谊）等都是可供选择的辅助阅读文章，可以帮助学生从"过秦"或"进谏"的角度加深对《过秦论》说服力极强的史论文本价值重点的理解。教学思路是：疏通、积累文言文阅读基础之字词句；学习论证思路与论证方法；感悟贾谊叙为论辅、充盈磅礴意气的语言感染力。同时，采

用精读或略读学习方式,疏通词义文意,学习写作手法,触类旁通;学习行为以识记、积累、思考、尝试运用为主。需要注意的是,在教学中应充分调动学生自主学习的能动性和积极性,结合生活实际,尝试针对社会生活中的问题向有关部门或个人提出有说服力的建议,在古为今用的过程中发展实证、推理、批判与发现的能力,增强思维的逻辑性和深刻性,提高理性思维水平,达到"有说服力的论说"的目标。

接下来,选择性必修的"学习任务群8 中华传统文化经典研习"旨在引导学生通过阅读中华传统文化经典作品,积累文言阅读经验,培养民族审美趣味,增进对中华优秀传统文化的理解,提升对中华民族文化的认同感、自豪感,增强文化自信,更好地继承和弘扬中华优秀传统文化。该任务群的"学习目标与内容"是:①选择中国文化史上不同时期、不同类型的一些代表性作品进行精读,体会其精神内涵、审美追求和文化价值。②在特定的社会文化场景中考察传统文化经典作品,以客观、科学、礼敬的态度,认识作品对中国文化发展的贡献。③梳理所学作品中常见的文言实词、虚词、特殊句式和文化常识,注意古今语言的异同。④阅读作品应写出内容提要和阅读感受。选择一部(篇)作品,从一个或多个角度讨论分析,撰写评论。⑤学习传统文化经典作品的表达艺术,提高自己的写作水平。教学定位在研习群文,深刻领会"这一类"的共同点。教学思路是举一反三,在文言习得中渗透文化理解与认同。采取"理解、积累、梳理、探究"的学习方式和"随手标记,随文点评读书笔记"的学习行为。

《过秦论》作为史论文的开山之作,是古代论说文的文脉源头,可以设计以"文脉相承——中华论说文传统"为

主题的"经典研习"活动,重点研习两汉以来勇于担当的文人意蕴与论证逻辑相结合的古代经典论说文传统和至唐宋散文一脉相承的气韵。围绕选文《过秦论》(贾谊)、《谏营昌陵疏》(刘向)、《辨亡论》(陆机)、《师说》(韩愈)、《答李翊书》(韩愈)、《至言》(贾山)等,一方面引导学生借助注释、工具书独立研读文本,并联系学过的古代作品,梳理常用文言实词、虚词和特殊句式,自主阅读文言文,培养学生阅读文言文的语感,引导学生积累古代作品的阅读经验,提高阅读古代作品的能力;另一方面,引导学生合理运用精读、略读的方式,由点到面地体会中华传统文化的精神和丰富。从古代散文文脉角度,从史论文的开山之作《过秦论》,到一脉相承的《谏营昌陵疏》《辨亡论》,再到韩愈的"古文运动"(主张"非三代两汉之书不敢观"),这些文章无一不具"观照现实,论点鲜明,说服力强"的特点。贾山"事文帝,言治乱之道,借秦为喻,名曰《至言》"。《至言》中提到的"臣闻为人臣者,尽忠竭愚,以直谏主,不避死亡之诛者,臣山是也。臣不敢以久远谕,愿借秦以为谕,唯陛下少加意焉""臣闻忠臣之事君也,言切直则不用而身危,不切直则不可以明道,故切直之言,明主所欲急闻,忠臣之所以蒙死而竭知也",表达了中国古代士子谋臣的耿耿之心与拳拳之意,是古代史论文文脉的重要组成部分,是千百年来中华文人传承的宝贵精神内核。

在这个任务群的教学中需要注意的是:①"经典研习"的主语是学生,学生的语文学习活动应贯穿始终,由学生完成"经典研习"的学习任务;教师引导学生坚持在研读的过程中勤查资料、勤做笔记;围绕所读作品,利用图书馆、互联网查阅相关注释、评点等资料,加深和拓展对作品的理解。②交流的话题源自学生需要。话题是阅读研讨的内容，是一个阅读理解的角度，在老师的指导下由学生决定而且在阅读交流过程中动态生成。可组织学生在具有一定阅读量的基础上，展开交流和专题讨论，就传统文化的历史价值、时代意义和局限等问题，用历史和现代的观念进行审视，表达自己的看法。③教师是学生分享讨论的推动者，指导学生自主积累、梳理文言文阅读经验，通过不断反思形成科学有效的学习方式。④阅读交流呈现的效果应该是互相回应、相互激发，而不仅仅是交换彼此的主观意见，应产生新的期待并不断深入下去。在此过程中引导学生学习运用评点方法，记录自己的感受和见解，不断提高独立阅读能力。

最后，选修阶段的"学习任务群14 中华传统文化专题研讨"是在"中华传统文化经典研习"的基础上选择中华优秀传统文化的内容组成专题进行深入探讨的，旨在加深对传统文化的认识和理解，增强传承、弘扬中华优秀传统文化的自信心、责任感。该任务群的学习目标与内容是：①选读体现传统文化思想精华的代表作品，参阅相关的研究论著，确定专题，进行研讨。加强理性思考，增进对中华文化核心思想理念和中华人文精神的认识和理解，体会中华文化创造性转化和创新性发展的趋势。②阅读应做读书笔记。围绕中心论题进行有准备的研讨，围绕专题选择合适的方式展示探究的成果。③进一步提高文言文阅读能力。尝试阅读未加标点的文言文。阅读古代典籍，注意精选版本。

在此任务群"文化专题研讨"中可以设计一个指向深度研读的"《过秦论》的经典之旅"专题，可选的文章有《汉书·贾谊传》及《〈汉书·贾谊传赞〉引》（班固）、《史记·屈原贾生列传》及《〈史记·秦始皇本纪〉赞》

(司马迁)、《贾谊不至公卿论》(欧阳修)、《文章精义》(李塗,其中关于《过秦论》的评价)、《文心雕龙》(刘勰,其中关于《过秦论》的评价)、《答李翊书》(韩愈)、《咏史诗》(左思)等。

专题学习的步骤参考如下(建议分10个课时完成)。第一阶段(建议3个课时):阅读理解文意,提出问题并借助工具书等初步解决问题。第二阶段(建议2个课时):形成初步的评价与表达,在资料搜集和学习中发现疑点。例如,《史记》《汉书》对贾谊的评价有什么不同?为什么司马迁在《史记》中将屈原、贾谊合传?历代著名文集中选用《过秦论》的情况如何?《过秦论》走向经典的线路图?本次自主阅读中你积累了哪些语言现象和阅读文言文的方法?第三阶段(建议2个课时):尝试解决疑点,在发现的基础上提出创见。例如,"古文运动"倡导者韩愈《答李翊书》言:"气,水也;言,浮物也。水大而物之浮者大小毕浮。气之与言犹是也,气盛则言之短长与声之高下者皆宜。"请你结合《过秦论》说说你的看法。第四阶段(建议3个课时):以《〈过秦论〉的经典之旅》为题,尝试独立或合作撰写小论文,可以从不同角度撰写,过程大致包括"形成初稿—讨论修改—再次修改—定稿成文"。

"中华传统文化专题研讨"学习任务群需注意以下几点:①"专题研讨"的主语仍然是学生,专题的角度为教师推荐和学生自主设计相结合。②参阅阐释经典的作品应作为研读原著的辅助手段,可以将经典作品与参阅的研究论著结合起来学习。③专题学习以群文深读为主,注重文化史脉络,思考探究其对历史及当代的影响和作用。④可将总的专题分解设计为几个方面的小专题,引导学生在独立完成相关

专题研习的基础上,从研究的资料、过程、方法、收获等多个角度展示研究成果,组织交流讨论、合作探究等活动。⑤要求学生尝试把自己的探究发现用论文形式呈现出来,依据典籍写有学术品位的小论文,树立"有一分证据说一分话"的科学严谨的研究态度。

综上,我们对中华传统经典名篇《过秦论》做了比较深入的探讨,并结合《过秦论》对当下高中语文课堂教学中如何开展"学习任务群"学习活动进行了思考。也许有人会认为这种深读本身价值不大,因为在我们的课堂中,其中大部分都不会被呈现出来。然而,这些前期的准备和研究,恰恰是一位教师安排教学设计、做出教学选择的最坚实的基础——它,决定着这节课的深度、厚度和广度。

于漪老师在《语文的尊严》中说:"我渴望我们的学生一捧起语文书,就能升腾起对母语的挚爱深情;一捧起中国经典作品,就有强烈的阅读愿望,精读深思,感受其中蕴含的民族精神、民族情结、民族睿智、民族思维方式,享受精神的愉悦。"这句话,激励着语文人在教师这个清贫的职业中孜孜以求专业的精进,兢兢恪守教育的底线。新一轮课程改革从思想到学理到方式方法,对语文教师提出了更新、更高的要求,唯有拿出"朝抵抗力最大的路径走"的勇气潜心钻研,才能守住语文的尊严。

(三)群文阅读的"实处"——以统编教材高一语文必修下册第六单元为例

自高中语文统编教材使用以来,群文阅读、整本书阅读、单元整合教学等新气象令部分语文教师产生"单篇教

学过时了""文本解读没那么重要了"的误解,过度知人论世、牵强附会的群文阅读、蜻蜓点水式的整本书阅读交流时被"尝试"、屡获"探索"。殊不知,"新课标、新教材、新课堂"对文本解读的要求更高了,语文教师精准深刻的文本解读成为新课程理念在中学语文课堂教学落地的"实处"。

2020年的暑假,新学年即将任教高一的语文老师都参加了全国范围的全员线上培训。据我所知,老师们都很焦虑:怎样将《普通高中语文课程标准(2017年版)》精神和统编教材内容落实到马上就要到来的语文课堂教学之中?对群文阅读、单元整合、项目学习、整本书阅读等,怎样做才不会把新课程的"好经"念歪?新学年已经到来,"群文阅读"作为新课程的亮点将成为课堂教学的聚焦点之一,在此,我以统编高一语文必修下册第六单元为例,尝试探讨群文阅读的"实处"究竟在哪里这个问题,同时期待方家指正。

统编高一语文必修下册第六单元是既传统又颇具新意的一个单元,按课程标准安排,需要9个课时完成。单元篇目如下:

12　祝福/鲁迅
13　林教头风雪山神庙/施耐庵
　　＊装在套子里的人/契诃夫
14　促织/蒲松龄
　　＊变形记(节选)/卡夫卡
单元学习任务

说它"传统",是指这个单元以文体组元,5个作品都是非常经典的小说。它的"新意",主要表现在:①有单篇为1课的，如第12课，有两篇为一课的，如第13课和第14课；②中国小说与外国小说两两一组，中国小说精讲，外国小说自读；③短篇小说与长篇小说同课。

老师们对以上5个作品是很熟悉的，但需要注意教材编排这个组合的意图。我认为这个编排用心良苦：其一，将两篇（多篇）联读的意识从课标层面落实到教材层面，为课堂教学的改良创造了条件、传递了明确的信息；其二，保留了单篇教学的空间，肯定了单篇教学的价值（这正是观摩了热闹的"群文"教学后笔者大为担心的）。

恰巧，我看到了这样两个教学设计：一个是实验区的老师讲鲁迅的《祝福》，布置给学生的任务之一是"阅读契诃夫的《苦恼》，比较鲁迅对'祥林嫂诉说儿子的不幸'与契诃夫对'约纳述说儿子不幸'这一情节的处理，以及所要揭示的问题有什么不同"。另一个是非实验区老师的竞赛课，讲契诃夫的《苦恼》，布置给学生的作业是"阅读鲁迅的《祝福》和契诃夫的《哀伤》，找出两篇小说与本文在写法和主题上的异同"。应该承认，两位老师都非常认真地钻研了课程标准和教学内容，提出的任务和布置的作业都有一定的启发意义，尤其是实验区的老师，能关注到《苦恼》这篇从未被引入教材的世界短篇小说重要作品，实属难得。在此，我们进一步探讨是否有更为恰切、更加合理的学习安排，更好地帮助学生养成鉴赏小说的学科素养、建构起审美鉴赏与创造的大厦。

关于《苦恼》的解读，前文已有阐述。《苦恼》易读难懂，不少老师没有把握住作品的精妙之处，而简单地认为小说的主题是批判当时俄国社会的冷酷无情及民众的缺乏同情心，大讲特讲社会温暖，同情弱者，严重矮化了作品的人文

价值。深读文本,阅读过程中有几个问题需要把握:①对不愿意倾听马车夫约纳倾诉的军官、青年、看门人和青年车夫,作者是否持批评态度?作品的主题是揭示社会的冷漠(包括人与人之间的冷漠)还是人性的孤寂?②约纳对小母马的倾诉是否成功回答了题记中"我拿我的烦恼向谁去诉说"?(或:约纳向小母马的倾诉是否成功?)这包含两层意思:他一股脑儿统统讲了,对个人而言,达到了倾诉的目的吗?人类的悲伤只能向动物倾诉,是不是从开始倾诉之时起就是一个失败?

再读《祝福》,细读"学习提示",我认为不难看出这两篇作品的创作意图和表现手法相去甚远。"祥林嫂诉说儿子的不幸"与"约纳述说儿子不幸"在两个作品中的地位完全不同,作家构思意图也几无相通之处。前者只是祥林嫂诸多遭遇中的一个,后者是约纳心心念念的唯一;祥林嫂因反复诉说遭人嫌弃,约纳则多次试图诉说均告失败,最后不得已向小母马倾诉……如果一定要放在一起联读比较,虽不是无话可说,但必多附会之词,难以达到通过联读加深对作品的理解、掌握文学作品鉴赏方法、领悟文学审美之道的目的。

在我看来,统编教材的高明之处恰恰在于把《祝福》作为单篇编排,那么,我们扎扎实实深读《祝福》,通过《祝福》引导学生把握小说鉴赏的基本方法,再探究鲁迅作品的堂奥,这就很好。至于那节竞赛课《苦恼》,我的建议是可以让学生课外阅读蒋勋的《孤独六讲》,让学生从美学角度开阔文学审美的视野。

第13课由精读课文《林教头风雪山神庙》和自读课文《装在套子里的人》组成,根据"学习提示"指引,重点放

解读 呈现 展开——中学语文课堂教学艺术品析

在小说人物性格的塑造上。第14课由精读课文《促织》和自读课文《变形记（节选）》组成，中国古代作家蒲松龄和奥地利现代作家卡夫卡不约而同地描写了人化为虫的故事，看似荒诞不经，实则令人扼腕、令人为之掬泪，其中想象的奇特、情节的波澜、情感的变化都令人叹服。值得再提的是本单元的又一个亮点"单元学习任务"，遵循了文本内容、特点，整合力度大，粘合力强，提出了颇具建设性的论题：社会环境对人物命运的影响、"突发事件"与情节运行、精彩细节品味、个性化人物语言的咂摸等。最后，让学生尝试创作一个虚构故事。我建议，可以在单元学习任务中增加一个"陌生化阅读"，检验学生阅读小说的能力——有难度的《苦恼》正是合适的选择。另外，我发现不少新教材教辅资料将难度如此之大的《苦恼》用作阅读题材料，这是很不恰当的，而且，所编题目暴露出命题人对文本解读的严重偏离，这就实属误人子弟了。在此，仅以其中一道选择题为例。

下列对小说思想内容的分析与概括，不正确的一项是（   ）（3分）

A. 主人公约纳是一个勤劳善良、生活窘迫、孤苦伶仃、悲创伤痛、无人同情的俄国下层劳动人民的典型，是当时俄国社会生活中下层劳动人民悲惨处境的写照。

B. 马车夫约纳刚死了儿子，想向别人倾诉心中的痛苦。这个小得不能再小的愿望竟成了无法实现的"奢望"。这和鲁迅《祝福》中的祥林嫂讲述她的孩子阿毛被狼吃掉时的遭遇是一致的。

C. 作者选取日常生活中的平凡小事为素材，以社会下层的小人物为主角，反映的却是重大社会问题，取得了以小见大、见微知著的效果。

　　D.《苦恼》就是在讲述一个悲伤的故事。悲伤的谈话意味着不但所谓的上层社会和下层社会不能沟通，即使同为下层社会，沟通同样是不可能的。

　　给出的答案是B。B显然不正确，约纳向别人倾诉心中的痛苦的遭遇和祥林嫂讲述她的孩子阿毛被狼吃掉时的遭遇是不一致的（怎么不一致题干语焉不详）。那么，命题者认为正确的选项A、C、D的确都是正确的吗？请问：约纳的善良何以见得？作品反映的是重大社会问题吗？"《苦恼》就是在讲述一个悲伤的故事"吗？"悲伤"等同于"苦恼"吗？让学生面对这样模棱两可、实则不可的选择，只会败坏学生的阅读品味，伤害学生的鉴赏能力。

　　故此，我认为群文阅读的"实处"在于尊重文本真意，深入挖掘经典文本价值，寻找"群文"之间更精准些的联系点，并在此基础上，紧紧围绕学习目标组织各环节学习活动，将课程标准、统编教材的精髓落到课堂教学的实处。

　　再者，说说课时安排。前面说过，按课标，本单元需用9个课时完成，我认为，根据本学段学生学情、单元篇目地位和容量，可以适当增加2～3个课时，以保证经典篇目的阅读深度，同时有利于整个教学目标的达成。

　　综上，中学语文课堂教学对文本解读的基本要求是正确、准确，更高要求是精准、深入，艺术要求则需要在语文课程标准的规范下，在深读基础上找准突破口或联系点，引领学生自主解读。让学生在语文课堂上学有所得、学有所悟，这是教师的基本责任而不是对教师的苛求；让自己在课堂上获得精神成长，这是学生的基本权益而不是奢求。

六、谈谈教师读书那些事儿

汉朝的学者刘向说:"书犹药也,善读之可以医愚。"黄庭坚曰:"士大夫三日不读书,则义理不交于胸中,对镜觉面目可憎,向人亦语言无味。"苏东坡云:"腹有诗书气自华。"……这就是读书所蕴含的生命运动机理。阅读经典作品是我们领略人类心智、提高自己的精神修养的必由之径,是语文教师在走上讲台前必须具备的基本储备,也是走上讲台之后终身需要不断更新、加厚的储备。遗憾的是,许多教师登上讲台后读书的时间少了,"一本教参打天下,'网'罗设计直接抄"是一些语文教师的"备课"常态;说的是素质教育,行的是应试教育,对分数顶礼膜拜;说的是阅读重要,行的是题海战术,对考点奉若神明。凡此种种,对语文教师而言,这样的状态很难进步;对让这样的教师所教的学生而言,我认为这是一个灾难。

我常常对老师们说:"阅读经典是语文教师的本职工作,也是语文教师的福利。"实际上,不阅读或阅读量不够的语文教师难以胜任教师之职,想要提高分析文本的质量,深厚的阅读基础是我们摆脱人云亦云、人错我错的唯一"捷径":阅读经典及其评论鉴赏可以使我们更加贴近文本、练就一双独立思考的慧眼;阅读汉语言文学、教育学、心理学理论使我们更加贴近学生、寻找输出接收的最佳链接点和时机,因材施教,不愤不启。对教师而言,读书首先是对自己生命成长的一种积累和完善,是对自己精神世界的一种重建和修补。只有完成自己的生命成长,进而才能实现自己的专业成长。一个热爱读书的教师,往往是一个职业幸福感较强的教师。

一个人的阅读史就是他的心灵发育史。的确，阅读的量与质对人精神发育的状况产生直接影响。于学生而言，阅读是一种心智修习和锻炼：读现代人的书，可与同时代的人做精神上的沟通交谈；读古人的书，可继承古圣先贤的精神遗产，读书可以吸取学问家、思想家多年的心血结晶，是学生获得真正教养的最重要的途径之一。于语文教师而言，读书理应贯串整个职业生涯直至终身。师生同读，才可能在课堂上出现思想的火花，才能够相互激发精神的成长。

接下来，我从教学必备及储备双线列出"中学语文教师阅读底线"书单，期待我们一起把书读起来。特别说明的是，虽然课标、教材中已经推荐学生阅读的书目教师理应全部阅读，但在实际中，我发现由于种种原因，语文教师阅读的质与量不足已成为课堂教学难以向纵深推进的瓶颈，从而造成许多不应该产生的教学问题，在此再次推荐其中的一些以示重要。另外，古今中外经典很多，见仁见智，趣味有异，个人认为教师阅读在基本达标的前提下应该有相当的自由度，不同艺术门类触类旁通，曲径可以通幽。

谈教师阅读问题的部分，原先放在本书最后作为附录，在新教材推进过程中，我发现这个问题是一个较从前更为重要、更容易出问题的问题，且为解读的起点，故前移至此。教育现代化是《国家中长期教育改革和发展规划纲要（2010—2020年）》的要求，教育现代化首先是人的现代化，教师现代化；语文教师的现代化特别需要教师有深厚的文化积淀。文化似乎看不见摸不着，但无处不在。例如，有老师编写这样一条短信发给学生家长："尊敬的家长：您好！现在天气转凉，新冠疫情尚未过去，请督促孩子勤洗手、戴口

罩、注意保暖。期末考试很快到了,不要因为身体原因影响成绩。谢谢!"这条短信看前半部分没有问题,老师工作很到位,提醒家长配合关心学生身体健康,后半部分许多老师可能认为也没问题,忙了一年,到期末了,无论对学生还是对老师,成绩多重要呀!这样说没大错,但缺乏人文关怀:老师关心的其实不是学生的身体,而是成绩,大约相当于"不问人,问马"之类,这则短信给家长、学生的感受无疑因为后半句而大打折扣。

经常有老师、家长、学生找我推荐阅读书目,下面根据一些专业机构的推荐及我本人的读书经验列出供参考。无必要不注明出版社、作者等信息。书海浩瀚,取其一滴,挂一漏万,期待补充。

【语文教学工具书】

《新华字典》(第11版),商务印书馆

《现代汉语词典》(第7版),商务印书馆

《古汉语常用字字典》(第5版),商务印书馆

《古代汉语词典》(第2版)

《新华成语大词典》,商务印书馆

《辞源》(第3版),商务印书馆

《辞海》(第7版),上海辞书出版社

《古汉语知识辞典》,马文熙、张归璧等编著,中华书局

《诗词曲语辞辞典》,中华书局

《汉字源流精解字典》,人民教育出版社

《诗经楚辞鉴赏辞典》,商务印书馆国际有限公司

《汉魏六朝诗鉴赏辞典》,上海辞书出版社

《唐诗鉴赏辞典》,上海辞书出版社

中学语文课堂教学解读的艺术

《宋词鉴赏辞典》，上海辞书出版社
《元曲鉴赏辞典》，上海辞书出版社
《明清小说鉴赏辞典》，上海辞书出版社
《古代小品文鉴赏辞典》，上海辞书出版社
《现代散文鉴赏辞典》，上海辞书出版社
《新诗鉴赏辞典》，上海辞书出版社
《世界名诗鉴赏大辞典》，商务印书馆国际有限公司
《莎士比亚大辞典》，商务印书馆
《20世纪教育学名家名著》，广东高等教育出版社

【原著（集）】（作者、出版社此略）

国学经典：《大学》《中庸》《论语》《孟子》《老子》《庄子》《史记》《汉书》《左传》《资治通鉴》《世说新语》《孙子兵法》《古文观止》《文心雕龙》《诗品》和《论语集注》（朱熹）

古代文学代表作家作品：《诗经》《乐府诗集》《陶渊明集笺注》《李白诗选》《杜甫诗选》《白居易诗选》《苏东坡选集》《牡丹亭》《西厢记》《镜花缘》《红楼梦》《三国演义》《水浒》《西游记》《聊斋志异》《儒林外史》《梦溪笔谈》《徐霞客游记》

中国现当代作品：《毛泽东诗词》《鲁迅选集》《老舍选集》《沈从文小说选》《曹禺选集》《四世同堂》《子夜》《家》《围城》《长恨歌》《谪仙记》《金锁记》《青春之歌》《红岩》《射雕英雄传》《走到人生边上》《红高粱家族》《蛙》《白鹿原》《平凡的世界》《我与地坛》《想念地坛》《我的遥远的清平湾》《北方的河》《黑骏马》《三体》《北京折叠》和《中国现代文学作品精选》（严家炎等编）

外国现当代作品：《老人与海》《约翰·克利斯朵夫》《契诃夫短篇小说》《莎士比亚悲剧喜剧集》《悲惨世界》《巴黎圣母院》《简·爱》《呼啸山庄》《飘》《德伯家的苔丝》《追忆似水流年》《堂吉诃德》《大卫·科波菲尔》《基督山伯爵》《双城记》《斯巴达克斯》《战争与和平》《复活》《罪与罚》《白痴》《卡拉马佐夫兄弟》《日瓦戈医生》《红与黑》《红字》《百年孤独》《蝇王》《1984》《月亮与六便士》《生命中不能承受之轻》《伊豆的舞女》《挪威的森林》《树上的男爵》《小径分岔的花园》《这里的黎明静悄悄》《2001太空漫游》《阿西莫夫机器人短篇全集》《神们自己》《歌德谈话录》《渴望生活——凡·高的艺术生涯》《后现代主义文学作品选》《红星照耀中国》《费孝通传》《哈利·波特》《为什么读经典》

【汉语言学、文章学研究】
《说文解字》，许慎著
《王力全集第5卷·中国语言学史》，王力著
《语言学纲要》，叶蜚声、徐通锵著
《汉语语法分析问题》，吕叔湘著
《语文常谈》，吕叔湘著
《精读指导举隅》，叶圣陶、朱自清著
《略读指导举隅》，叶圣陶、朱自清著
《文章讲话》，夏丏尊、叶圣陶著
《语文随笔》，叶圣陶著
《文言常识》，张中行主编
《语法讲义》，朱德熙著
《现代汉语》，邢福义主编

"20世纪现代汉语语法'八大家'"（丛书），邢福义等著
《修辞学发凡》，陈望道著
《汉语音韵学导论》，罗常培著
《训诂简论》，陆宗达著
《文字学概要》，裘锡圭著
《汉字构形学导论》，王宁著
《汉字文化大观》，何九盈等主编
《语文品质谈》，王尚文著
《语文课读解学》，蒋成瑀著
《解读语文》，钱理群等著
《文章学与语文教育》，曾祥芹主编
《中国写作教育思想论纲》，潘新和著
《中国古代文体概论》，褚斌杰著

【文学史、文学理论与文学批评】
《文心雕龙》，刘勰著，周振甫注
《人间词话》，王国维著
《国学概论》，章太炎著
《迦陵文集》，叶嘉莹著
《解读语文》，钱理群等著
《名作细读》，孙绍振著
《经典小说解读》，孙绍振著
《孙绍振解读经典散文》，孙绍振著
《诗词格律十讲》，王力著
《唐宋词十七讲》，叶嘉莹著
《文章讲话》，夏丏尊、叶圣陶著

《牛津通识读本·文学理论入门》,乔纳森·卡勒著,李平译

【哲学、美学、历史、社会学等】
《中国文化要义》,梁漱溟著
《中国古代文化史》,阴法鲁等著
《中国现代思想史论》,李泽厚著
《吕著中国通史》,吕思勉著
《中国大历史》,黄仁宇著
《万历十五年》,黄仁宇著
《国史大纲》,钱穆著
《中国学术思想史随笔》,曹聚仁著
《中国古代语文教育史》,张隆华、曾仲珊著
《中国现代语文教育史》,李杏保、顾黄初著
《中国古代思想史论》,李泽厚著
《中国哲学史》,北京大学哲学系中国哲学教研室编
《中国哲学简史》,冯友兰著
《中国哲学十五讲》,杨立华著
《生命的学问》,牟宗三著
《美学散步》,宗白华著
《西方美学史》,朱光潜著
《中国经典十讲》,葛兆光著
《全球通史:从史前史到21世纪》,L. S. 斯塔夫里阿诺斯著,董书慧等译
《西方哲学史》,斯通普夫著,丁三东等译
《人生的智慧》,叔本华著
《理想国》,柏拉图著,谢善元译

《世界文化史》（上下），桑戴克著，冯雄译
《人类简史：从动物到上帝》，尤瓦尔·赫拉利著，林俊宏译
《乡土中国》，费孝通著
《教育哲学》，周浩波著
《美国人的性格》，费孝通著

【教育学、心理学、中学语文教学】
《习近平总书记教育重要论述讲义》
《大教学论》，夸美纽斯著，傅任敢译
《民主主义与教育》，杜威著，王承绪译
《让·皮亚杰》，科勒著，杨彩霞译
《陶行知教育名篇选》，董宝良主编
《中国教育路在何方——顾明远教育漫谈》，顾明远著
《教育的智慧》，林崇德著
《思维发展心理学》，朱智贤、林崇德著
《智力的培养》，林崇德、辛涛著
《教育与发展》，林崇德著
《新教育之梦》，朱永新著
《教学论稿》，王策三著
《课程理论：课程的基础、原理与问题》，施良方著
《大教学论·教学法解析》，夸美纽斯著，任钟印译
《什么是教育》，雅斯贝尔斯著，邹进译
《教育的目的》，怀特海著，赵晓晴、张鑫毅译
《罗素论教育》，罗素著，杨汉麟译
《人的现代化》，英格尔斯著，殷陆君编译
《育人三部曲》，苏霍姆林斯基著，毕淑芝等译

《教育心理学:认知观点》,奥苏伯尔等著,佘星南等译

《教育科学与儿童心理学》,皮亚杰著,杜一雄、钱心婷译

《皮亚杰教育论著选》,皮亚杰著,卢濬选译

《教学设计原理》,加涅等著,王小明等译

《教育目标分类学》,布卢姆等编,施良方等译

《维果茨基教育论著选》,维果茨基著,余震球译

《人是教育的对象》,乌申斯基著,郑文樾译

《教师课堂实用手册》,帕丁著,徐富明等译

《叶圣陶教育文集》,叶圣陶著

《吕叔湘论语文教育》,吕叔湘著

《张志公语文教育论集》,张志公著

《传统语文教育教材论》,张志公著

《实和活:刘国正语文教育论集》,刘国正著

《于漪语文教育论集》,于漪著

《温儒敏谈读书》,温儒敏著

《国文国语教育论典》,李杏保等主编

《语文科课程论基础》,王荣生著

《中国当代阅读理论与阅读教学》,韩雪屏著

《导读的艺术》,钱梦龙著

《文学文本解读学》,孙绍振、孙彦君著

【教育类影视作品】

《乡村女教师》《凤凰琴》《美丽的大脚》《一个都不能少》《音乐之声》《死亡诗社》《自由作家》《心灵捕手》《弦动我心》《生命因你动听》《地球上的星星》《三傻大闹

宝莱坞》《黑板》《寻找回来的世界》等

阅读这么多经典著作，耗时费力但长精神，朱光潜先生说"朝抵抗力最大的路径走"，虽然开始很艰难，但其中的无穷乐趣非亲读不能体会。

阅读（也许是重读）这些经典对教学的促进作用既是隐性的也是显性的，既有利于教学和学生也有益于教师本人。阅读成了习惯，常常发自兴趣不带功利心读些杂书，亦觉收获颇多，举一反三，触类旁通，渐入佳境。面对一节又一节的课，一篇又一篇的文，老师们常觉阅读典著功效太慢。在此，我诚意推荐如我一般不知从何下手的人从孙绍振先生的"解读系列"入手。从他许多著作的"序"就可以看出孙老特别实在，"序"是"自序"，且名为"自序"，实为才华横溢的解读宏论——《序：读者主体和文本主体的深度同化与调节》《分析方法的可操作性（代自序）》《修订前言之一》《修订前言之二：答读者问13则》《自序》《自序之一》《自序之二　美国新批评"细读"批判》《自序　小说理论：打出常轨和情感错位》《导言　解读方法：以作者身份与文本对话》……篇篇精彩，没有客套，没有水分，开门见山直接谈自己的观点，令人深受启发，反复回味。如果说他的单篇解读是"授人以鱼"，那么，他的序言（实际上也有专著）显然是"企图""授人以渔"了。孙老关心中学语文教学，他的书深入浅出，很接中学语文教学的地气，找准了语文教学效率偏低的症结，集中火力深耕文本解读。他思维敏捷，文思泉涌，新作频出，令我受教颇多。孙老的著作除了以上所列，其他的著作我也尽量找来阅读，读着读着，我也悟出些许解读文本的门径，有时会心一笑，拍案叫好——这里，分享孙老《名作细读·自序》中的部

分文字。

不管在中学还是大学课堂上，经典文本的微观解读都是难点，也是弱点。难在学生面对文本，一目了然，间或文字上有某些障碍，求助于注解或者工具书也不费事。这和数理化或者英语课程不同，课本上那些难点、疑点，如果教师不加阐释，学生不可能凭着自发的感性理解悟透彻。自然科学或者外语教师的权威建立在使学生从不懂到懂，从未知到已知。而语文教师，却没有这样的便宜。他们面对的不是惶惑的未知者，而是自以为是的"已知者"。如果不能从其已知中揭示未知，指出他们感觉和理解上的盲点，将已知转化为未知，再雄辩地揭示深刻的奥秘，让他们恍然大悟，就可能辜负了教师这个光荣称号。语文教师的使命，要比数理化和英语教师艰巨得多，也光荣得多。数理化英语教师的解释，往往是现成的，全世界公认的，而语文教师，却需要用自己的生命去作独特的领悟、探索和发现。不能胜任这样任务的人，有一种办法，就是蒙混，把人家的已知当作未知，视其未知如不存在，反复在文本以外打游击，将人所共知的、现成的、无需理解力的、没有生命的知识反复唠叨，甚至人为地制造难点，自我迷惑，愚弄学生。这样的教师白白辜负了自己的生命。按常理来说，这样的教师应该是极少数，但据我多年观察，现实情况恰恰相反。

……我这样说，并非故作惊人之语，有大学教学四十余年经验为据。试问大学中文系教授，让你们去教中学语文，在微观分析中，有多大把握能保证超越中学水准？请问古典文学的教授，有多少能把"霜叶红于二月花""二月春风似剪刀""草色遥看近却无""轻舟已过万重山"的妙处说得令人心服口服？"无边落木萧萧下，不尽长江滚滚来"究竟

好在哪里?讲了多少年了,还是古典诗话中那些印象式语言。中学课堂要的是货真价实的、系统的分析,而不是玄妙的、空洞的赞美……

要解决这些微观的问题,不但要有深厚的宏观学养,而且要有具体问题具体分析的功夫,这种功夫,不是一般的,而是过硬的功夫。而这种过硬功夫的特点,就是于细微处见精神,越是细微,越是尖端,越是有学术水平。一尺之捶,日取其半,万世不竭,彻底的分析是无所畏惧的,不可穷尽的。这正是智慧的尖端,生命的高峰体验。在这样的尖端上,教授的头衔并不能保证任何优势。

这篇"自序"我反复品读,其字面上对中学、大学语文教学毫不留情地进行批判,读来颇为"刺眼",但孙老的批判颇具建设性,更令人深受鼓舞而不是灰溜溜。恰巧我在本书中针对"为什么郁达夫'愿意把寿命的三分之二折去'留住这'北国的秋天'",解读了《故都的秋》,观点似与孙老《〈故都的秋〉:悲凉、雅趣和俗趣的交融美》和钱理群先生《品一品故都的秋味》不尽相同。一方面,我想这正是文本解读的妙趣所在;另一方面,如有机会,希望得到二位前辈及各位读者指教,倘若如此,跟孙老一样,"我将不胜感激"。言及此,我认为对"解读"的批判与对"解读"的解读同样重要,老师们切记"拿来"而非"照搬"。

2019年,我的工作室成立后,教学上已经小有所成的工作室老师们摩拳擦掌,期待大展身手,我第一个要求他们完成的任务是制订读书计划,沉下心来读书,告诫大家厚积才能薄发;把书读起来,是教学精进的第一步。读书贵在坚持,"念念不忘,必有回响"!

"大道行思,取则行远。"阅读经典,是语文教师获得

解读 呈现 展开——中学语文课堂教学艺术品析

职业幸福感的起点,因为读书没有终点。我相信坚持读书的老师是有责任心的老师,为学生负责、为自己负责,也为国家负责。

以下化用海子的诗与热爱读书的老师们共勉:
从今天起
做一个幸福的语文老师
读诗
读文
读日月山川
我祝福
莘莘学子
气藏浩然

中学语文课堂教学呈现的艺术

- 一、中学语文教学设计准备概说
- 二、中学语文教学设计准备的基本形式
- 三、中学语文教学设计中的常规设计
- 四、中学语文教学设计案例精选

美与不美，区别就在于是否将原来零散的因素结合为统一体。

——亚里士多德

如果说"解读"是内隐的语文课堂教学前奏，"展开"是外显的语文课堂教学舞台，那么，"呈现"就是语文课堂教学内隐和外显的桥梁，是将零散的思考凝聚成整体美的纽带。

——孙丽红

建筑、医疗、诉讼等实践活动都要有专门的方案，如果将语文课堂教学艺术比喻为建造一座大楼，那么，备课是勘探选址，教学设计是建筑图纸，课堂教学是按照"图纸"一层层建筑大厦——不同的是，由于教学是面对人的教学，经验丰富的教师不会拘泥于"图纸"，而会依据学生的表现即时调整"图纸"，建造出独具特色而不是整齐划一的学生精神成长的"大厦"——这既是语文课堂的难点，也是语文课堂的精彩点，更是语文教师的使命。

撰写优质的语文教学设计方案是语文教师作为专业人员的重要标志。为什么即便学历很高的家长也很难辅导自己的孩子？因为家长往往只是基于日常经验，缺乏教育教学专业素养，不具备一定水准的教学资质。对于课堂教学而言，多元作用下的高效就是美。通过备课，教师将对课堂教学如何展开的思考呈现在教学设计上，完善教学内容，清晰教学流程，走上讲台才能胸有成竹，才能激发学生主动学习的欲望，进而切实提高课堂教学效果。

语文课堂教学的主体是学生，学生从课堂中获得的提高不是简单来自对文本的解读，而是教师依据这些教材内容产

生的独到见解、生动描述,以及师生共鸣下的精彩演绎。这样一个精致统一体的呈现需要深思熟虑的思考过程(即备课),备课形成最终的文字定型即教学设计。中学语文教学设计艺术是指语文教师在备课时科学运用系统方法,研究教学对象,分析教学内容,确定教学目标,设计解决问题的合理步骤,选择适切的教学策略方法,以期创造性达成高效语文课堂教学的书面预设。特别需要注意的是,"教学设计"不仅仅是"教"的设计,它还是"学"的设计。严格来说,当下不少教学设计只是一种"教"的方案,因而需要更多地关注"学"。

语文课堂教学呈现的艺术与展开的艺术有许多交融之处。在此,我以是否可以预设为标准,将偏于可以预设的内容归到本书"呈现之艺术"有关章节,如备课的艺术、教学目标、教学重点、教学难点、教学资源、教学时间、课堂导入、课堂提问、课堂总结等设计的艺术;将侧重生成性的内容纳入本书"展开之艺术"有关章节,如讲授的艺术、教态的艺术、语言的艺术、反馈的艺术、应变的艺术、调控的艺术、幽默的艺术等。

一、中学语文教学设计准备概说

作为专业性极强的中学语文课堂教学,在形成具体的书面教学设计之前,语文教师都要进行大量前期准备工作,就是我们常说的"备课"。于漪老师说,备课是一辈子的功夫,教师的专业能力往往是在备课和反思过程中不断打磨、不断积累、不断升华的。相当一部分青年教师认为,备课就是"阅读教材,搜集参考资料,旁征博引,写出教案(老教师甚至不写），背熟内容"，这种备课实则是"背课"，虽不能算不对，但至少有许多不足的地方。文本的价值，在教师的深读中才会获得鲜活的生命，备课需要"细读"，需要独立思考，但"细读"不等于"细教"，教师的思考也未必悉数全教，在选择时需要扬弃，不能照单全收。经过了"细读"与思考，读出的厚度、高度、深度，语言文字的表现力、生命力会大不相同。

《现代汉语词典》（第7版）中对"备课"的解释是："动教师在讲课前准备讲课内容。"我认为这个解释没错，但不完整，只是对狭义的"备课"的表层解释，需要更为严谨的解读。我认为，广义的"备课"除了词语解释里所说的"讲课前"的针对具体某节课教学内容的准备，还应包括教师在更长的时间里依据教学基本规律，把握学科课程标准的要求，不断更新教学理念，结合学生的具体情况，确定正确的教学内容，选择恰当的教学方法，规划适宜的教学活动所做的更高层面的教学准备。

例如，"教是为了学"，这是一个根本性的教学理念；"最近发展区"理论同样是从"学"的角度强调了教学要基于学生的起点与提高；高中语文课程标准特别提出对"学习方式"变革的要求。这些"课前准备"越充分，教师在准备具体某节课时就越能将教学设计清晰指向更好地促进学生的学习，而不是为了教师讲得精彩，教学方法和教学环节的设计就越能从学生的角度出发来考虑。总之，备课是以系统论、教学论、学习论等教育科学理论为指导，遵循教育基本规律（而不仅仅是感性经验）而进行的一项专业性设计工作。

1. 依据语文课程标准，精准把握教学方向

课程标准是国家对基础教育相应课程的基本规范和要求，是国家意志的体现。不少老师觉得课程标准距离实际课堂教学比较遥远，匆匆浏览、听听专家讲座就过去了，备课过程中唯教材、教学参考书是听，不敢越雷池半步。殊不知学习、研究课程标准可以增强课程意识、更新教学理念，以及提高对教材、教学参考书的驾驭能力，更有利于拓展教学资源、增强教学创造性。譬如，统编教材必修上册第五单元"整本书阅读《乡土中国》"是首次进入教材的全新单元，有老师将《普通高中语文课程标准（2017年版）》中的"学习任务群1　整本书阅读与研讨"和"学习任务群18　学术论著专题研讨"作为课程内容进行教学设计并实施课堂教学，并按"学习任务群18　学术论著专题研讨"，要求全体学生"尝试写作小论文"。试想一下：高一学生阅读、理解《乡土中国》已经不易，再撰写学术小论文，即便是尝试，对于进入高一不久的学生而言（进度快的学校可能才刚刚开始较系统地指导学习写800字的议论文）几乎是不可能完成的任务；囫囵吞枣地读完《乡土中国》，匆匆忙忙撰写小论文，然后准备交流发言……不说时间是否允许，恐怕仅有的一点对整本书的阅读兴趣也荡然无存了。问题是：语文课程标准是这样要求的吗？在"学分与选课"部分的"普通高中语文课程结构及学分"中，高中语文课程标准明确将"学术论著专题研讨"学习任务群的要求放在选修阶段，那是学生到高三才"尝试"的内容，即便个别优秀学生早已具备了撰写学术小论文的能力，也不能成为我们在高一上学期大面积"尝试"并进行"学术交流"的理由。无独有偶，在课堂教学观摩中，我们还发现在讲《故

都的秋》时,将"学习任务群10　中国现当代作家作品研习"列入教学目标的情况……由此可见,对课程标准的学习多么重要。课程标准直接关乎我们的课堂教学,领悟课程标准精神实质可以让教师和教师指导下的学生少走许多既违反教育规律又吃力不讨好的弯路。

2. 了解不同学段、班级学生的思维水平、学习能力,了解学生个体的学习情况,整体引导和个别指导相结合

教育是一门科学,它建立在教育哲学、教育管理学、教育心理学等教育理论基础之上,是教学智慧的源泉,能帮助我们了解学情,更准确地把握教学的起点。因此,建议教师尽可能多地掌握并更新教育哲学、教育管理学、教育心理学知识,熟知基本教育原理。而现实的情况是,诸多原因造成教师无暇或并不重视这些理论的深入学习,他们喜欢直接可以"用"(实际上是"照搬")的东西,但"照搬"是"鱼","创造"才是"渔"。作为艺术的教学需要不断从先进的教育理论中汲取能量,教育理论是课堂教学的空气和水。

例如,我们对以皮亚杰为代表的建构主义并不陌生,但知道它属于教育哲学范畴的人并不多。作为语文教师,我们还需要了解建构主义是理性主义这个较大哲学范畴的现实化身,是关于认识论问题的教育哲学。理性主义相信理性是知识的主要来源,现实是建构的而不是发现的、传递的,不存在单一的可以被发现的事实,但是每个人都可以建构自己的现实。回到语文学科的学科性质,我们在具体运用建构主义教育理论时就需要注意落实及分寸:"语文学习活动"的被强调与建构主义理论一脉相承,突出了学生学习主体的地位,统编高中语文教材必修上册第四单元安排了"家乡文化生活"、下册第四单元安排了"信息时代的语文生活"的学习活动。在活动中常常出现"为活动而活动",活动热闹非凡却所获寥寥的情况,这正是对建构主义的误解或无知所导致的。如果我们误以为学生只要动起来、积极热情地参与活动就是在学习,就是我们需要达成的目标,那么,语文课堂教学的效率将大打折扣。换言之,如果参与了"家乡文化生活"中"广州饮食文化"综合学习,学生的收获仅仅是"对广州的早茶文化、粤菜特色"有了更进一步的了解,提出了一些不痛不痒的"如何让粤菜走向世界"的建议;或者参加"岭南文化"综合学习,学生的收获仅仅是"岭南建筑的特点"抑或"岭南文化园满意度调查情况",那么,我们的语文素养建构将落实在何处呢?深入解读理论,而不是打着理论的旗号"为活动而活动",这是我们需要特别注意的。如果我们继续学习与建构主义相关联的经验主义、实用主义、最近发展区……也许会避免单一化、绝对化教育理论的弊端,重视教育理论运用的学段、学科、文本特点的适切性等问题,避免在教学设计甚至学校教学管理中"一刀切"的模式化、机械化的思路,让真实的理论引领真正的教育。

　　苏联心理学家维果茨基提出"最近发展区"这一社会文化理论的核心概念,认为"最近发展区"是"实际的发展水平与潜在的发展水平之间的差距","良好的教学走在发展前面并引导之",明确指出了教学与发展之间的关系,教学促进发展,教学应该走在发展的前面。"实际的发展水平"由儿童独立解决问题的能力而定,"潜在的发展水平"则是指在成人的指导下或是与能力较强的同伴合作时,儿童能够解决问题的能力。"最近发展区"阐明了个体心理发展

的社会起源，突出了教学的作用，教学应走在发展前面；彰显了教师的主导地位，教师是学生心理发展的促进者；明确了同伴影响与合作学习对儿童心理发展的重要意义；启发了对儿童学习潜能的动态评估。维果茨基将学生解决问题的能力分成了三种类别：学生能独立进行的；即使借助帮助也不能表现出来的；处于这两个极端之间的，借助他人帮助可以表现出来的。

由此可见，皮亚杰更多地强调每一个人对新知识的创建，而维果茨基则侧重于对文化和语言等知识工具的传播。在语文教学实际中，我们遇到"我们探讨什么问题""这个问题是否适合拿出来探讨"的问题，如果我们能够站在理论的高度去观照，也许会事半功倍。例如，认真研究高中语文课程标准的老师不难发现，旧版和新版课程标准在对古诗文教学的要求上发生了显著的变化，旧版课程标准仅要求"读懂"，新版高中语文课程标准对"中华传统文化经典研习"的要求明显提高：①选择中国文化史上不同时期、不同类型的一些代表性作品进行精读，体会其精神内涵、审美追求和文化价值。②在特定的社会文化场景中考察传统文化经典作品，以客观、科学、礼敬的态度，认识作品对中国文化发展的贡献。③梳理所学作品中常见的文言实词、虚词、特殊句式和文化常识，注意古今语言的异同。④阅读作品应写出内容提要和阅读感受。选择一部（篇）作品，从一个或多个角度讨论分析，撰写评论。⑤学习传统文化经典作品的表达艺术，提高自己的写作水平。从教育理论层面，个人认为新课程标准在注重读懂传统文化经典的同时，适时加强了对传统文化经典中文化价值的传承，教师需要对学生进行疏通字词基础之上更高水平的引领，即不仅要注重学生文言

知识的建构,还要有意识、更深层次地提升学生的鉴赏、审美能力。

此外,"罗森塔尔效应""鱼缸效应""青春期奇异阶段""个性发展""游戏与想象力""生活教育""传播理论""系统论""信息加工理论"等理论和观点都值得关注。同时,我们要善于理论指导实践,并在教学中加以运用。例如,讲授苏轼的《记承天寺夜游》,根据皮亚杰的认知发展理论,除非学习者达到一个特定的发展阶段,否则不能完成关键的认知任务,在初中阶段不宜过度知人论世,主要感受句式、节奏、用词,从借景抒情角度体会作者的心境,理解"闲人"的意味;到高中,学习《赤壁赋》《后赤壁赋》时,我们可以回顾《记承天寺夜游》,梳理作者的创作阶段,进一步了解作者生平、经历、思想,知人论世,加深对苏轼作品的解读,提高鉴赏能力。

教育理论很多,教育理念不尽相同,有时甚至相左。我们不仅要在真正理解的基础上做出选择,还要不断反思,调整、更新自己的选择。例如,有研究者认为皮亚杰的认知发展理论与维果茨基的"最近发展区"理论完全相反,在教学观念上得出不同的指引,前者注重学生的建构,后者注重教师的引领。我不认同认为他们观点相左的观点,恰恰相反,他们的观点互为补充,揭示了教育教学的本质:"教"和"学"同样重要,教学相长,不可或缺。教师应该研究学生所处认知发展阶段,走在学生认知发展水平的前面,将最适切、最合度的教学内容和理念体现在教学设计中,落实于课堂教学;学生在教师教学艺术的引领下不断建构、内化教学内容,激活自己的思维生长点。我认为,新课程、新课标、新教材和新评价正在朝着这个方向努力,语文课堂教

学、教师、学生正在发生着大变化,如能沿着这个方向让课堂教学快步跟上,成果可期。

3. 研究教材总体设计和框架,了解篇目增减、顺序等变动情况

研究教材总体设计和框架,把握教材各册之间的关联,明白编者意图、与课程标准的对接点,掌握教材的知识结构。要落实课程标准要求,语文教师必须深入研究统编教材,把握教材思路的变化,在经典篇目上呈现出有利于养成学生语文素养的新面貌。

依据专家介绍和我的思考,将中学统编教材编写呈现三个方面的变化概括如下:其一,丰富了阅读的内涵,突出了阅读的重要性。虽然课文篇目略有减少,但增加了课外阅读、名著导读、整本书阅读的分量,强调了学生自读。初中加强了"名著导读",激发兴趣,传授方法,每个"名著导读"引导学生重点学习某一种读书的方法,如浏览、快读、读整本书、读不同文体等,都各有方法引导,课后思考题或拓展题也多有课外阅读的提示引导;高中必修上、下册均有整本书阅读的独立单元,上册阅读《乡土中国》,下册阅读《红楼梦》。不同年段文质兼美的经典作品连贯一体,层级分明,把语文教学从课堂延伸到课外,形成"趣读—教读—课内自读—群文阅读—整本书阅读—课外自由阅读"的阅读教学生态系统,帮助学生努力达成课标所要求的"多读书、读好书、好读书"目标,养成终身热爱读书的良好习惯。阅读的质和量都提升了,才有可能突破学生语文能力难以提高的瓶颈,改变学生语文学习效率低下的现状。其二,力求建立新的教学方式,以真实情景中的语言运用促学生语文学科素养之养成。从教材层面凸显综合学习活动、大阅读、关联性阅读，从初中到高中，阅读深度、广度、速度较以往均有明显提升。其三，立德树人、传承文化的教学理念在教材中得以具化，革命传统教育、中华传统文化、劳动教育、新时代楷模在主题组元中都得到专门考虑，高考试题也与之呼应，形成了社会共识。同时，革命传统教育的篇目也占有较大的比重。小学选了40篇，初中选了29篇，高中据不完全统计，有必修和选择性必修20余篇（选修教材暂时不详）。而传统文化的篇目也增加了，初中古诗文选篇是125篇，约占所有选篇的52.5%，比原来的人教版有所提高，平均每个年级40篇左右，体裁更加多样。从《诗经》到清代的诗文，从古风、民歌、律诗、绝句到词曲，从诸子散文到历史散文，从两汉论文到唐宋古文、明清小品，均有收录。鲁迅的作品也选有《故乡》等9篇。

统编高中语文教材总体框架以人文主题和学习任务群为主线组织单元，以高中生应具有的理想信念、文化自信、责任担当为精神内涵，按照整体规划有机渗透自然融合的基本思路，确定若干人文主题作为单元核心，以发挥语文课程独特的育人价值，围绕人文主题和学习单元任务群两条线索，组织单元每单元0.5学分，一般来说用9课时完成。语言积累与建构在必修和选择性必修中各占一个单元，并在其他单元中均有渗透，实用性阅读与交流因涉及范围广，必修安排三个单元。

了解篇目增减、顺序等变动情况，可以加深对篇目的理解及其在新的教育形势下的特殊作用。例如：曾经是初中教材篇目的《老山界》一度被替换，这次在新版初中教材中再次入编；《最后一课》长期以来都是初中教材中的篇目，本次则没有入选。《老山界》的选入有其在立德树人、革命传统教育方面的考量，也与这个单元"天下国家"的主题更为契合，教学中应引起注意。

4. 研究新高考，关注高考语文题型的变化

2021年1月，由教育部考试中心命制的"八省高三适应性测试题"出炉，吸引了众多目光。这套试题受到广泛好评，透露出教学改革的新动向，引发对高一、高二课堂教学的诸多思考。

这次适应性测试题透露的信息告诉我们：首先，语文考试要想获得好成绩不能靠死记硬背。试题中完全靠记忆的得分项只有古诗文经典名句填空6分，而且这6分也需要理解、判断。在高中语文学习中，"记忆"有助于积累，但"记忆"的作用是为了"运用"，进而"创造"。高中毕业生应该具备的是如何进入这个世界、创造这个世界的知识和方法，而不仅仅是关于这个世界的网上搜索即可得到知识和方法，因此，新的语文评价方向是侧重考查学生持有这些工具后解决了什么问题，而不仅仅是工具本身。其次，正如温儒敏先生所言，阅读量是学好语文的重要参考指标。这份试卷有四大板块，其中现代文阅读部分35分，四篇阅读材料；古代诗文阅读部分35分，一篇文言文和一首唐诗；语言文字运用部分20分，两段阅读材料；写作部分60分，题目材料200多字，整张试卷文字阅读量8739字。学生需要具备在大量阅读的基础上快速提取信息的能力，语文教学必须引导学生在教师引导下深入剖析好课文这个经典例子，同时不局限在教材之内。最后，精当的试题选文告诉我们，语文阅读的内容明确指向经典性和时代性。例如，"现代文阅读（一）"将"人工智能"话题的讨论作为素材，考查学生审辩性思维能力。如果学生对机器人方面的信息毫无了解，难

免在文本解读时因为陌生,望而生畏。立足经典,触摸时文,关注前沿话题,这应该是引领学生阅读的重要朝向。

目前,国家层面在发挥好考试"指挥棒"作用上做出了积极努力,这是教学之幸事,师生之幸事。

5. 关注社会发展、时代"新声",关注语文教学方式的变革

《刻舟求剑》的故事告诉我们,世易时移,不能一成不变。工作经验丰富的教师尤其需要提醒自己与时俱进。一方面,网络5G时代,信息量呈几何级数增长,自媒体遍地开花,科技日新月异;另一方面,传统经典的传承,历史的复活,时代最强音……哪些知识是学生已经在社会生活中习得的?哪些历史是我们需要站在今天的立场重新审视的?哪些传统是超越时空仍然启发着我们对国家、民族、自身命运思考的?这些都是一名语文教师必须关注,不断学习,与学生共同生长之处,也是语文课堂落实课程标准的必备条件。

例如,统编高中必修教材的亮点"学习活动"单元,必修上册第四单元为"家乡文化生活",指向"当代文化参与"学习任务群,旨在引导学生关注和参与当代文化生活,学习剖析、评价文化现象,积极参与中国特色社会主义先进文化的传播和交流,增强文化自信;必修下册第四单元为"信息时代的语文生活",指向"跨媒介阅读与交流"任务群,旨在引导学生学习跨媒介的信息获取、呈现与表达,观察、思考不同媒介语言文字运用的现象,梳理、探究其特点和规律,提高跨媒介分享与交流的能力,提高理解、辨析、评判媒介传播内容的水平,以正确的价值观审视信息的思想内涵,培养求真求实的态度。这两个单元在教材中地位突出,从课程教材的层面彰显了语文教学方式的变革,凸显了

学生语文学习的主体性,提倡在教材和教师引领下的学生自主语文运用实践,学生在体验真实学习情境中完成任务、发展个性、增长见识。作为教材中的"新生事物",实践中出现偏差在所难免,这就更需要语文教师在备课时甄别"误区",避免"翻车"。为此,建议厘清"语文学习活动"的概念、突出活动的语文学科特点、加强语文教师及时有效的指导、充实学习活动的内容,避免"表面热闹,实则无效"的"伪活动"。

6. 高度重视备课中呈现出的新特点

新课程背景下的语文课堂教学变化很大,备课呈现出的新特点需要引起我们的高度重视。①备课量大大增加,即便是传统篇目,需要整合的内容也急剧增加,难度显著增加,例如整本书阅读等,靠个人单打独斗已经无法完成。2020学年高一语文教师备课时间投入显著增加、集体备课需求特别迫切,这时,加强各级教学交流显得特别重要,必须使个人钻研和集体智慧相结合,多开展课堂教学评价交流,共同提高备课水平。②经验型备课依靠教参、凭借经验可以八九不离十,但在新课程背景下,必须向教学研究要质量,研究课程标准、研究教材、研究学生,为更加开放、更加贴近学生的课堂教学做好充分准备。③课堂已经不再是单纯静态的课堂,备课除了备"不变"之处,更要备"变化"之处,教学的起点在学生,中点在学生,结束时也在学生,中间的发展是动态的,需要教师灵活应变,用教材教,而不是教教材。例如,课堂教学提问是推进课堂教学、启发学生思考的重要一环,问什么、怎么问、何时问都要好好准备,精心设计,倾听学生的回答,认真回应学生的回答。

解读 呈现 展开——中学语文课堂教学艺术品析

二、中学语文教学设计准备的基本形式

通常,我们将教学设计准备简称为"备课"。按照不同的标准进行分类,中学语文教学备课的基本形式主要有以下几种。

1. 集体备课和个人备课

这是最常见的两种备课基本形式。集体备课是教师以大科组或年级学科组为单位,集中时间,集思广益,开展集体研读课程标准和教材、分析学情、制订学科教学计划、分解备课任务、审定教学设计、讨论教学难点、反馈教学实践信息等为更好地授课进行的系列活动。新课程以来,我们的集体备课还特别需要明确体现课程标准的教学内容究竟有哪些,精准定位学生认知的障碍点,积极营造帮助学生突破学习障碍的学习情境。

集体备课的具体运作方式流程一般有:集体备课由教导处或教科研室实施管理,学科组落实备课活动。一般由各年级备课组长具体主持并负责具体实施,教研组长指导并参加各小组的备课活动。活动过程:首先由备课组长提前通知全组成员在集体活动前认真研读教材、课程标准,明确集体备课时间、课题、主备人。接着进行面对面集中研讨,听取中心发言人提出的备课提纲,其中应包括目标、重点、难点、教法、作业、检测等。讨论时要充分发扬民主,允许且欢迎发表不同学术意见。最后,根据通过集体讨论达成的初步共识,主备人修改备课提纲,形成方向性教学建议。集体备课重在落实,一般应每周定期开展。制度、规范是落实集体备课的基本保证,教师的积极参与、"知无不言,言无不尽"

是集体备课有效开展的基础。

接下来,任课教师根据集体备课的备课提纲和各班的学情,发挥个人创造性,撰写符合本班学情的教学设计。教学设计不能是对原有教材的复述和教学的照搬,而是根据课程标准的要求,钻研教材,分析教学重点、教学难点、教材结构、知识要求、能力要求等,是教师对教材知识的再学习过程,是寻求最佳教学方法传授知识的课堂艺术设计过程,是结合学习实际对教材要点重新构思及巧妙安排的再创作过程。教师的每一次认真备课,都是知识的积累和业务水平再提高的过程,这个过程的好坏取决于教师的专业知识水平的高低,取决于个人潜能的调动和发挥,还取决于教师的敬业精神等思想素质。从某种意义上说,课堂教学设计的质量是备课整体质量的直接显现,课堂教学设计的质量决定了课堂教学的质量。假如没有备课或者没有备好课,课堂教学也就成了教师的随意行动,其效果与效率也就得不到根本的保证。

2. 线上备课和线下备课

随着信息化程度的提高,特别是新冠肺炎疫情以来线上教学的开展,备课的途径和方法也越来越丰富多彩。集体备课在特殊情况下也可以采用线上备课的方式,如集团化办学异地跨校区备课等。根据备课效果的反馈,线下备课更有利于即时发表意见,碰撞交流,但高质量的线上交流同样能让参加备课的老师得到满意的收获。另外,高中语文课程标准和教材对语文教学的要求大大提高,个人认为,有条件的备课组采用线上、线下相融合的备课方式更为高效:学校或备课组开发学科教学电子资源,开展前期备课、线下主题备课,各抒己见,备课不局限于一时一地,集中面对面讨论后

还可以随时提出有价值的问题互相探讨。

　　需要注意的是，网络为课堂教学提供了便利，但它也是一把"双刃剑"。事实上，信息时代以来，备课的功能被削弱，信息技术很"溜"的年轻教师们利用各种平台就能快速获得大量现成的教学设计，略做加工即可像模像样地"为我所用"，且无版权风险。然而，教学的创造性决定了教师创造能力的重要性，尤其是语文这门人文学科。依赖"网络教学设计"上课的教师其实从一开始就"自废了武功"，自甘为人云亦云、东倒西歪的"复读机"、教书匠，与"语文教学艺术"渐行渐远了。因此，信息技术辅助备课、信息技术与学科的深度融合成为我们提高备课质量必须首先思考的问题。在我看来，以目前中学语文教师队伍的现状，当务之急是沉下心来鼓励教师加强专业学习、提高学科知识水平，适度借助信息技术进行备课。

3. 显性备课和隐性备课

　　苏霍姆林斯基在《给教师的一百条建议》中讲述了这样一个故事——一个在学校工作了33年的历史教师，上了一堂非常出色的观摩课，一位深受震撼的听课教师问他："您的每一句话都具有巨大的思想威力。请问，您花了多少时间来准备这堂课？"这位教师回答："这节课我准备了一辈子，而且，一般地说，每堂课我都准备了一辈子。但是，直接针对这个课题的准备，则花了约15分钟……""一辈子"与"15分钟"，一语道出"隐性备课"与"显性备课"的存在与关联。

　　顾名思义，语文教学中的显性备课一般指诸如集体备课、搜集与课文相关的教学素材、撰写教学设计等看得见、目的性极强的备课；隐性备课主要指用心追求语文教学艺术

的教师无处不在、无时不有地自觉学习,例如,关心国际国家大事、广泛阅读各领域书籍、观看戏剧影视、欣赏音乐、鉴赏画作、亲近大自然等。艺术是相通的,这样的语文教师自觉追求美、陶冶情操,有意识地将从中获得的审美体验通过备课迁移到语文课堂教学中,有机融化为课堂预设和生成的组成部分。可以说,隐性备课备的是教师的"内功",平时似乎看不见摸不着,日积月累,逐渐成为优秀教师和普通教师的区别。为什么同样的教学设计,不同的老师上起课来有云泥之别?为什么听同一节课,有的教师只关心能否拿到课件以便"复制",有的老师则思索这节课哪里值得学习、何处存在瑕疵?原因就在于各人修炼的"内功"层级不同,功力不同,观察的角度、视野、深度就有差异。"内功"难成,靠的是坚持、积累与方法,语文教学的"内功"是文化修养、研习悟性、教学经验等因素的综合,是走上教学自由、达至教学艺术的必由之路。选择了教师作为职业,学习就成为一辈子的事,就要不断攀登课堂教学艺术的高峰。这种攀登不仅是教育经验的积累、教学技巧的熟习,更是人生态度、情感世界、思想境界的磨砺与升华。

显性备课是备"这一节课"的短期行为,隐性备课则是备所有课长期的历练。有"聪明"的老师为了省事,常常依葫芦画瓢"模仿"别人的课,久而久之,放弃了自我修炼的机会,逐渐退化成"复读机"。于漪老师非常重视备课,她说:"我下决心在两个方面狠下功夫:一是扎扎实实打业务底子,二是潜心钻研教材,取得使用教材带领学生学好语文的主动权。查检资料,独立分析,从语言文字到思想内容,从思想内容到语言文字,一篇篇课文反复推敲、研究,把文章的脉络、篇章的构成、语言的运用、作者的思路

等等,弄得一清如水,力求使教材如出自己之口,如出自己之心。"事实上,如果没有教师隐性备课的全面预测与周密设计,哪来课堂上的动态生成?没有上课前的有备而来、胸有成竹,哪有课堂上的"见机行教"、游刃有余?

例如,为了理解《趵突泉》中老舍先生面对三个大泉"不敢正眼去看"的态度,让学生感受四个"冒"字的精妙和冒的时间的久远,有老师通过 100 多年前清朝刘鹗的《老残游记》的描绘、1400 多年前北魏郦道元的《水经注》的描述等文字记录,让学生真真切切地感受到趵突泉"冒"之久——这同时也由于老师预设到了学生的阅读困难,教学时调动了一些教学资料帮助学生感受和体会。教师的广泛阅读在这里发挥了作用,引领学生在时间的长河中开阔了眼界、积累了间接经验、接触到思考问题寻找答案的新方法,有助于他们对世间万物的高度敏感和细腻体验。

可见,隐性备课实则是显性备课的前提与基础,决定着显性备课的质量,是教学水平提升的根本;隐性备课在备课的同时也修炼了教师本人,是教师自身的生命成长。尤其是语文学科,修炼到家的教师不但自己能享受到"得天下英才而教育之"的幸福感、自豪感和成就感,更能让学生浸润在文学经典中,与先贤思想对话,潜移默化,让学生的心灵逐渐变得丰富与深刻——教育,于是真正发生。

三、中学语文教学设计中的常规设计

1. 设计教学目标

教学目标是教学活动的出发点和归宿,是课堂教学的灵魂。中学语文课堂教学的教学目标必须在课程目标和语文核

心素养的统领下确定。

围绕语言建构与运用、思维发展与提升、审美鉴赏与创造、文化传承与理解四个语文学科核心素养,高中语文学科课程目标为:"学生通过阅读与鉴赏、表达与交流、梳理与探究等语文学习活动,在语言建构与运用、思维发展与提升、审美鉴赏与创造、文化传承与理解几个方面都获得进一步的发展;坚定文化自信,自觉弘扬社会主义核心价值观,树立积极向上的人生理想,为全面发展和终身发展奠定基础。"具体包括以下12个方面:语言积累与建构,语言表达与交流,语言梳理与整合,增强形象思维能力,发展逻辑思维,提升思维品质,增进对祖国语言文字的美感体验,鉴赏文学作品,美的表达与创造,传承中华文化,理解多样文化,关注、参与当代文化。目前,初中学段语文课程标准正在紧锣密鼓的拟定中,相信将会与高中语文课程标准衔接紧密,相辅相成。

教学目标是教师选择教学内容,运用教学方法、教学策略、教学媒体以及调控教学环境的基本依据,它回答了教学往哪里去的问题。在设计中,科学、合理地确定好具体的教学目标,对于保证教学活动的顺利进行具有十分重要的作用。美国学者布鲁姆对教学目标的分类做了系统研究,将教学目标分为认知、情感和动作技能三个领域,每一个领域的目标又由低到高分成若干层次。完成目标分类后,设计者可以先列出各类综合性目标,如提高学生的阅读能力、培养学生对语言的兴趣等。传统的教学目标的表述常以教师为本,比较抽象笼统,例如"提高学生的写作技能""培养学生的良好习惯"等,最大的弊端就在于目标不够明确,且缺乏操作性,难以测量评价,很难肯定教学目标是否确实达成。

布鲁姆关于行为目标的研究表明,教学的完成是学生行为的改变,无论是认知情感的学习,还是动作技能的学习,最后均能表现在学生行为上面,这些行为是可观察的,也是可测量的。以行为目标的方式来表述教学目标,可以有效提高教学目标对教学活动的指导作用。一个好的教学目标的表述就是要将一般性的目标具体化为可观察、可测量的行为目标,要说明学生在教学后能学什么、会什么,学到什么程度能说明教师预期学生行为改变的结果,这样才能有利于教师在教学时对目标的把握与评定。因此,我们建议教学目标的主语应该是"学生",用"能怎么样"表述。

设计教学目标还要特别注意课程目标、单元目标、课文目标和课时目标的关联,尽量做到大目标引领小目标,小目标不离大目标,系统、全面地站在课程标准的高度大处着眼,同时从吃透文本细处着手。

2. 设计教学内容

教学内容的设计过程是教师认真解读、分析教材,合理组织、安排教学内容并进行表达或呈现的过程。教学内容主要体现在教材中,它所呈现的知识内容和知识结构必须经过老师的再选择、再组织、再加工,才能切合教学实际需要,才能使材料变为活知识,并最终有效地内化为学生掌握的知识。因此,教师必须重视教学内容的设计,有没有对教学内容进行认真的设计,其实际的教学效果是大不一样的。

教师可以根据陈述性知识、程序性知识、策略性知识的特点进行教学设计。陈述性知识是关于世界是什么的知识,这类知识可分为三种形式:①有关事物的名称或符号的知识,如字形的掌握、字义词义的解释。②简单的命题知识或事实知识,例如"中国的首都是北京"。③经过组织的语言与信息知识,如陈述作品的艺术特色。根据陈述性知识的特征进行教学设计,将设计的重点放在如何帮助学生有效地理解、掌握这类知识上,注重学生对陈述性知识中词语意义的获取,目的在于培养学生回忆知识的能力。程序性知识是关于怎么办的知识,程序性知识的教学设计确定的教学目标主要是帮助学生形成运用概念规则和原理解决问题的能力。例如,要学生根据语法修改病句等,学生能正确和顺利地完成这些任务,就是获得了相应的程序性知识。策略性知识是回答怎么办的问题的知识,它与程序性知识的主要区别在于它所处理的对象是个人自身的认知活动,是个体调控自己的认知活动的知识。例如,在具备了程序性知识的条件下,有些学生在面临新的学习任务时显得灵活,有些学生则显得呆板、应变力差。造成这种学习上差异的一个重要原因就是学生是否掌握了一定的策略性知识。策略性知识有不同的层级,较低级的为一般学习活动的策略知识,如控制与调节、注意策略、记忆策略和提取策略;较高级的为创造思维策略知识,这类策略往往因时、因人、因内容而异,是一个推理过程,难以程式化,目前尚没有明确的分类。根据策略性知识的特点进行教学设计,需要解决两个难题:首先是教材问题,要注意挖掘教材中的策略性知识内容,必要时需要发挥教师的教学创造性。其次,教师问题策略活动是一种内在思维活动,怎样使学生效仿这种内隐的活动的关键是教师要善于描述内在的思维,使学生可以想象,教师应加强策略教学方面的学习和训练。例如,通过提问控制学生的注意,使之逐步由外界控制变成自我控制;教会学生在听课和看书时如何做笔记;教学生如何将知识加以组织与记忆加工,促进记忆;等等。

3. 设计教学重点和教学难点，洞察教学切入点

教学重点是依据教学目标，在对教材进行科学分析的基础上确定的最基本、最核心的教学内容。它是一节课需要完成的首要任务，在各种知识的相互关系中处于主导地位，起着支配作用。这个主要问题解决了，其他知识可以迎刃而解。

教学难点是指学生不易理解的、需要教师启发的知识或技能技巧，难点不一定是重点，但有些内容既是难点又是重点。一般情况下，令大多数学生感到困难的内容可以确定为教学难点，教师要着力想出各种有效办法加以突破，否则，这部分内容不但学生听不懂、学不会，还会成为理解新知识和掌握新技能的障碍。语文教学难点应定位在"需要掌握，难以掌握"，难点的突破需要教师高超的教学方法与技巧。

把握住了教学的重点和难点，再思考教学切入点，以突出教学重点、突破教学难点。例如，教授统编高中语文教材必修上册第一单元第3课的精读篇目《百合花》，有的教学设计将"教学重点"定为"从语言描写和心理描写角度欣赏人物"，教学难点定为"品味小说独特的语言"，甚至有的教学设计敷衍地将"教学重难点"合并为"熟读课文，理清小说思路"。这里有三个问题：一则将"教学重点"和"教学难点"当摆设，胡乱填充；二则单元意识不够，主题意识不强；三则即便是单篇教学，"从语言描写和心理描写角度欣赏人物"和"品味小说独特的语言"这样的表述过于宽泛，对"这一篇"缺乏聚焦，放到《红楼梦》中同样也可以成立。如果我们细读这篇貌似不难懂的小说，了解作者茹志鹃的写作动因，是能够从中找到更具体、更丰富、更实在的"教学重点"和"教学难点"的，譬如从单元主题、

小说的主题、写作手法、语言鉴赏等角度进行定位。"鉴赏人物""朗读课文""品味语言""情景交融""修辞手法"……这些词语从小学到高中都在使用,不具体到文本中的特殊性,容易变成让学生产生同义反复的审美疲劳。语文之道有其不变规律,但包括课文在内的具体的语言运用都是独特的、鲜活的,语文课堂的价值与活力正在于引导学生由特殊到普遍,再由普遍到特殊的反复体味,随着教学内容难度逐渐加大,学生的语言敏感、语言运用能力与素养将逐渐提升。

4. 设计学习方法和教学方法

备课时必须思考选择什么样的学习方法和教学方法。学习方法归纳起来可以分为接受式学习和探究发现式学习两种:接受式学习包括机械性接受学习和有意识接受学习;探究发现式学习可分为指导性的探究发现、独立探究发现和创新性学习。新课程强调学生良好学习方法和学习习惯的培养,在教学中,教师要根据教学内容、教学目标和学生的实际情况来选择相应的学习方法,尤其是探究发现式学习方法。

教学方法应根据学生的认知特点,考虑如何由浅入深、由近及远、由具体到抽象、由感性至理性,循序渐进地进行教学,怎样突出重点、分解难点、抓住关键点、处理弱点,如何导入新课、讲授新课、复习巩固、课后小结,怎样引发兴趣、强化动机、吸引注意、启迪思索、鼓励创新,如何联系实际、采用哪些教学手段、安排哪些练习和作业、语言的组织、板书的设计、教具的使用等。

5. 设计教学资源

信息时代,教学资源异常丰富,优质教学资源来自教师

博览群文,厚积薄发。教师要做有心人,随时随地从报纸、杂志、广播、电视、网络上摘抄摘记,下载有用的资料,进行点滴的积累,消化吸收,贵在创新。在搜集资料过程中,注意对资料进行筛选甄别,把那些真实可靠、准确无误、富有时代感和新鲜度的资料记录下来。

这里,讨论一个问题:许多有才华、有想法的语文老师喜欢使用的"我的"教学资源,由文及我,示范推进。例如:讲《故都的秋》,正赶上学农归来,过半的课堂时间师生同写"(学农基地)的秋";教《背影》,教师展示一篇自己或他人写的父子(父女)亲情的文章作结;教《我与地坛》,教师展示自己或他人在精神家园的情思……这种教学资源在课堂的使用大受欢迎:教师十分敬业地使出了浑身解数,学生欣赏到老师的大作或参与其中,听课者感动于教师的倾情投入,课堂气氛十分活跃……诚然,一些课堂的这种师生仿写、读后感等展示能起到积极作用,然而,不假思索地用,放之四海而皆准地用,这就难免会有"东施效颦"、重心失衡的危险,建议"三思而后用":一思文本特点是否适宜使用?《背影》描写的是普通人家寻常亲情,以细微小处见真情流露,引导学生读或写《父亲的手》《母亲的白发》等都很合适,贴近文本学习基本写法。《故都的秋》描写的是"多事之秋",深意、深味非一般笔力能及。虽然我们不是在跟作者比高低,然则在学习《故都的秋》时写"学农基地的秋",无论如何都会感觉十分突兀,画面实在有些违和。二思仿写展示是否突出教学目标和重点?如有助于学生加深对文本的理解和思考,突出文本价值就好。三思这一写是否可有可无?例如,教《我与地坛》,教师写故乡的小池塘是自己的精神家园,引导学生课后写自己的精神家园,这就比较牵强。一来以学生的年龄他们未必有自己的精神家园,二来"故乡"是普遍意义上的精神家园,与史铁生的地坛实在不可同日而语。从实际教学效果看,这个环节并无存在的必要。

教学资源无处不在,教师要做有心人,随时积累,适时使用,定能事半功倍。同时,应注意引用的资料一定要科学可靠,否则宁可不用。

6. 设计教学时间

一般而言,教学时间根据课程安排确定。例如,统编教材必修一个单元9个课时左右,那么,在整体考虑后,对精讲篇目和自读篇目的时间分配,单篇教学和整合教学的时间分配,学生活动、讨论的时间分配,课外阅读时间、写作时间、检测讲评的时间分配等,也都需要考虑,可以在总学时里微调。如果某个单元学习内容特别丰富,例如必修下册第六单元,既是教学的难点,也是考试的重点,我们也可以适当增加2~3个课时,把小说这个文学体裁通过课内外经典篇目研究得更加深透些。

7. 设计教学过程

教学过程是教学设计的主体,是对课时内教学内容展开和教学活动的具体计划安排。教学进程与课型密切联系,不同课型有不同的教学进程。一般情况下,语文课堂教学的教学过程主要有:以简练的语言导入新课—整体感悟、梳理知识点—品味鉴赏、学习解决问题的方法—拓展运用、巩固知识—评价、小结—布置作业,最后简洁美观地将板书设计呈现出来。在整个教学过程中,教师引导、鼓励学生自主、合作、探究学习,开展小组讨论交流。需要特别强调的是,我们一定要留出时间进行课堂小结。美国学者帕丁说:"确保

每堂课上留有时间来结束课堂教学。如果你的课是你送给学生的一份礼物，结尾就是包装上的蝴蝶结。"相信漂亮的"蝴蝶结"能给学生留下深刻的印象。

教学过程的设计是一个构造精密的过程，是有目的地促进学习以达成既定学习目标的实时生成性"教"与"学"有机生成的活动；"设计"是指旨在提升后续创新行为质量的活动或过程，是一种以大量专门化知识和技能为支撑的高水平的深思熟虑。"教学过程设计"是将学习与教学原理转化成教学材料、教学活动、信息资源、教学评价这一系统的、反思性的过程，是备课的文字呈现。在整个教学设计中，教学目标、教学重点、教学难点均主要由课程标准、教材文本特点、学情等决定，在确定了大方向之后，如何组织、引导、落实学生的学习则往往与教师的个人特点高度相关，教学过程设计是教学设计中的主体部分，也是教学设计中自由度最高、最具创造性的部分。

总体而言，教师的设计有一定自由度，但每个环节必须基于已被证明成功的原理进行规划，以确定解决问题的程序和步骤。从某种意义上说，教师是高效设计师，每天都在努力设计蓝图，每天都在努力实现蓝图。教学过程的设计最能体现教师个体的学科功底和创造能力，与此同时，还需要对自己的设计进行分析、反思，使教学这项日复一日、极其重要的工作渐入佳境，从成功或失误中总结经验、不断提高。

如前所述，教学设计是面对人、塑造人的设计，较其他设计（譬如建筑）更为复杂、更具不确定性。因此，一方面，教学设计的艺术值得教师为之全力追求；另一方面，由于达至"艺术"境界的难度相当大，更需要我们多角度讨论、交流、激发。因此，在教学设计过程中，需要考虑大量即将发生而尚未发生相互联系的因素，需要设计者具备丰富的想象力和强大的创造性，让学习者展示的活动表现与教学目标更加接近。

一般情况下，中学语文课堂单节课教学过程设计通常包括以下程序：导入、主体、结尾、评估，有时一节课内可以不包含专门的评估，而是推迟到多堂课结束后进行。这四个基本环节中又包括引起注意、明确目标、关联旧知、呈现材料、提供指导、交流讨论、即时反馈、巩固迁移、评估效果等具体教学事件。

首先，精彩的导入为课堂教学的顺利展开奠定良好的基础。一篇文章的开头很重要，一出戏的开头是否吸引人也很重要，课堂导入是课堂教学的前奏，课堂教学需要精彩的导入。心理学对"人的注意"规律研究表明，人在注意力集中的情况下能更清晰、更迅速地认知和理解事物。学生的学习情感直接影响学习效果，那么，就要想方设法使学生尽快进入教学情境，与教师一起与教学内容之间产生情感上的共鸣，达到师生心理相容、情感相通，让学生能顺利理解教学内容，获得良好的学习体验。利用开场白与学生建立情感，拨动他们的心弦，是教学的重要技艺。

成功的导入不仅能"未成曲调先有情"，还能有效地消除其他课程的延续思维，沟通师生情感，创设和谐的学习情境，使学生尽快进入新课学习的最佳心理状态，提高课堂教学效率。语文教学设计的导入部分的任务，具体包括引起注意和明确目标。引起注意的方法很多，可以由教师设计，也可以由学生参与。例如，讲故事、引用名言、播放音频或视频等，有的课教师布置预习由学生寻找相关材料进行概述。明确学习目标则有利于学生主动学习，调动学生已有的学习

建构、确立学生的学习预期、引导学生的认知能量,这些都能有效激发学生的学习兴趣和动机。

　　导入设计应根据学生的心理特点,遵循教学规律,结合课程重点内容,以教师的"导"为媒介,以学生的"入"为目的。课堂教学导入艺术的方法很多,主要有:①设疑激疑法。"学贵有疑,小疑则小进,大疑则大进。"思维过程通常是从需要应付某种困难、解决某个问题开始的,教师在导入时可有意识地设置一些既体现教学重点又饶有趣味的问题,有针对性地设置相宜精当的问题,诱发学生的学习欲望,创设探秘的情境,激发学生的思维。②巧设悬念法。悬念是指悬而未决的、引发人的关切和急于了解的心情的问题,或揭示矛盾,或出乎意料,造成学生心理上的焦虑、渴望和兴奋,这正是教学中需要的"愤""悱"状态。例如《死海不死》,题目本身就是悬念。③展示目标法,即教师直奔主题,明确这节课需要完成的学习任务。例如,教授《谈骨气》,开始就可以明确告诉学生本节课要重点解决的问题是议论中记叙的作用。④直观图示法。中学生正处于由形象思维向抽象思维过渡时期,偏重感性认识。根据这种心理特点,在教学中可运用视频、音频、图片、思维导图等帮助学生尽快进入课堂教学情境。例如,学习《雷雨》,可以先播放一段《雷雨》表演片段,有条件的话可提前观看《雷雨》全剧,感受舞台艺术之美。⑤感染导入法。语文是语言的艺术,语言是表达感情的主要手段。强烈的情感能提高学生的学习效果,语文教师要特别注意用优美生动的语言,通过富有感情的朗诵、讲故事,把学生带进教材内容的情境之中。例如,讲授李清照的《声声慢》,有感情的朗读能引导学生更好地体悟作品的情感。⑥温故知新法。根据前

后内容的逻辑关联,找准新、旧知识的连接点,巧设契机,激发学生学习新知的欲望。例如,讲解《我与地坛》,可以回顾学生学过的《秋天的怀念》,一则引起对作者作品的联想,二则寻路探幽,深入作者对人生的深层认识,三则有助于学生进一步把握散文文体特点。⑦演示实验导入法。实验并不只是理科课堂上才有的,语文老师也可以偶尔使用演示实验导入,让学生亲眼观察所发生的事实。例如,学习《万紫千红的花》,可以做简单的花朵变色实验来激发学生学习的兴趣。

中学语文课堂导入艺术的方法很多,各种方法之间并不是孤立的,而是可以融合运用的。例如,中学语文课堂教学艺术大师钱梦龙先生的经典课例《死海不死》的导入堪称经典,下面让我们一起欣赏。

师:今天要和同学们一起阅读的是一篇说明文。先请同学们打开课本,看一下目录的第一页,这一页共列出两个说明文单元,我们要阅读的说明文就在这两个单元里,同学们还不知道是哪一篇,现在给你们一个条件:这篇文章的标题很能引起人们阅读的兴趣,你们猜是哪一篇,看谁猜得快、猜得准。

(学生看书后纷纷举手)

师:看来同学们都知道是哪一篇了,你们真聪明!好,你来说。

生1:《死海不死》。

师:完全正确!但你能说明一下为什么你猜是这一篇呢?

生1:这个题目叫"死海不死",既然是"死海",可又为什么说它"不死",这就在读者心里造成悬念,引起了阅读的兴趣。

师：刚才好多同学都举手了，你们猜的也是这一篇吗？有猜别的课文的吗？

生（众）：也是这一篇。

师（指一学生）：那你同意刚才那位同学的意见吗？

生2：同意。我认为这个标题本身包含着一对矛盾："死海"和"不死"，使读者产生疑问，急于想去读文章，弄明白究竟是怎么回事。所以这个题目对读者有吸引力。

师：有不同意见的同学请举手（无人举手）。有补充意见的同学请举手（无人举手）。哦，"英雄所见略同"，看来你们一个个都是小英雄！（笑）不过，我还有个问题想考考各位英雄：标题上有两个"死"字，它们的意思是一样的吗？

生3：前一个"死"字指没有生命，第二个指淹死、死掉。

师：完全正确。你课前有没有看过这篇课文？（生摇头）那你怎么能回答得这样正确？

生3：我在地理课上学到过。

师：啊，真好！地理课上学到的知识，用到了语文课上，这叫知识的"迁移"（板书"迁移"）。学习中经常注意"迁移"，知识就学得活了。现在请同学把书合拢，暂时不要看课文，大家回忆一下地理课上学到的关于死海的知识，比一比谁的记忆力好。（指一在偷偷看课文的学生）哈，你违规了，不许偷看！

（学生思考、回忆，片刻后陆续举手）

师：为了使回忆有条理，请按照以下几点逐一来说。

这个导入巧妙且不着痕迹地完成了吸引学生注意力的任

务。这节课的实录流传很广,我看到的版本都只能看到这个"正宗"的导入。其实,这节课是钱梦龙先生2001年6月在内蒙古乌海市借班上的,钱先生这节课采用了"双导入"法。由于是异地教学,面对完全陌生的学生,为了拉近与学生的距离,钱先生还有一段精彩的课前导入,大意是这样的:钱老师说:"我姓钱,'没有钱'的'钱'。大家猜猜我多大年龄?"学生七嘴八舌猜他50多岁,钱老师说"太大了";学生又猜他40多岁,钱老师还是说"大了";学生再猜他30多岁,钱老师还是摇头。学生奇怪不已,不知这位白发老师葫芦里卖的什么药,这时钱老师说:"前不久我做了一个心理测试,我的心理年龄只有18岁。"学生大笑,这时钱老师接着说:"同学们大约14岁,所以我是你们的大哥哥,大家可以叫我钱大哥。"学生大乐,一下子对这位陌生的"钱大哥"老师亲近起来。

钱梦龙老师的这段"双导入",妙就妙在处处激发学生的好奇心,满足学生的成功欲望,一问一答,有难有易,环环相扣;到最后,导入与进入融为一体,自然而然,不着痕迹。这堪称中学语文课堂教学导入艺术之经典。

要进入中学语文课堂教学导入艺术的殿堂,就要时时处处做有心人,积累素材的功夫必不可省。例如,汪曾祺先生的得意之作《葡萄月令》曾遭遇退稿,史铁生发表《我与地坛》时不同意杂志将作品放入小说栏目的建议,邱少云能否获得军功章曾经有过争议……这些都可能成为我们课堂导入的好素材。

其次,语文教学过程设计的主体部分应继续激发学生对已具备的知识的回忆,根据新的学习材料进行信息加工,教学提问的设计是教学主体部分推进的关键。现代教育心理学和统计学表明,学生思维活动的水平是随时间变化的,一般在课堂教学开始10分钟内,学生思维逐渐集中;在10～30分钟内,思维处于最佳活跃活动状态;随后,思维水平逐渐下降。在课堂教学中,我们要善于在不同的时间点运用有效的教学方法让学生保持最佳学习状态。

例如:学习统编高中语文必修上册第一单元毛泽东的《沁园春·长沙》,可以调动学生在九年级上册第一单元已学过的《沁园春·雪》,通过激发回忆,让学生很快进入领略伟人高瞻远瞩、激情澎湃的革命者豪情的情境之中;学习史铁生的《我与地坛》,可以让学生回顾学过的《秋天的怀念》,可以拓展新的学习材料《想念地坛》,以写作时间为纵轴线,以作者思想情感的发展深化为横轴线,进行作家作品的对比联读,还可以引入学生学过的散文《背影》《我与老王》,对散文创作的切入点、手法进行深层次鉴赏……在此过程中,教师适时提问,组织学生展开思考与讨论,教师即时反馈,如此这般,学生的迁移、运用能力可望得以加强。同时,主体部分要特别注意发挥提问艺术、板书艺术等的作用,深入浅出,从而有效推进教学,达到教学目标。

好的语文课堂教学提问能有效集中学生的注意力,激发学生思考,培养学生语文素养。那么,什么是好的语文课堂教学提问呢?好的语文课堂教学提问建立在教师对语文教材深入研究的基础之上,符合教学对象的智力和知识发展水平,能激发学习的欲望,能有助于实现教学过程中的各项具体目标,具有启发性,并能使学生自省。根据布鲁姆《教育目标分类学》的基本思想,课堂教学提问有以下几个层次:知识、理解、应用、分析、综合、评价。这为教学提问设计指明了方向。在此基础上,教师可根据教学需要在关键

处设置问题,组成简明合理的问题结构,设计恰当的问题难度与坡度,提出角度新颖、颇具启发的问题,推进教学。要多提开放性的问题,而不是局限于回忆事实的问题。尽量避免提"是不是""好不好"的问题,多提"为什么"或开放性问题,以促使学生进行深层次思考、激发创造性。此外,提问应具有一定的挑战性,高认知水平提问和低认知水平提问相结合,鼓励学生尤其是内向的学生主动回答提问,宽容答错的学生,营造积极的班级氛围。

问题是学生走入文本、探究写作思路方法的路和桥;设计问题,就是为学生进入文本学习铺路搭桥。问题设计切忌随意性、浅表化。要在把握文章特性与把握学情的基础之上进行设计,问题之间应有一定的逻辑联系,避免碎片化。提问要少而精,分清主次,讲究质量。主问题应牵一发动全身,逐步深入到文章的问题可从整体、局部、细部思考推敲文本语言、结构、思路、艺术手法鉴赏等,充分调动形象思维和逻辑思维,发展学生观察力、想象力、注意力、记忆力、感知力、理解力,培养学生自主、合作、探究的学习精神。

板书是在教学过程中用文字、线条、图形或符号在黑板(或白板)上再现、突出教学重点的活动。板书设计的原则有科学性、系统性、概括性、条理性、规范性、直观性、艺术性等。板书设计的类型有提纲式、词语式、表格式、图文式、思维导图式等。板书艺术应注意展示的时机、色彩的搭配、适当的留白等。特别需要注意的是,板书是教师书写水平的表现,也是对学生的示范,书写要求工整、美观。即便在网络教学时代,板书也是必不可少的。

最后,精彩的结尾对整个教学过程起到画龙点睛的作用。它帮助学生回忆课上所学的知识,帮助学生把课堂上得

解读 呈现 展开——中学语文课堂教学艺术品析

到的信息与已知的信息有机地结合在一起,把新学习的技巧和概念纳入旧的知识结构;精彩的结尾是对知识的综合与巩固,使学生期待着下堂课的到来。课堂开始和结束的部分是学生最有可能记住的部分,认真思考如何收束一堂课和认真思考如何导入一堂课同样重要。

总结的目的是确保学习者对课堂所学重要内容的回忆和综合,有利于学生更好地消化吸收,也有助于教师养成突出重点的良好习惯。新课程标准对中学尤其是高中阶段学生语言的运用提出了更高要求,要求他们在巩固的同时还应注意迁移,提供迁移新技能的机会,将新的知识和技能运用到真实情境之中。迁移有远近之别,"近迁移"是将所学运用到与先前情境相似的情境中,"远迁移"则是运用到相异的情境之中。在进行教学设计时,必须注意情境设置的巧妙,应该朝着贴近教学重点内容的方向。下面,让我们再来欣赏钱梦龙老师《死海不死》课堂教学的结束语。

师:对!就是半死不活!同学们果真智商很高,这个难题也没有难住你们。不过,死海究竟会不会死,恐怕不是一个计算的问题,而是一个现实问题。事实上,造成死海海水连年下降的原因,不全因为海水的蒸发量大,更主要的是人为的原因:以色列和约旦大量截流约旦河水用于灌溉和城市用水,致使约旦河输入死海的水量越来越少。这一严峻的事实已引起不少科学家、环境保护主义者的忧虑,一项名为"让死海继续活下去"的活动已经开始。死海处于地球陆地的最低点,人称"地球的肚脐",不仅有独特的旅游景观,而且它蕴藏着极其丰富的矿物资源,尤其是氯化钾和溴。同学们虽然没有去过死海,但我相信大家都关心地球的命运,为此我建议大家用我们的智慧参与到"让死海继续活下去"

的活动中去。请回去做两件事：一、上网搜索关于死海的资料（建议用 www.Google.com 搜索引擎）；二、参考、运用网上资料，以《救救死海》或《死海不能死》为题写一篇文章，为拯救死海进行呼吁，或提出拯救死海的办法、建议。当然啦，我们的文章救不了死海，但至少可以表明我们关心地球命运的立场。我希望每一位同学长大后都能够成为一名自觉的环境保护主义者。

有人认为，这个课堂教学的结束跳出了语文的范畴，落脚到环境保护，是个败笔。我不以为然。恰恰相反，我认为钱老在 2001 年上的这节课教学理念十分超前，至今仍不过时。这样的结束语，基于整节课对语文学科知识方法的落实，基于学生认知水平的提高，基于网络时代（当时，网络还不像今天这般普及和便捷）对学习的延伸，创设了一个全球视野的大情境，引领学生思考一个来自文本的真问题，这个问题的解决程度根据学生本人的情况可深可浅。按照当今的教学理念，这个结语给出了课题，设置了很好的任务，需要学生调动自己的能力储备写一篇文章，从文章中我们可以了解学生的语文学科素养，通过判断和评价对学生给出进一步提升的建议。这与那些随意发挥的"写作拓展"是不可比拟的。

语文教学设计的评估部分，一方面是评估学习者是否达到了学习目标，另一方面也是对教师教学设计效果的评估，二者是高度相关的。评估的策略可以是针对关键问题的提问，可以是小测验，也可以是开放性分析运用，应注意评估的有效性。有时，评估也可以是为了小结和重复提醒。

总之，撰写教学设计是一个整体性工程，设计如同蓝

图,高水平的设计是课堂教学艺术实现的基础。

四、中学语文教学设计案例精选

通过精心准备的教学设计,中学语文课堂教学的雏形呈现在我们眼前。我们努力实践、探讨,以期达到更加完美的艺术境界。以下精选的 12 个中学语文课堂教学设计案例经过了线下或线上课堂教学实践的检验,在校级、区级、市级或全国范围公开,取得较好的教学效果。但这些原创的教学设计一定还存在从不同角度审视的这样或那样的不足,事实上在梳理的过程中,也不断发现尚存不少细节上的漏洞——这也正印证了中学语文教学设计是一项宏大而精细的工程,需要不断地完善。有两点需要特别说明之处:其一,为了尽量保持教学设计的原貌及个性,本书收入这些教学设计案例时没有刻意统一教学设计的体例,而是呈现出各具特色的风格。在新旧课程、教材、理念的传承、发展与更新之际,我认为保留老师们思考及思考存在的形式也是一种可供研究的样本。其二,为了让读者全方位了解这些教学设计的由来,特别是它们最终在课堂教学实践中展开的效果,我们搜集了绝大部分课例的全套资料,含教学设计、教学课件、教学资源、教学实录、教学反思、教学录像、教学评价等电子资源,通过网络平台提供给读者。同时,我本人也将接近自己"理想"的教学设计呈现在"案例 11"和"案例 12"中,旨在与同行交流、探讨,欢迎批评指正。

【案例 1】《蓼莪》教学设计(2019 年 11 月,澳门高一语文试用教材篇目,陈奇川老师)

教学目标	认知	理解本诗的基本内容,分析赋、比、兴在本诗的表达效果
	技能	在反复诵读的过程中,通过词法、句法、章法的研究,理解作者的复杂情感
	情意	体会中国传统父母与子女的人伦情感及社会责任
基本学力要求	编号	相对应之文字表述
	A—1—1	能专注而有礼貌地聆听
	B—5—1	在讨论中,能认真聆听,努力把握他人的观点和意见,并做出恰当的回应
	D—2—1	能用粤语正确、流利、有感情地朗读诗文
	D—9—2	阅读古典诗词,能理解诗词中的形象、情感和思想内容,感受诗词的艺术魅力
	D—9—3	了解古典诗词的基本体式与格律,感受其形式美
	D—9—5	能结合历史文化背景加深理解所学文言文和古典诗词
	D—9—6	通过中国古代优秀作品的学习,认识民族精神和民族智慧,热爱中华文化
教学重点	理解本诗的基本内容,分析赋、比、兴在本诗的表达效果,理解作者的复杂情感	

(续上表)

教学难点	体会中国传统父母与子女的人伦情感及社会责任,客观评价古今的孝道文化
教学课时	两个课时

教学过程

第一课时

教学内容	师生活动	设计意图
课时目标(1分钟) 出示"孝"字,并做解释: "孝":形声字。从老省,从子。本义是尽心奉养和服从父母。 引出课时目标: 反复诵读,理解本诗的基本内容; 理解本诗的篇章结构特点	教师讲解,学生聆听	明确学习目标,让课堂更有方向,更有效率
初读诗歌(8分钟) 教师范诵。 学生集体朗读,要求读准字音。	学生聆听,标好不懂的字音并做纠正	反复朗读本诗,为理解本诗打下基础
翻译诗歌(16分钟) 在原文批注生难字词的意义,能够口头翻译全诗 译文参考: 一丛莪长又高,不料非莪是蒿草。 可怜我的爹和娘,生我养我太辛劳。	课前选取两个小组分别板书第一、二、第三章与第四、	以小组板书和口头汇报的形式,引导学生理解整首诗的大意

142

（续上表）

高高莪蒿叶青翠，不料非莪而是蔚。可怜我的爹和娘，生我养我太劳累。 酒瓶底儿早空了，酒坛应该觉害臊。孤儿活在世界上，叫我如何活下去？没有父亲何所依？没有母亲何所靠？离家在外心含悲，回来双亲见不到！ 爹呀是你生下我，娘呀是你哺养我。抚摸我啊爱护我，养我长大教育我，照顾我啊挂念我，出门进门抱着我。如今想报爹娘恩，恩德如天无以报！ 南山崎岖行路难，狂风呼啸刺骨寒。人人都能养爹娘，为何独我受苦难！ 南山高耸把路挡，狂风呼啸尘飞扬。人人都能养爹娘，不能终养独是我！ （选自《诗经译注》，上海古籍出版社1985年版，有改动） 注： 对"欲报之德，昊天罔极"的两种理解： 极：边界，意谓父母的恩德如苍天一样无边无际，无以为报；一说"极"即准则，意谓苍天没有准则，让自己的父母早逝，自己无法报答父母的恩德。 全诗可以分为几层？试用整齐的句式概括层意。（每层大意不超过15个字） 明确： 第一层次（1～2）：表现父母养育子女之劳；	第五、第六章的重点字词解释。两个小组派出代表上台解释、翻译。其他同学聆听，随时提出质疑	

(续上表)

第二层次（3）：表现儿子失去双亲之痛； 第三层次（4）：表现父母疼爱儿子之深； 第四层次（5～6）：表现自己难报亲恩之悲。	课前学生小组板书层意，并派代表发言。师生点评	
理解篇章结构（14分钟） 1. 本诗在句法和章法上有什么特点？ （提示：特别留意第一、第二章，第五、第六章。） 明确： 《诗经》里的一"段"，叫一"章"。 《蓼莪》全诗共六章，其中第一、第二章，第五、第六章，诗意和语句都大体相同，只是个别字词变换、角度变换——这叫"重章"。三章中有的诗句完全重复，如"蓼蓼者莪""哀哀父母""民莫不穀"。有的仅调换一两个字，如"匪莪伊蒿""匪莪伊蔚"，"生我劬劳""生我劳瘁"，"南山烈烈，飘风发发""南山律律，飘风弗弗"，"我独何害""我独不卒"——这叫"叠句"。人们把《诗经》这种章节重复，字句叠用的手法叫"重章叠句"，是《诗经》的一大特色，很多诗篇都是如此。 "重章叠句"形式上反复吟咏、一唱三叹，增强节奏韵律，朗朗上口，富有音乐美，增强感染力。	课前布置一个小组板书，小组派出代表发言。师生点评	在朗诵当中，体会本诗重章叠句的手法，尤其是其中的第一、第二章，第五、第六章。叠字的使用与重章叠句共同形成诗歌的声韵之美、节奏之美，以及一唱三叹的艺术效果

（续上表）

2. 朗读诗歌，体会重章叠句的特色。 男生朗读第一、第五章，全班集体朗读第三、第四章，女生朗读第二、第六章。 聆听粤语朗读，尝试粤语朗读。	男女生分部朗读诗歌	
课堂小结（1分钟） 这节课，我们掌握了《诗经》的相关常识，也了解了诗的大意。在反复诵读中，大家也体会了重章叠句的技巧。	教师总结 学生聆听	
第二课时		
教学内容	师生活动	设计意图
课时目标（2分钟） 引出课时目标： 分析赋、比、兴在本诗的表达效果；理解作者的复杂情感；体会中国传统父母与子女的人伦情感及社会责任。	教师讲解 学生聆听	明确学习目标，让课堂更有方向，更有效率
理解表现手法（20分钟） 晋王裒在父亲死后，每读此诗至"哀哀父母，生我劬劳"两句，便流泪不止，他的学生因而不再在老师面前读《蓼莪》篇，后人遂有"蓼莪废读"之语，可见诗之感人如此。 全班朗读诗歌。 在诗中找出使用赋、比、兴的词句，并分别阐释其表达效果。 明确： 赋：父兮生我，母兮鞠我。拊我畜	全班朗读 课前布置三个小组上台分别板书赋、比、兴的相关词句，并解释其表达效果	理解本诗采用赋、比、兴的语句及其表达效果，在朗读中，体会作者复杂的情感

（续上表）

我，长我育我。顾我复我，出入腹我。欲报之德，昊天罔极。 　　比：蓼蓼者莪，匪莪伊蒿。哀哀父母，生我劬劳。蓼蓼者莪，匪莪伊蔚。哀哀父母，生我劳瘁。（又：缾之罄矣，维罍之耻。） 　　兴：蓼蓼者莪，匪莪伊蒿。哀哀父母，生我劬劳。蓼蓼者莪，匪莪伊蔚。哀哀父母，生我劳瘁。南山烈烈，飘风发发。（又：南山律律，飘风弗弗。） 　　"赋"的例析 　　语句：父兮生我，母兮鞠我。拊我畜我，长我育我。顾我复我，出入腹我。欲报之德，昊天罔极。 　　解析：本章连用"生""鞠""拊""畜""长""育""顾""复""腹"九个动词以及九个"我"字，直颂父母恩德，形成连贯气势，构成强调力量。看似语无伦次，实则表现作者怙恃双失、沉痛悲伤的心态。清姚际恒《诗经通论》说："勾人眼泪全在此无数'我'字。"该段也用了互文、排比的修辞手法。 　　追问：如何将第四章有感情地朗读出来？ 　　明确：九个动词需要适当重读，九个"我"字要轻读。中间一句要读得紧凑点。最后一句要读出诗人沉痛、悲伤的心情。	师生聆听，点评 一个学生朗读	

（续上表）

"比"的例析 　语句：蓼蓼者莪，匪莪伊蒿。 　　　　蓼蓼者莪，匪莪伊蔚。 　　　　缾之罄矣，维罍之耻。 　解析： 　　诗人错把"蒿"与"蔚"认作高大的"莪"，把"贱草"当作"美菜"，以此来比喻父母认为"我"可以成才尽孝，而今却长成无用且无法尽孝的"贱草"，以此表现父母之辛劳和诗人之自责。 　　诗人还用"缾"喻父母，以"罍"喻子。缾、罍皆为酒器，互相依存，犹言父母、子女相依为命。亦可理解为：保养父母的缾罍，儿子有为其斟满酒水的责任，而父母早逝，以此比喻儿子不能尽孝，深以为耻。 　追问：如何将第一、第二、第三章有感情地朗读出来？ 　明确：在朗读第一、第二、第三章时，要用沉重、缓慢的语调，读出"我"因为不能尽孝的悲伤。 　"兴"的例析 　语句： 　蓼蓼者莪，匪莪伊蒿。哀哀父母，生我劬劳。 　蓼蓼者莪，匪莪伊蔚。哀哀父母，生我劳瘁。 　南山烈烈，飘风发发。民莫不穀，我	一个学生朗读	

（续上表）

独何害？ 　　南山律律，飘风弗弗。民莫不穀，我独不卒。 　　解析： 　　开头两章先言"莪"不是"蒿""蔚"，引出父母养育儿女之劳。结尾两章都是以高大巍峨的"南山"和呼啸怒吼的"飘风"起兴，来营造一种酷烈、肃杀、悲凉的气氛。南山巍峨永存，使诗人感伤于父母之不幸亡逝；飘风疾劲，使诗人慨叹于人事变化之无常。"烈烈""发发""律律""弗弗"等叠字有加深抒情效果的作用。 　　追问：如何将第五、第六章有感情地朗读出来？ 　　明确： 　　朗读叠字时要适当延长读音，"我独何害？"要读出反诘的味道。两句均需读出悲凉之感。 　　有感情地朗读全诗。 　　配乐朗读	一个学生朗读 全班朗读，要求读出感情	
拓展阅读（12分钟） 　　《诗经》有两首孝思代表作，一为《小雅·蓼莪》，一为《邶风·凯风》。方玉润《诗经原始》评论《蓼莪》一诗"为千古孝思绝作"，评价《凯风》是"孝子自责以感母心"之作，而后代表达孝思之作的诗文也经常引用这两首诗，可	小组讨论4分钟，并做笔录。教师随机抽取代表发言	

（续上表）

见它们对后世影响之深远。 　　接下来让我们一起来学习《邶风·凯风》。 　　1. 小组讨论：朗读以下诗篇，参照译文，说说这首诗有没有运用赋、比或兴的表现手法？如有，请找出来并做分析。 　　原文及翻译：（此略） 　　明确： 　　这是一首儿子歌颂母亲并自责的诗，主要用了比和兴的手法。诗的前二章的前二句都以凯风吹棘心、棘薪，比喻母养七子。 　　诗的后二章以寒泉、黄鸟作比兴，"言寒泉在浚之下，犹能有所滋益于浚，而有子七人，反不能事母，而使母至于劳苦""言黄鸟犹能好其音以悦人，而我七子独不能慰悦母心""其自责也深矣"（朱熹《诗集传》）。寒泉在浚邑，水冬夏常冷，宜于夏时，人饮而甘之；而黄鸟清和宛转，鸣于夏木，人听而赏之。诗人以此反衬自己兄弟不能安慰母亲的心。 　　2. 评价。 　　《蓼莪》的"蓼莪"之悲、"昊天之德"与《凯风》的"寒泉之思"已经成为孝子感慨父母之爱的代名词。 　　《蓼莪》与《凯风》在艺术上的成就难分伯仲，《蓼莪》多一分凄怆，《凯风》	朗读全诗 学生聆听	在掌握赋比兴的表现手法之后，学会拓展迁移

（续上表）

则胜一分隽永。 ——李佳艺《〈诗经〉孝思之悲探微》		
拓展延伸（5分钟） 以《蓼莪》或《凯风》为例，谈谈你如何理解古代的"孝"和当代的"孝"，二者有何异同？ 小结： 古代的孝文化更强调人伦关系的相互性，父母要养育、教育子女，而子女要孝敬、赡养父母，这点甚至得到官方支持。譬如古代为官者，父母去世，必须辞官为父母守孝三年（一般实际时间是27个月），其间不能有婚娶等行为，称为"丁忧"。而在当今社会，家庭微型化了，父母、子女多数不在一起，故一方面强调孝顺父母，一方面又不主张盲从父母。	学生回答 教师点拨	比较古代与当今的"孝"文化，在客观评价中传承中华传统优秀的孝道文化
总结（1分钟） 通过这节课，我们重点理解了作者的感情，掌握了赋、比、兴的表现手法，也理解其表达效果，希望大家学会拓展迁移。此外，我们也要传承中国优秀的孝道文化精神。	教师讲解 学生聆听	
作业：完成课后练习。		
板书设计		
《蓼莪》 主要以学生的板书为主，教师适当补充		

【点评】

设计亮点：①以澳门高中语文学力标准设计教学目标，有依据、有高度。根据文本特点，通过"认知""技能""情意"落实到学生的学习。②教学重点突出，教学难点符合实际。③教学过程条理清晰，方法得当。④教学拓展贴近文本，贴近目标，深度适宜。⑤教学环节完整，注重环节小结和总体总结相结合，语言简洁，作业难度适宜。

改进建议：①教学过程的呈现还可以简洁些，例如"译文参考""解析""作品原文"等内容可不必放到教学设计中，教师自己把握即可。②教学过程设计中可预设学生探讨时可能出现的争论等情况，以便更好地激活课堂和调控时间。

【案例2】要眇宜修，别是一家——《李清照词二首之永遇乐》教学设计（2017年，粤教版高二语文选修1《唐诗宋词元散曲选读》第三单元，林岚老师）

一、教学任务分析

（一）教学内容的确定

本篇是高中语文选修1《唐诗宋词元散曲选读》第三单元的课文《李清照词二首》中的一篇。这首词是李清照后期的代表作品，体现了李清照的易安体的风格，音律谐和，品质高雅；语言浅淡，意味隽永；细节丰富，感情深挚。

补充资料，专题阅读，知人论世，对李清照其人其作有相对整体深入的了解；诵读吟咏，品味词韵，感受词的别是一家的独特魅力；分析写法，抓住细节，感知情感；由点带面，阅读与作者作品相关的整本书，提升文学审美能力。

(二)学情分析

高二的学生经过必修1~5的学习,对诗词鉴赏的知识有一定的积累,但还比较薄弱;能大致读懂诗词,但是,对诗词所蕴藉的含义和诗人词人所抒发的情感,有时还把握得不够精准,容易贴标签、流于表层,需要老师补充相关资料,教授学生诗词鉴赏的一般流程,引导其品味鉴赏,运用诵读吟咏、知人论世、披文入情的方法,准确读懂诗词,细细品味出词作的美感,真切感受到词人的思想感情,提升文学审美能力。

作为诗词选修课,体现如下几点理念:①课外资料和课内文本阅读相结合,读写结合,有专题意识,以点带面,引导学生阅读与作者作品相关的整本书。②既要提升诗词鉴赏的做题能力,更要提升文学审美能力。通过学习古典诗词,感受祖国优秀的传统文化的魅力,从而提高人文素养,弘扬民族先进文化优秀传统。

二、教学目标的分解及对应的活动和检测

1. 教学目标确定。

布卢姆两维教学目标分类表(教学目标的合理定位)。

知识维度	认知过程维度					
	①记忆	②理解	③运用	④分析	⑤评价	⑥创造
A. 事实性知识						
B. 概念性知识				目标① 目标③		
C. 程序性知识						
D. 反省认知知识						

2. 教学目标分解。

目标①：朗读品味这首词的意蕴。包括：标注这首词的朗读要点；多种方式朗读这首词。

目标②：分析归纳易安体的基本特点。包括：赏析这首词，分析写法，归纳易安体的基本特点。

3. 教学目标对应活动。

目标①活动：课前在学案上标注这首词的朗读要点（旨在让学生分析这首词的朗读要点，预习课文）；听李清照词作的吟诵音频和歌曲（旨在感受易安词的韵律之美）；齐读——师生分角色读（旨在诵读吟咏，感受词作韵味，特别是易安体中音律谐和、品质高雅、语言浅淡、意味隽永的特点）。

目标②活动：课前阅读补充资料，包括李清照词作、李清照词论及评价、李清照生平（旨在知人论世体会这首词的思想感情和全面了解李清照其人其词）；课前为自己欣赏的这首词的词句写一段赏析文字（旨在初步鉴赏这首词，为课堂上比较鉴赏水平的优劣做准备）；披文入情，讲解赏析这首词。重点分析这首词是如何运用对比、衬托（以乐景衬哀情）、细节描写、虚实结合等修辞或表现手法来创作的，讨论这首词的境界是如何提升的，从而归纳易安体的基本特点（旨在披文入情鉴赏这首词，归纳易安体的基本特点）。

4. 教学目标对应检测。

评估1：能按格式要求画出朗读要点。

评估2：能够感受易安词的韵律之美。

评估3：能够遵循"因声求气"的朗读方式读这首词。

评估4：能细细品读出这首词的思想感情，分析出这首词运用的修辞手法和表现手法。

评估5：能表达出自己欣赏的词句是哪些，并写出赏析性文字。

评估6：能归纳出易安体的特点，即音律谐和，品质高雅；语言浅淡，意味隽永；细节丰富，感情深挚。

【课堂过程】

课前播放李清照词作的吟诵音频和歌曲。

（一）导入新课

（二）朗读品韵

1. 齐读。

2. 师生分角色读。

易安体特点：音律谐和，语言浅淡。

（三）细读品情

赏析这首词，分析写法，归纳易安体基本特点。

1. 诗词鉴赏的一般的流程：

写了什么（意象和句意）—怎样写的（手法和效果）—为什么写（意境和感情）。

2. 赏析上阕。

（1）赏析：落日熔金，暮云合璧，人在何处？（意象、炼字、比喻、问句）

（2）赏析：染柳烟浓，吹梅笛怨，春意知几许？（意象、炼字、问句）

易安体特点：音律谐和，品质高雅。

（3）赏析：元宵佳节，融和天气，次第岂无风雨？（问句）

（4）分析乐景衬哀情（反衬）手法。

易安体特点：语言浅淡，意味隽永。

3．赏析下阕。

（1）分析实写和虚写。（实写—虚写—实写）

（2）赏析：中州盛日，闺门多暇，记得偏重三五。（昔日元宵节）

（3）赏析：铺翠冠儿，捻金雪柳，簇带争济楚。（昔日少女形象、细节）

（4）赏析：如今憔悴，风鬟霜鬓，怕见夜间出去。（今日老妇形象、细节）

（5）赏析：不如向、帘儿底下，听人笑语。（内心矛盾、细节）

易安体特点：细节丰富，感情深挚。

（6）分析对比手法。

（7）后世对李清照的评价。

4．归纳易安体的特点。

①音律谐和，品质高雅。②语言浅淡，意味隽永。③细节丰富，感情深挚。

（四）荐读互品

1．李清照词作金曲榜公布。

2．展示学生所写推荐语。

（五）课后作业：写一篇话题作文

我与易安一起品____（花、月、山、水、风、雨、酒、愁、春、夏、秋、冬……），请任选一种事物填入横线。要求：题目自拟，字数不少于1000字。

推荐阅读：《宋词三百首》上彊村民编著，王兆鹏主编，周汝昌等析；《唐宋词鉴赏词典》唐圭璋、缪钺、叶嘉莹、周汝昌等撰写；《唐宋词简释》唐圭璋选释；《唐宋词

十七讲》叶嘉莹著；《人间词话七讲》叶嘉莹著；《唐宋词举要》彭玉平撰；《宋词赏析》沈祖棻著；《唐宋词概说》吴世昌著；《李清照评传》陈祖美著；央视《百家讲坛》康震《李清照》。

【点评】

林岚老师的这个教学设计亮点很突出：①有意识地运用布鲁姆教学目标分类法设计具体教学目标，设计元素齐全，指向具体清晰，为整个教学活动的开展打下深厚的理论基础。②教师古诗词专业功底较厚实，能准确选择教学突破点。《要眇宜修，别是一家》的题目站位高，紧扣李易安经典作品鉴赏关键，运用到中学语文课堂教学中有一定的创造性。③精心设计学生学习活动，层次分明，层层深入，从"教学过程"的设计可以看到，既有对"词"的鉴赏的总体关照，又有对手法运用的指点，而这些都深入具体作品语言之中得以落实。特别难能可贵的是，学生活动都有明确的目标指向，有分有合，前后照应。从教学设计中不难看出教师对水到渠成达成学习目标的期待。④整体设计思路逻辑严谨，体现在针对性检测上。例如，要求"按格式画出朗读要点""感受韵律之美""遵循方法朗读""自由赏析喜欢的句子""自主合作归纳易安词的特点"等。⑤教学方法灵活，针对不同知识点、不同环节采用适宜的方法，环环相扣，前后照应，学生表现渐入佳境，学习活动得到落实，教学效果明显。

改进建议：①建议养成在教学设计中具体呈现"课堂导入语"的习惯，以利于设计思路的进一步完善，充分发挥导入语的带动作用。②建议养成在教学设计中具体呈现

"课堂结束语"的习惯,力求起到反复明确学习重点、进一步激发学习兴趣、不断加深学习印象的作用。

【案例3】《过秦论》教学设计(2018年11月,人教版高一语文必修3第三单元,彭小丁老师)

说明:《过秦论》曾是高中必修教材中的经典史论篇目(人教版必修3第三单元、粤教版必修4),2020年统编教材收入选择性必修中册第三单元第11课精读篇目(同为第11课的另一篇自读课文为《五代史伶官传序》)。本课例是2018年11月依据人教版必修3第三单元,按照2017版高中语文课程标准上的一节广州市教研活动新课标研讨课,第三课时,教学对象为高一学生。在磨课过程中,我们深入讨论了文本解读、读者疑问、逻辑思辨、史论经典等诸多问题,具体思考参见本书"中学语文课堂教学解读的艺术"中"案例4"。本课例针对高一学生学情安排侧重点,建议本届学生可在高二下学期找契机重读、深思,使用统编教材的学生在高二选择性必修教学中可深化学习内容,并注意与《五代史伶官传序》等篇目进行关联性教学。

以下教学设计第一、第二课时略做交代,侧重呈现第三课时教学设计。

典范史论文本的生成
——《过秦论》教学设计

【教学内容分析】

《过秦论》是高中必修教材中的经典史论篇目,"上篇过始皇,中篇过二世,下篇过子婴",教材所选为上篇内容。

西汉刘歆言:在汉朝之儒,唯贾生而已。《过秦论》作

为贾谊的代表作,是经典的史学文本,亦是经典的文学文本,刘向在《汉书·贾谊传》中即说:"贾谊言三代与秦治乱之意,其论甚美,通达国体,虽古之伊、管未能远过也。"历代不仅有对其文学层面的效法,也多有对其政治思想和历史见解方面的学习、借鉴,这在学习时需要特别注意。

本次课拟以《过秦论》为出发点,结合同时代的另一篇经典"过秦"文本——贾山《至言》,进行一次"史论"群文阅读尝试,一则琢磨文章立论方法,注意其论证逻辑,培养思辨、议论能力;二则透过史论读懂论者的现实关怀,并进而读懂史论中对史实的剪裁、取舍;三则鼓励培养以今人眼光观史的视野与格局。

【教学目标】

1. 归纳掌握文中的通假字、古今异义词、词类活用、特殊句式等。

2. 学习铺排、对比在文中的运用,体会其铺张扬厉的气势。

3. 理解史论写作过程中的逻辑、对史实的剪裁、论者的现实关怀,并能自主运用相关知识进行鉴赏分析。

【课时安排】3课时。

【涉及文本】贾谊《过秦论》、司马迁《史记·屈原贾生列传》、贾山《至言》、"三苏"同题文章《六国论》三篇。

【教学过程】

第一课时

1. 自读课文,校正读音,整体感知文章,疏通文章大意。

2. 小组合作，处理文章重点文言现象，含：通假字、一词多义（"因""兵""北""爱"等）、词类活用（名词做状语——"席卷天下""包举宇内""囊括四海""云集响应""赢粮而景从"等；使动用法——"外连衡而斗诸侯"等）、特殊句式［被动句——"身死人手，为天下笑者"；省略句——"百越之君，俯首系颈，委命（于）下吏"等；定语后置——"铸以为金人十二"等］、文化常识等。

3. 共读《史记·屈原贾生列传》，了解贾谊其人，查阅资料，探讨在《史记》中屈贾同传的原因，探究贾谊在传统"士大夫"谱系中的特殊性。（具体内容从略）

第二课时

1. 从对比入手，合作梳理文本——分学习小组，整理以下几组对比：九国与秦、陈涉与秦、陈涉与九国、九国会盟之时与溃败之后、兴盛时与衰亡时，并在班级展示。

2. 从铺陈、排比入手，体会文章铺张扬厉的气势，以势服人的特点，在此基础上背诵文章后三段。

《过秦论》与纵横家策论片段对比阅读。

秦孝公、九国、秦始皇等相应段落比较鉴赏。

第三课时

一、导入及课程回顾

"竹帛烟销帝业虚，关河空锁祖龙居。坑灰未冷山东乱，刘项原来不读书。"上一堂课我们初读了《过秦论》，大致梳理了文本，也看到了秦帝国的惨淡经营与瞬间崩塌，看到阿房宫变为灰烬。

高祖刘邦显然不想重蹈覆辙，在与大臣陆贾的对话中，他说道："试为我著秦所以失天下，吾所以得之者何，及古

成败之国。"

自此,"过秦"遂成为西汉史论文中一老生常谈的话题,而贾谊的《过秦论》更是其中翘楚。我们今天将从史论写作的角度,细读《过秦论》。

在此之前,先有请同学帮我们梳理一下上节课的秦大事年表:

摘录原文,完成以下表格——秦大事年表;

展示秦疆域演变图。

二、重点段落研读

1. 贾谊论秦之过,概括为"仁义不施而攻守之势异也",关于这句话,尤其是其中的"而"字,有不同理解,我们上节课布置了结合文章来谈谈同学们的理解,透过这句话我们或能读懂这篇史论。

老师展示:

"仁义不施而攻守之势异也"的三种理解:

A. 因而,仁义不施因而攻守的形势产生变化。

B. 然而,同样是不施仁义然而攻与守的形势已经产生变化。

C. 并且,不施仁义并且攻与守的形势已经产生变化。

学生结合自己对文章的理解进行讨论,并逐步把焦点集中到第三段。

2. 细读文章第三段,并进行适当引导,师生共同探讨。

老师引导:

A. 从哪句话开始,始皇"攻守之势"有了变化?

"于是废先王之道,焚百家之言。"

B. 简要概括始皇守天下时的策略。

愚民、弱民、防民——国与民之间构成剧烈的冲突。

C. 简要概括始皇攻取天下时的策略。

奋六世之余烈——武力征服、酷法控制。

D. "秦王扫六合,虎视何雄哉!挥剑决浮云,诸侯尽西来。"(李白《古风》)诗人李白在其《古风》中如此写道,读到始皇取天下与守天下的策略时,我读到一个在政策上一仍其旧并且日益强大的秦,秦始皇如何看待它所实施的这些政策?

此处写到秦始皇对这些政策会产生的影响的期许——"自以为关中之固,金城千里,子孙帝王万世之业也","自以为""万世之业"等字眼可见,始皇未注意到形势的变化,当然也没有就此调整施政策略。

E. 让我们把眼光稍微跳脱出第三段,通观全文,既可见从秦孝公至始皇时期政策的一以贯之,在此过程中,秦日益强大,再往后看,我们看到了秦的灭亡,是谁完成了灭秦?

陈涉?——"一夫作难而七庙隳。"

天下人?——"天下云集响应,赢粮而景从。"

山东豪俊?——"山东豪俊遂并起而亡秦族矣。"

"瓮牖绳枢之子,氓隶之人,迁徙之徒,中人,疲弊之卒,数百之众"——其中每一个字都在告知我们,亡秦的是一个普普通通的人,陈涉机缘巧合成了陈涉,"云集响应,赢粮而景从"则更是将前述愚民、弱民、防民的后果暴露得彻彻底底。

小结:不施仁义的后果,在秦四处征伐攻取天下之时,或许没有那么明显;而在秦守天下之时,却将它致命的一面立刻显现了出来。<u>仁义不施与攻守之势异共同导向了秦的灭亡</u>,恰恰是因此,《过秦论》作为史论宏文,提出了历代执

政者都无可回避的一个问号、一个提醒,提供了一个以史为鉴的思维模式。由此,可以解答"而"的含义。(以上讨论史论逻辑)

F. 有同学提醒我说,他学过《陈涉世家》,陈涉不是灭亡秦国的那个人,文中提到的"一夫作难而七庙隳"似乎并不准确。

陈涉——秦失其政,而陈涉发迹,诸侯作难,风起云蒸,卒亡秦族。

刘邦——破咸阳。

项羽——引兵西屠咸阳,杀秦降王子婴,烧秦宫室,火三月不灭。

史实的表述不够准确,这一处在文中并非个例,同学们试着再找出一处。

吞二周而亡诸侯;

秦人开关延敌,九国之师,逡巡而不敢进;

楚百家之言,以愚黔首……

G. 除了上述所举的例子之外,本文在史实处理上还有其他什么特点?同桌之间相互探讨、分享。

小结:选材讲究、详略、想象、铺陈、夸张是《过秦论》中叙述史实的常见技巧,不可太拘泥于《过秦论》来了解历史。(以上讨论对史料的剪裁、加工)

附:及至始皇,奋六世之余烈,振长策而御宇内,吞二周而亡诸侯,履至尊而制六合,执敲扑而鞭笞天下,威振四海。南取百越之地,以为桂林、象郡;百越之君,俯首系颈,委命下吏。乃使蒙恬北筑长城而守藩篱,却匈奴七百余里;胡人不敢南下而牧马,士不敢弯弓而报怨。于是废先王之道,焚百家之言,以愚黔首;隳名城,杀豪杰;收天下之兵，聚之咸阳，销锋镝，铸以为金人十二，以弱天下之民。然后践华为城，因河为池，据亿丈之城，临不测之渊，以为固。良将劲弩守要害之处，信臣精卒陈利兵而谁何。天下已定，始皇之心，自以为关中之固，金城千里，子孙帝王万世之业也。

3. 如果说写作者经常有其读者意识，史论的写作者或许是读者意识最强烈的一群写作者，北宋诗人陈师道就曾直白地指出"谊之《过秦》，以谕汉也"。

让我们再次回到"过秦"这一主题最初被提出的瞬间，会更有助于我们来理解，为什么"仁义不施""攻守之势异"会成为贾谊所说秦之过的关键词。

陆生（陆贾）时时前说称诗书。高帝骂之曰："乃公居马上而得之，安事诗书！"

陆生曰："居马上得之，宁可以马上治之乎？且汤武逆取而以顺守之，文武并用，长久之术也。秦任刑法不变，卒灭赵氏。乡（向）使秦已并天下，行仁义，法先圣，陛下安得而有之？"

在陆贾的论述中，他强调了得天下与治天下的形势差异，他甚至不讳言"刑法"在秦强大的过程中可能起到的作用，但却以强烈的反问语气强调：行仁义在治天下的过程中具备无可替代的重要性。（以上讨论史论的现实关怀）

4. 教师总结落实，并指出在史论文本阅读过程中需要注意的一些事项。

读懂其观点及逻辑；

读懂"史""论"之间的关系，以及文章对于史实的取舍；

读懂论者的现实关怀；

在文学文本之外,对历史取开放、理性的阅读态度。

三、课外文本研读

面对同样的历史,当论者的现实关怀不同,他对于史实的取舍会有所不同,面对同样的史实时,他所得出的结论也有可能有所不同。与贾谊差不多同时期的贾山,给汉文帝写过一篇《至言》,同样是言治乱之道,同样是借秦为谕,共读文本,探讨以下问题。

文章所选取的史实为何?

文章所提出的历史借鉴为何?

文章所针对的现实背景为何?

《至言》在史实的处理上与《过秦论》有何不同?

附:贾山《至言(节选)》。(此略)

四、课程总结与拓展

在《文帝本纪》中,有如下记载:

孝文帝从代来,即位二十三年,宫室苑囿狗马服御无所增益,有不便,辄弛以利民。尝欲作露台,召匠计之,直百金。上曰:"百金中民十家之产,吾奉先帝宫室,常恐羞之,何以台为!"上常衣绨衣,所幸慎夫人,令衣不得曳地,帏帐不得文绣,以示敦朴,为天下先……

太史公曰:孔子言"必世然后仁。善人之治国百年,亦可以胜残去杀"。诚哉是言!

文景之治的开创,当有过秦之风气的功劳。

哲学家黑格尔有过一个悲观的判断:人类从历史学到的唯一的教训,就是人类没有从历史中吸取任何教训。要想真正做到以史为鉴,应当以此自警,谨防陷入"后人哀之而不鉴之,亦使后人而复哀后人也"的困境与"天下分久必合合久必分"、治乱相仍的悲观处境中。

许久以前,在翻阅科举制的相关资料时,读到清王朝最后一次科举时的试题,这里也摘录两则分享给同学诸君。

周唐外重内轻,秦魏外轻内重各有得论。

日本变法之初,聘用西人而国以日强,埃及用外国人至千余员,遂至失财政裁判之权而国以不振。试详言其得失利弊策。

史论当助我们获取对现实的清醒意识,应对现实境遇,而非陷于历史的陈词滥调之中。

世殊时异,人的眼光、格局与现实境遇不断变换,当今时代的我们,或许也能采取另一种语言、另一种方式重读历史,在面对秦亡这么一个历史大变局时,论者或求助于内在道德的培养,意图以一个完美的人格去净化权力,或求助于制度上的防范,其中路径各殊,却无不想为现实提供答案,读者不可不知。

五、课后探究

关于《过秦论》中破灭的六国,"三苏"(苏洵、苏轼、苏辙)曾写过同题文章——《六国论》,给我们提供了一组很好的史论文本。试读三篇文章,思考以下问题,并结合你所了解的史料,创作你的《六国论》。

三篇文章所论六国破灭的原因分别是什么?

三篇文章论六国时选取的史实分别是什么?

三篇文章立论中所藏的现实情境为何?查阅人物传记等资料,佐证你的设想。

附:苏洵《六国论》、苏辙《六国论》、苏轼《六国论》。(此略)

【点评】

设计亮点：①教学内容分析透彻精辟，教师古文功底深厚。从对文本相关研究可以看出，彭老师的阅读范围很广，文本解读能力较强，善于运用关联的思维阅读与讨论。这在当今的中学语文教师中殊为难得。②教学思路较严密，环环相扣，由浅入深。③教学设计看似传统讲解比较多，但所讨论问题颇具深度，探讨问题贴近文本，贴近学生，符合高中生认知水平，可以想见对学生的积累、关联思维、批判性思维能起到一定的涵养作用。

改进建议：建议彭老师注意教学设计的格式与规范，分清哪些内容必须呈现，哪些不必呈现。例如，"教学重点""教学难点"须补充，"教师展示"中不少是课件呈现的内容，教学设计中点到即可，力求简明扼要。

【案例4】《师说》（2020年，高一年版，澳门语文教材，陈奇川老师）

作品名称		《师说》
教学目标	认知	梳理文章结构，把握作者的观点及论证逻辑
	技能	通过读写活动，品味作者自由、灵活的文风
	情意	培养谦虚好学的态度，传承尊师重道的精神

（续上表）

	编号	相对应之文字表述
基本学力要求	D—2—3	能用普通话正确、流利、有感情地朗读课文
	D—3—1	初读文章，能理解文章的基本内容、主要观点和基本结构，并且提出疑难问题
	D—3—4	能学习进行反思性、批判性阅读，努力辨别真伪，发现分歧，辨识思想倾向，提出疑问，发现隐含的意思，理解人们对作品的不同反应，独立做出判断
	D—9—5	能结合历史文化背景加深理解所学文言文
	D—9—6	通过对中国古代优秀作品的学习，认识民族精神和民族智慧，热爱中华文化
教学重点	深入理解作者的观点及论证逻辑，品味作者自由、灵活的文风	
教学难点	培养学生谦虚、好学的态度，传承尊师重道的精神	

教学过程		
教学内容（共5课时，此设计为第4课时）	教学资源师生活动	设计意图
课时目标（1分钟） 1. 梳理文章结构，把握作者的观点及论证逻辑。 2. 通过读写活动，品味作者自由、灵活的文风。 3. 培养学生谦虚、好学的态度，传承尊师重道的精神。	教学资源：PowerPoint 教师讲解，学生聆听	明确学习目标，提高课堂效率

（续上表）

梳理文章结构（19分钟） 1. 纵观全文，结合思维导图，梳理作者观点，并注明其所用的论证方法？ 明确： 中心论点：学者必有师（道理论证） 分论点一：师道久不传 $\begin{cases}古圣人—今众人\\爱其子—于其身\\士大夫—百工者\end{cases}$ （对比论证） 分论点二：圣人无常师　孔子言行 （举例论证） （引用论证） 写作理由：向后学号召 $\begin{cases}不拘于时\\能行古道\end{cases}$ （举例论证） 2. 探讨中心论点。 　　关于本文的中心论点，说法不一：有的说是题目；有的说是"古之学者必有师"；有的说是"师者，所以传道受业解惑也"；有的说是"道之所存，师之所存也"；有的说是"圣人无常师"；有的说本文没有中心论点，需要提取、概括……对此，你认同哪一种说法？说明理由。 　　明确： 　　学生自由发言。 　　（1）通行的中心论点是"古之学者必有师"。至于教师的职能、择师的标准和要转益多师，这是对"师"的内涵进行扩	教学资源： PowerPoint 学生课前板书，课上讲解。师生共同补充、纠正或点评 学生思考，回答，教师点评补充	通过思维导图，掌握本文的中心观点、论证方法及其论证逻辑，为课堂探究做铺垫

（续上表）

充。韩愈高举古文运动，特别强调"古之学者"，意在借古讽今。 （2）也可自行概括中心论点，如"人人都要从师学道，要向有专长的人学习，并且要转益多师"。 3．理解论证逻辑。 本文共有四段，有人按照以下逻辑，对其段序进行重排，你认同吗？ 第1段：说明写作原因 　　李氏子蟠，年十七，好古文……作《师说》以贻之。 第2段：亮出中心观点 　　古之学者必有师。……道之所存，师之所存也。 第3段：正论古人从师 　　圣人无常师。孔子师郯子……如是而已。 第4段：反论师道不传 　　嗟乎！师道之不传也久矣！……今其智乃反不能及，其可怪也欤！ 明确： （1）从立论的角度看，原文段序体现了"立论—批判—拓展立论—彰显立论"的逻辑，改变次序之后，立论未能开门见山，批判的重心被后移了。 （2）从情感节奏的角度看，原文前两段重在说理分析，情感较为强烈，后两段重在举例论证，文气较为缓和，在节奏上	学生思考，回答，教师点评补充	

(续上表)

一张一弛，开合自如。 （3）从前后呼应的角度看，原文第三段举了孔子的例子，呼应第一、第二段，且是第二段"古人行古道"的补充说明，属于点面结合。第四段举了李蟠的例子，其中"不拘于时"呼应第二段，"能行古道"呼应第三段，逻辑严密、周详。 （4）从古今内容的表现看，原文段序表现了"古今—古今—古—今"，体现古今相称的美感。		
体会作者文风（10分钟） 本文用了道理论证、举例论证和对比论证，为了让论证方法更多元化，请参考以下示例，在文中增加一个比喻说理的句子。 示例： 1.（句前加）<u>车必有轮，舟必有舵</u>，古之学者必有师。师者，所以传道受业解惑也。 2.（句中加）句读之不知，惑之不解，或师焉，或不焉，小学而大遗，<u>犹如捡了芝麻，丢了西瓜</u>，吾未见其明也。 3.（句后加）余嘉其能行古道，作《师说》以贻之。<u>但愿长江后浪推前浪，青出于蓝胜于蓝</u>。 明确： 学生写作，并做分享。 追问：加了比喻说理的句子后，你认	教学资源： PowerPoint 学生写作，时间为4分钟，然后分享，教师点评	通过比喻句的写作活动，深入理解韩愈追求朴实无华、自由灵活的文风

（续上表）

为韩愈会同意吗？说明理由。 明确： 不会同意。韩愈提倡古文运动，写作讲究"言之有物"，"气盛言宜"，反对骈文华而不实的文风。 "刘勰时代的'说'是继承了先秦游说的巧喻，而韩愈时代的'说'，则是反对骈文一味讲究四六句型、对仗僵化的模式。" "散文句给了韩愈以自由，对称使韩愈精炼，对称与不对称的结合，使得韩愈往往出语警策，有时似乎是轻而易举地写出了'是故弟子不必不如师，师不必贤于弟子'这样的格言。" ——孙绍振《师说：作为文体的"说"》 反思文本意义（10分钟） 本文讲了许多从师的道理，结合生活阅历，你认为哪个观点最有借鉴意义？哪个观点已经过时，未必适合当今社会？ 明确： （1）值得借鉴的观点。 作者第一次全面概括了教师的职能，在"受业"的基础上强调了"传道""解惑"。 作者强调学而知之，必须从师学习、能者为师、不耻下问、尊重老师、奖励后学等思想在今天仍有借鉴意义。 （2）值得反思的观点。 作者所说的"道"，是维护封建统治	教学资源： PowerPoint 学生发言，教师点评补充	用批判性的眼光看待韩愈的观点，培养谦虚好学的态度，树立尊师重道的精神

（续上表）

的儒家之道，所说的"业"，是"六艺经传"，与我们所讲的"道"和"业"的内涵是根本不同的。他把"士大夫之族"在从师问题上的见识不如"巫医乐师百工之人"看成反常，暴露了轻视劳动人民的封建统治阶级的偏见。		
板书设计		

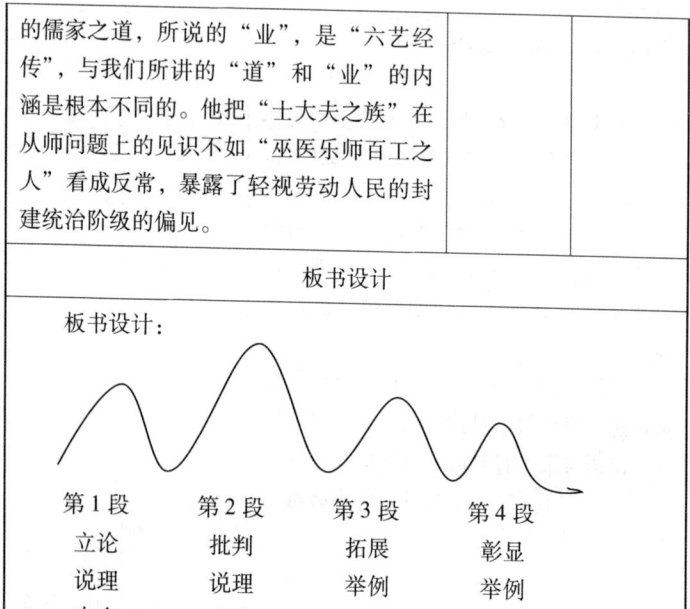

【点评】

陈奇川老师的两个教学设计，本计划将《师说》教学设计作为电子版收录，细读实不忍割爱，加之是传统篇目，入选统编教材必修上册第六单元第10课自读篇目（与《劝学》同为一课，《劝学》为精读篇目）。虽然陈奇川老师的设计是遵照澳门高中语文学力标准设计的，在要求上与内地教学侧重点不完全相同，但读者正可以借此一窥两地同根母语教学特色，互相借鉴，受到启发。思忖再三，予以保留。

设计亮点：①以澳门高中语文学力标准设定教学目标，根据文本特点，通过"认知""技能""情意"落实到学生的学习。②教学内容取舍精当，足见教师思考功力深厚。这体现在对中心论点的探讨、对论证逻辑的剖析、文风梳理、文本价值的反思等主体环节，符合高中生认知水平，能起到提升高中生思维尤其是批判性思维水平的作用。③各环节过渡自然，高潮迭起，从设计中即可想见课堂教学的精彩，十分难得。④板书设计精巧，形象生动，简洁明了。

改进建议：①教学过程的呈现还可以简洁些，例如"明确""示例""引用"等内容可不必放到教学设计中，教师自己把握即可。②对中心论点的探讨是激活学生思考的焦点，教学过程设计中应对此有足够的预期，做好充足的准备。建议分为"作者立场""读者立场""时代立场"来讨论。

【案例5】《苦恼》教学设计（2016年，高二年级，课外阅读篇目，吴文芬老师）

【教材分析】语文课程标准对必修课程中阅读与鉴赏的教学要求是：学习鉴赏中外文学作品，能感受形象，品味语言，领悟作品的丰富内涵，体会其艺术表现力，有自己的情感体验和思考。努力探索作品中蕴涵的民族心理和时代精神，了解人类丰富的社会生活和情感世界。在阅读鉴赏中，了解小说的基本特征及主要表现手法。了解作品所涉及的有关背景材料，用于分析和理解作品。

《苦恼》是契诃夫的名篇，列夫·托尔斯泰认为它是第一流的小说；高尔基对约纳的遭遇产生了强烈共鸣，称赞它是一部非常真实、生动的作品。作者通过人和马的对比揭示

了作品的主题:社会底层小人物的悲惨境遇特别是精神上的孤寂和痛苦。作品通过对话、细节、心理描写真实生动地刻画人物心理,在人与人、人与马的对比和映衬中不断强化人性的冷漠与难以化解的孤独感。

基于以上分析,结合语文核心素养四个维度(语言建构与运用、思维发展与提升、审美鉴赏与创造、文化传承与理解)的要求,《苦恼》的教学设想从文本的叙事特色出发,重在分析主人公的心理,深入挖掘小说主题。

【学情分析】学情调查(课前进行):①约纳的苦恼是什么?②约纳跟谁倾诉过,他们对约纳的态度是什么?③你觉得作者想通过这篇小说告诉我们什么?

根据反馈,学生基本读懂故事情节,但对主题和写作意图理解不够深入(大部分同学能读出当时社会的自私冷漠,对约纳表示同情,但是没有根据这篇文章的特点——以对话、细节和心理描写显现让人震撼的心理世界——理解约纳精神上的孤寂和痛苦,也就无法理解作者更深层的写作意图)。因此,课堂需要解决的问题是深入分析人物心理和作品的主题。

【教学目标】①能掌握小说通过对话、细节、心理描写刻画人物心理的写法。②能分析人物心理变化过程。③能抓住重点语句,分析作者的写作意图,深入理解小说主题。

【教学重点】能分析人物的心理变化的过程。

【教学难点】能抓住重点语句,分析作者的写作意图,深入理解小说主题。

【教学方法】点拨法、讨论法。

【教学课时】1课时。

【课前准备】印发课文预习,学情调查。

【教学过程】

教学环节	教学活动 师为主导，生为主体	设计意图
一、创设情境，导入新课	情境导入，整体感知 1. 高尔基读《苦恼》产生共鸣。 2. 学生简述情节。 3. 整体感知： 约纳的苦恼是什么？ 他向谁倾诉过？ 他们的反应和态度如何？	让学生由名人经验出发，渲染情绪，为进入文本、理解人物做情感铺垫。 预习反馈，引出课堂重难点
二、合作交流，品读鉴赏	分析约纳的心理变化过程，理解 1. 分析对话、细节描写，揣摩人物心理变化过程。 　问题一：小说以刻画人物为中心，这篇小说主要刻画了人物的哪个方面？主要用了哪些描写方法？ 　学生活动1：回答。[教师提示：心理。语言（对话）；细节描写；心理描写] 　问题二：你觉得约纳向谁倾诉时的心理刻画得最详细？ 　学生活动2：迅速找出详写片段。 　学生活动3：找出对话或细节，分析约纳的心理变化过程。 　学生活动4：四人小组内分享，代表展示。	鉴于本文篇幅较长，以对白、细节描写为主的叙事特点，采用选取重点片段、问题引导、鉴赏品读的阅读方式，这样既锻炼学生的筛选信息的能力、表达能力和鉴赏能力，同时也为教学重点的完成做铺垫，为学生思想碰撞赢得空间

(续上表)

教学环节	教学活动 师为主导,生为主体	设计意图
二、合作交流,品读鉴赏	解决预习疑惑:面对三个年轻人的打骂,为什么约纳反而笑了几次? 教师小结:约纳寻找倾诉机会的努力一步一步加大,姿态越来越低,对三个年轻人倾诉的希望越来越大,但在他准备张口倾诉时,三个年轻人离开了,这样的戛然而止,让约纳内心将要喷涌而出的苦恼又憋了回去。 2. 分析心理描写,理解约纳的心理。 学生活动1:找出文中心理描写的内容。(教师明确:第二次和第四次碰壁后) 学生活动2:朗读感受;品读鉴赏重点字词句,畅谈约纳的心理。 教师小结:约纳的苦恼,在倾诉无门,遭受冷漠对待后演变成精神上的孤独和绝望。	针对直接的心理描写,引导学生由浅入深、由表入里分析关键词句,既能教给学生阅读方法,也为理解主题做铺垫
三、问题引领,思考探究	分析作者的写作意图,探究主题 问题一:如何理解题记"我向谁去诉说我的悲伤?"("我"指谁?"向谁去"说明什么?) 学生活动:回答问题。 多媒体展示契诃夫对孤独的态度、社会背景。 教师总结:不管是在刻画约纳心理的对话、细节描写,还是直接的心	了解作家的创作态度及19世纪俄国社会背景,有利于学生理解作者创作意图 新课标中提到,"重点关注学生思考问题的深度和广度,使学生增强探

(续上表)

教学环节	教学活动 师为主导，生为主体	设计意图
三、问题引领，思考探究	理描写上，作者都有意把约纳孤独、由失望到绝望的心理不断强调、深化，这种用意不仅指向于批判那个冷漠的社会，更指向让读者在约纳身上找到身份认同感。由此可见，《苦恼》的主题不仅在于同情约纳的悲惨境遇，批判冷漠的社会，更在于它所呈现的震撼人心的人性的冷漠和人的孤独感。	究意识和兴趣，学习探究的方法，使语文学习的过程成为积极主动探索未知领域的过程"。关于这个问题，我认为是逐步挖深的过程，这是开放性的探究问题，旨在让学生进一步深化对苦恼内涵的把握，进而深刻理解小说主题。这个问题化抽象为具体，引领学生在一种活跃的氛围中完成
四、领悟升华课后延伸	（一）爱伦堡关于"我们今天为什么还愿意看契诃夫的书"的文段 启示：照文学的镜子，反省自身和社会！ 社会不同，人性依旧，所以经典不变！ （二）小结阅读小说的方法 根据不同作家不同的创作风格，根据作品的写作特点鉴赏小说，更深层次地理解写作意图。	领悟学习本文的意义、学习经典的意义，激发阅读兴趣 总结阅读小说的方法

(续上表)

教学环节	教学活动 师为主导，生为主体	设计意图
五、布置作业	阅读契诃夫《哀伤》、鲁迅《祝福》，比较它们与本文在主题上的异同。	新课标强调培养学生的阅读兴趣，努力扩大他们的阅读视野，由课内迁移到课外，适度延伸，有利于学生提高自身的阅读能力
六、板书设计	苦恼 契诃夫 倾诉 苦恼⟹冷漠⟹孤独⟹人的孤独感 人物心理：对话、细节、心理描写。	

【点评】

设计亮点：①教学设计较规范，设计元素齐全，指向具体清晰。②《苦恼》是课外篇目，解读难度大。吴老师的教学设计表现出教师很强的独立解读能力。③通过层层深入的问题设计开展学生学习活动，学生主动参与学习的机会较多。④善于落实教学理论，注重课堂小结，呈现在设计中的小结共四处。在关键学习环节告一段落时，吴老师都有恰到好处的小结，有助于学生回顾内容、明确主题、加深印象。

改进建议：①教学过程的第一个环节"情境导入"和"整体感知"不宜混为一谈，需要分开。如何组织导入语言

非常重要,应该完整呈现。②"作业布置"中关联阅读鲁迅的小说《祝福》,是否合适?它们的比较点何在?值得商榷。

【案例6】《百合花》(2019年,高一年级,江鸿洋老师)

永不凋零的《百合花》			
课型	新授课	体裁	小说
学科	高中语文	课时	1课时
一、核心素养			
本课的教学目标围绕核心素养中语言的建构与运用、思维的发展与提升、审美的鉴赏与创造、文化的传承与理解四个层次进行设置			
二、课程标准要求			
通过本课,力求使学生的积累与整合、感受与鉴赏、思考与领悟、应用与拓展的能力有所提升			
三、教学内容分析			
1. 文本分析:《百合花》是茹志鹃创作的短篇小说,小说以解放战争中的淮海战役为背景,描写的是1946年的中秋之夜,在部队发起总攻之前,小通讯员送文工团的女战士"我"到前沿包扎所途中,以及到了包扎所后向一个刚过门三天的新媳妇借被子的小故事,表现了战争年代崇高纯洁的人际关系,歌颂了人性美。文章笔调清新、俊逸,刻画人物手法细腻,人物形象鲜活生动,文章感人至深。			
2. 单元结构分析:《百合花》是2019年统编高中语文教材必修上册第一单元"文学阅读与写作"中的第3篇课文。该单元的学习任务为:"少年情怀的表达——学写新诗"。虽然《百合花》的			

（续上表）

文体是小说，但其笔调清新俊逸，富有抒情诗的味道。小说的主题"战火中的青春，人性的美好"符合"少年情怀"。因此，在教学过程中，要引导学生感受与鉴赏"少年情怀"，使学生在感受形象、品味语言、体验感情的过程中提升文学欣赏能力，并尝试文学写作，借以提高审美鉴赏能力和表达交流能力。 3. 新课标要求分析：根据《普通高中语文课程标准（2017年版）》中的"学习任务群5　文学阅读与写作"的要求：通过阅读鉴赏《百合花》，引导学生阅读当代优秀小说，感受人物形象，品味语言、体验情感，从而提升文学鉴赏能力。
四、学情分析
1. 高一学生有小说的阅读与学习的基础，具备一定的小说阅读与鉴赏的能力，对于小说的三要素了然于心，但是相对于理论部分，具体落实到实际篇目的阅读与鉴赏方面，路径与方法尚显稚嫩，尚需老师引导。 2. 高一学生正处于人生观、价值观形成的关键时期，青年兴则国家兴。《普通高中语文课程标准（2017年版）》中"学习任务群9　中国革命传统作品研习"，可以使学生树立正确的"三观"，在红色革命经典作品的浸润下关注历史，关注当下，传承红色基因，树立文化自信。
五、教学目标
1. 通过典型的细节描写，分析人物形象，把握文章主旨。 2. 感受战火中的别样青春，探索战争题材下的美学技巧。 3. 品读红色经典，传承红色基因，树立文化自信。
六、教学重难点
教学重点：品读细节把握人物形象；探究文章主旨。 教学难点：战争题材下的美学技巧。

（续上表）

七、教学准备、教学环境
1. 课前预习：①通读全文，梳理情节；②画出你最欣赏的语句，朗读给同桌听；③读写结合，完成学案上的练笔。 2. 多媒体教学环境。
八、教学策略分析
在教学情境中，师生的关系应该是：学生是主动的参与者、积极的质疑者，老师是学生的帮助者、促进者、引导者。因此，采用的教学策略有启发式教学、探究式教学、情境式教学。

九、教学过程

教学环节	过程与内容	教师预设	学生活动	设计意图
（一）百合花之殇：导新课	鲁迅先生说过："悲剧是将人生有价值的东西毁灭给人看。"读完《百合花》，你认为文中"有价值的东西"指的是什么？	"有价值的东西"是"美好"——美好的年轻生命、美好的田园生活、对美和平生活的向往。而这些美好被残酷的战争无情地撕碎。	进入情境思考问题分享感受	导入激趣开篇设疑
（二）百合花之语．析文本	找出文中你最欣赏的部分，谈谈你的感想。	家乡的竹林、家乡的中秋、崭新的百合花被子、枪筒与野菊花、军装肩上的破洞、新媳妇缝补破洞、两个干馒头等。	深入文本阅读鉴赏自由发言	细读文本：环境、人物、情节、细节描写

(续上表)

(三)百合花之魂：赏人物	请你在感受与鉴赏文本的基础上，独立去分析、概括人物形象特点。	通讯员：质朴、腼腆、可爱、勇敢、无畏； 新媳妇：热情、善良、深明大义； "我"：冷静理智、顾全大局。	深入文本阅读鉴赏分析概括自由发言	鉴赏人物形象
(四)百合花之情：探主旨	在后来的动荡年代，茹志鹃不无感慨地回忆起战争年代的同志关系："战争使人不能有长谈的机会，但是战争却能使人深交。有时仅几十分钟、几分钟，甚至只来得及瞥一眼，便一闪而过，然而人与人之间，就在这个一刹那里，便能够肝胆相照，生死与共。"请你结合这句话来探究文章的主旨。	1. 赞颂军民深情。 2. 讴歌战火中飞扬的青春，讴歌人与人之间的温情、纯真美好的人性。 资料补充："一位刚刚开始生活的青年，当他献出一切的时候，也得到了一切，洁白无瑕的爱，晶莹的泪。""对通讯员建立起一种比同志比同乡更为亲切的感情，但它又不是一见钟情男女间的爱情，我带着类似手足之情，带着一种女同志特有的母性来看待他，牵挂他。"——《漫谈我的创作经历》	阅读鉴赏思考领悟自由发言	探究文章主题

（续上表）

（五）百合花之美：明特色	陈思和在《中国当代文学史》这样评价茹志鹃和她的《百合花》："这位在1943年参加新四军部队文工团的女作家，对战争的关注和理解都别具一格，她似乎并不在意战场上敌我双方的进退胜败，而专注于战争中人与人之间的情感碰撞与交流。"与同时期（十七年文学）的小说相比，《百合花》的风格可以说是别具一格，请你思考与领悟《百合花》独特的美学风格。	1. 独特的美学风格：日常生活的革命书写；英雄人物的世俗情怀；生动细腻的典型细节；清新俊逸的抒情文笔。 2. 补充茅盾的评价："我以为这是我读过的几十个短篇小说中间最使我满意，也最使我感动的一篇，它是结构严谨，没有闲笔的短篇小说，但同时它又富有抒情诗的风味。" "人物的形象是由淡而浓，好比一个人迎面而来，愈近愈看得清，最后，不但让我们看清了他的外形，也看到了他的内心。" "表现战争这样庄严的主题，除了常见的慷慨激昂的笔调，还可以有其他的风格。"	深入思考 合作探究 自由发言	鉴赏独特的美学风格 （后附相关主题阅读："战火中的青春与人性"文学作品及影视作品目录）

(续上表)

（六）百合花之永恒：明价值	1. 美好的文笔、美好的细节、美好的生命、美好的情感，正因如此，《百合花》才能成为当代文坛上一朵永恒的花，在岁月的风尘中绚烂绽放，给几代读者带来感动与力量。再读经典，你读出哪些启迪？ 2. 展示课前读写练习的佳作：淮海战役纪念馆陈列了这条百合花被的复制品，请你为它拟一份解说词。要求运用一种以上的修辞手法，100字左右。	1. ①青春、生命应该是美好的，在残酷的境遇里，坚守心中的美好不舍对未来的憧憬，不舍对和平安宁的期盼，不舍对甜蜜爱情生活的希冀。海德格尔："诗意地栖居在大地上。" ②中华民族是崇尚英雄、成就英雄、英雄辈出的民族。一切民族英雄，都是中华民族的脊梁，他们的事迹和精神都是激励我们前行的强大力量。和平年代同样需要英雄情怀，青年学子要传承红色经典，树立文化自信。 2. 展示课前读写练习的作品。（此略）	自由讨论 表达交流 润色练笔 展示佳作	领悟作品的现实意义。在语言文字的表达运用中，传承红色基因，树立文化自信

（续上表）

（七）永不凋零的百合花	这是一朵永不凋零的百合花，请饱含深情齐读最后两段。（背景音乐：《天空之城》吟唱版）	教师总结：哪有什么岁月静好，不过是有人替你负重前行。	饱含深情地齐读最后两段	向经典致敬 向英雄致敬
主题阅读："战火中的青春"相关文本及影视作品				
文学作品：孙犁《荷花淀》、宗璞《红豆》、欧阳山《三家巷》、[美]迈尔尼《战争》、[苏联]《这里的黎明静悄悄》。 电影作品：《百合花》《柳堡的故事》《战争与和平》。 评论作品：茅盾《谈最近的短篇小说》、茹志鹃《我写〈百合花〉的经过》、杨志君《论茹志鹃早期小说的叙事特征》、陈思和《战争小说与人性美：〈百合花〉》、鲁迅《摩罗诗力说》、钱谷融《论文学是人学》。				

板书设计

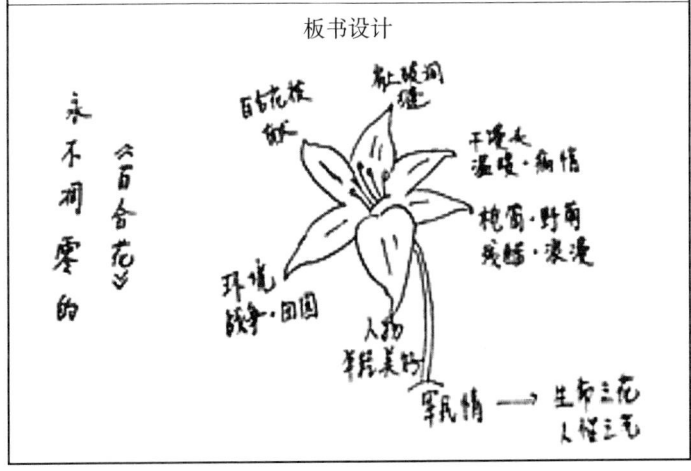

【点评】

江老师这个教学设计是广东使用统编教材之前撰写的，课上得流畅、成功，课堂实践探索获得广泛好评。教学设计也有突破和创新，但由于撰写教学设计时广东还没有使用新教材，今天看来，其中存在的一些瑕疵实属在所难免。回望来时路，我们可以更加清醒地看到语文教学探索的艰难和教师对进步的渴望，因而，将此文拿出来探讨，期待更高明的建议。

设计亮点：①能准确把握单元主题，突出了革命传统教育，讴歌战火中飞扬的青春。例如，精心设计为纪念馆撰写"百合花被复制品"的解说词等。②通过深入解读文本，在文本内容和体裁上下功夫，着力提升学生鉴赏小说的能力。例如，对美学风格、诗性小说的学习。③关注学生的学习，如考虑教学准备、教学环境、教学策略等。④板书设计图文并茂，紧扣文题，颇有创意。

改进建议：①导入语引用鲁迅先生的名言，战争无疑是所有身在其中的人们的"悲剧"，它随时撕毁一切。这个导入语单独看并无明显错误，但从课堂教学艺术的角度"苛求"一下，我们要进一步思考这样的导入是否妥帖。接着的一句是："读完《百合花》，你认为文中'有价值的东西'指的是什么？"开头一问很关键，但这样问并不能较好地起到突出重点、推进教学的作用。事实上，后面教师再也没有直接回应此问。"悲剧"一说也非文本重点，战争中的"悲剧"随时都有可能发生。小说通过故事的叙述和人物形象的塑造，希望传达的是作者对军民鱼水深情的赞颂，对人性美、青春美的讴歌。这样看，这个导入看似很美，实则"鸡肋"甚而无益。②拓展环节设计中的"淮海战役纪念

馆"（这显然是受网上资料误导），建议改为"苏中七战七捷纪念馆"或"某革命战争纪念馆"，因为作者在谈自己创作经历的文章中有具体说明。③教学目标采用"大包围"，网罗四大核心素养，"高、大、全"的思路需要调整为"高、小、精"，加强针对性。④将核心素养表述为"四个层次"是错误的，语言建构与运用、思维发展与提升、审美鉴赏与创造、文化传承与理解是语文学科素养的四个方面。"方面"与"层次"有明显差异，语文教师在措辞上特别需要做到准确无误。

【案例7】《芣苢》《文氏外孙入村收麦》教学设计（2019年12月，高一年级，统编高中语文必修上第二单元第6课，杨莹老师）

学情定位：高一学生，正待提升学科素养，建立一定的诗歌审美鉴赏意识。

素养目标：①语言：能有节奏地诵读诗歌，把握诗歌内容。②思维：能表达阅读诗歌后的直觉感知、形象画面和对诗歌的创造性理解。③审美：在阅读鉴赏过程中体会诗歌的情感内涵，形成正确审美意识、健康向上的审美情趣与鉴赏品味，并尝试表现美、创造美。④文化：理解"劳动诗歌"的精神内涵，进而理解诗歌源于生活的传统。

重难点：对诗歌手法鉴赏和情感理解的点拨。

课时：1课时。

教学过程：

导入：（略）

活动一：诵读劳动诗歌，畅想劳动场景。（形象特征）

芣苢 fú yǐ
采采/芣苢，薄言/采之。
采采/芣苢，薄言/有之。
采采/芣苢，薄言/掇（duō）之。
采采/芣苢，薄言/捋（luō）之。
采采/芣苢，薄言/袺（jié）之。
采采/芣苢，薄言/襭（xié）之。

文氏外孙入村收麦　苏辙
欲收/新麦/继/陈谷，赖有/诸孙/替/老人。
三夜/阴霪/败/场圃，一竿/晴日/舞/比邻。
急炊/大饼/偿/饥乏，多博/村酤/劳/苦辛。
闭廪/归来/真/了事，赋诗/怜汝/足/精神。

前人说《芣苢》"自然生其气象"，你认为这首诗描绘了什么样的景象？发挥你的想象，用简单的语句再现诗歌情境。

在《文氏外孙入村收麦》中，你又看到或想到什么画面呢？

活动二：品析劳动写法，体会劳动情怀。（语言、手法、思想感情）

1.《芣苢》写劳动与《文氏外孙入村收麦》有何不同？试从用词上鉴赏各自特点。

——正面/侧面

用词效果：字词＋客观对象特点＋主观情感特征。

如：《芣苢》中的动词采—有—掇—捋—袺—襭。（层次感）

示例：清新而欢快的动词，写出芣苢（　　　）；表现了女子们（　　　）；展现出（越采越多，满载而归）的劳动场面,表达了女子们( )。

用同样方式鉴赏《文氏外孙入村收麦》中"败"与"舞"的使用效果,"急炊""多博"的效果;"新""陈"对比、"阴""晴"对比、长幼对比、"败""舞"对比、颔联与颈联的对仗等。

2. 采芣苢情绪如此高涨,何也?

说法一:治病求子说。此草"宜疗治不孕或麻风一类的恶疾"。或曰以求多子。说法二:薏苡入药说。将芣苢理解为薏苡,外表惹人喜,除作粮食外,还可入药,薏仁米和糯米红枣煮粥可治体虚。说法三:果腹说。

清学者郝懿行在《尔雅义疏》中说"野人亦煮啖之",认为中国古代民间曾普遍以车前草为食物。你更倾向于哪一种?为什么?

"果腹说"认同者解释称:"生活虽是艰难的事情,却总有许多快乐在这艰难之中。"

3. 如果说《芣苢》中是动作有层次,那么,感受一下《文氏》诗中有何情感特点。

内容:诸孙入村—久雨初晴—饼酤偿劳—赋诗怜汝。

情感:期盼—焦虑、欢喜—欣慰—满足、赞赏。(诗歌情感的多样性、变化性)

4. "天才的哥哥,收麦的外孙",曾做过执宰大臣却要靠着外孙帮忙收麦,苏辙爷爷还很开心,有没有什么不对?

补充关键词简介:苏辙(1039—1112),此诗作于1107年。官至右丞,犯颜直谏,反对变法,被贬出京,帮兄获罪,出使辽国,南游中国,屡降官阶,晚居颍昌,自号遗老,追赠太师、魏国公。

晚年的苏辙十几年闭门索居,俯首大地,无须掩饰喜怒哀惧，还能耕读一体，这也不失为一种理想的生活方式。劳作的快意，收获的喜悦，亲情的陪伴，洒脱情怀，天伦之乐，拳拳之心，自然之风，已远胜政坛坎坷、官场风雨。这大概就是一个人在历经风雨后的单纯的快乐，它源于你对生活最本质、最美好的愿望和追求。这也许就是"诗意"的诞生过程。

活动三：初得审美体验，小结鉴赏门路。

鉴赏诗歌，我们常常从诗歌形象（人、物、景等）、语言特征、表达技巧、思想感情等方面去考虑，配合一定的知人论世，走进文本去感受诗歌、理解诗歌并形成自己的审美体验。

活动四：浅识诗歌真谛，敢于发言为诗。

"在心为志，发言为诗"，劳动改变了生活，劳动创造了诗歌，人类在劳动中创造了文字，在劳动中推动了语言的发展，从劳动号子到民歌，再到诗歌，劳动中的诗意或者说诗意的劳动，有待每一个普通人去发掘。

诗意情境创作：仿照《芣苢》，用重章叠句之法表现校园日常人事。

板书设计：

```
        劳动              诗        生活

   场景：人、事、景     ——形象

   写法：动词、重章叠句  ——语言    诗意、快意

        侧面、对比      ——技巧    爱与美

   情感：间接抒情       ——感情

        情感层次
```

【点评】

杨莹老师的这个教学设计撰写于2019年,当时新教材尚未进入广东地区语文课堂,因此,这是一个探索,同时也得到了听课老师们的认可。

设计亮点:①落实新课标"立德树人"教学理念,结合文本突出"劳动"的精神内涵,诗歌源于劳动,劳动是诗歌创作的源泉。②教师古诗底蕴深厚,引导学生"知其然""知其所以然",诵读感其情,鉴赏窥门径,创作得其神。③以学生活动推进教学,在活动中充分调动学生的学习兴趣和积极性。④从教学提问和教学材料的撷取等方面,可以看出教师对文本的解读较深入,为深入浅出的讲解打下基础。

改进建议:①"教学重点"和"教学难点"分开表述,则更加明确。②教学设计语言还可以更简明扼要些,例如:"品析劳动写法",何为"劳动写法"?给人词不达意之感。教师本意大约是同样以劳动为题材,《芣苢》和《文氏外孙入村收麦》表现方法不同,各具特点,是否可以改为"品析创作方法,体悟劳动情怀"?

【案例8】"'老城市 新活力'广州特色文化调查"教学设计(2020年10月,高一年级,统编高中必修上册第四单元,黄薇薇老师)

【教材分析】本单元归属于"当代文化参与"学习任务群。课程标准指出:"本任务群旨在引导学生关注和参与当代文化生活,学习剖析、评价文化现象,积极参与中国特色社会主义先进文化的传播和交流,增强文化自信。"第四单

元是一个以"家乡文化生活"为主题的单元,要求学生通过学习活动,了解家乡的人和物,关注家乡的文化和风俗,深入认识家乡并对丰富家乡文化生活提出合理建议。对于这个活动单元,教材明确了教学重点应放在实践活动的设计与实施上。

【学情分析】在向学生介绍第四单元的学习内容时,学生有些兴奋,但更多的是茫然,因为作为高一的学生,他们以前很少接触调查研究活动,关于调查、访谈的相关知识较为薄弱,他们既需要专业知识的指导,又需要活动过程具体环节的指引。再加上时间的紧迫,这个挑战对于师生而言都不可谓不大。对第一次进行此类活动的学生来说,我们追求的目标不是调查成果的完美,而是让学生动起来,参与到活动中,学着利用各种调查技术搜集、整理资料,并能有理有据地表达自己的观点,形成书面的较规范的学习成果,学生在参与当代文化活动中有所收获,得到成长,为他们以后再次进行此类活动奠定基础,那就是有价值的课堂了。

【教学目标】①学生能通过参与调查活动,思考家乡文化生活与自我成长之间的关系,形成关注和参与当代文化生活的意识,培养家国情怀。②学生能掌握访谈的基本知识和方法技巧,培养主动搜集、积累、整合、归纳语言现象的意识。③学生能了解调查报告写作的基本要求,培养有针对性、有理有据地表达自己观点的能力。

【教学重点】通过实地考察、访谈、查阅文献等手段搜集整理家乡文化生活的资料,并梳理、整合、分析材料,撰写出较规范的调查报告。

【教学难点】学生能在调研、观察中发现典型现象;在对现象的审视中提出问题,针对具体问题搜集、梳理材料,研讨有关文化现象，分析问题。

【教学课时】9课时。

【教学过程】

第一阶段：（课内4课时+课外活动）

一、激趣导学，知识准备（2课时）

学习任务：学生阅读教材，了解本单元的学习任务；教师提供案例供学生欣赏，激发学生参与学习活动的兴趣。学生学习相关的"文化常识"、"研究方法"（学习方法）、"文体常识"（写作常识）。

学习资源：教材第四单元学习任务、教师编选印发学案。

评价依据：学案批注、学习笔记。

二、提炼主题，拟订方案（2课时）

学习任务：①学生通过讨论，提炼研究主题。②学生自由组合为4~6人的研究小组，选定本组的研究方向，拟订活动方案。

主任务："老城市 新活力"——广州特色文化系列调查。

子任务：广州特色饮食文化调查、广州特色建筑文化调查、广州特色戏曲文化调查。

活动设计过程采用"逆向"设计思维，先寻找能够证明学生成功完成理解和迁移的证据，再以此为任务驱动，逆向思考完成情境任务需要储备的知识、调动的能力、搜集的资料，让学生在真实情境下有的放矢地完成学习活动。

例如，研究广州饮食文化的小组，要求他们结合以下情境完成学习任务：俗话说"食在广州"，广州的饮食文化源远流长。请你写一篇介绍广州饮食文化的文字，向"广州

旅游频道"微信公众号投稿，以吸引更多的游客到广州游玩，品味广州的饮食文化。

评核依据：活动方案。

三、课外调查，搜集资料（时间根据学情调整）

学习任务：学生根据活动方案开展学习，重点是搜集资料。

学习资源：实地走访考察、图书馆、博物馆、网络资源。

课外活动记录表。（此略）

第二阶段：（5课时）

一、成果提炼（2课时）

学习任务：学生在教师指导下整理资料，提炼成果，撰写调查报告，做好分享准备。

学习资源：调查报告写作指导、范例。

1.《调查的技术》。（毛泽东）

2."如何进行访谈和实施问卷调查"学案。

3.《弘扬传统文化，扮靓现代生活——济南市历成区民间扮玩队》例文。

4.《新时期大学生健康素养调查报告》例文。

调查报告写作格式。（此略）

调查研究报告量规。（此略）

评核依据：学习成果（调查报告）。

二、分享交流（2课时）

学习任务：学生通过PPT分享学习过程和经验，展示学习成果；师生共同赏析评点，修改完善。

调查方向及任务情境：

1. 饮食文化：俗话说"食在广州"，广州的饮食文化源远流长。请你写一篇介绍广州饮食文化的文章,向"广州旅游频道"微信公众号投稿,以吸引更多的游客到广州游玩,品味广州的饮食文化。

2. 建筑文化:每年,"两会"都会面向社会征集建议。你发现广州的传统建筑独具特色,但是随着城市化进程的加快,老城改造和新城开发让很多老街老楼失去了原本的面貌。作为中学生的你深感遗憾,请你写一篇建议,提交给"两会"代表,也许你关心的问题能够成为"两会"代表们的提案哦。

3. 戏曲文化:海珠外国语实验中学即将举办"双语"文化节,其中有一个"粤剧进校园"的活动,请作为学生会成员的你,写一篇演讲稿,向全校同学做该活动的宣传动员。

调查报告展示评价表。(此略)

评核依据:学习成果(调查报告或情境任务)、成果展示评价表。

三、总结评价(1课时)

学习任务:学生在教师的组织、指导下完成自我总结、小组总结、班级总结。

活动总结评价表。(此略)

评核依据:活动总结评价表。

附录:学习资源

1. 教材单元资源:《调查的技术》《访谈法》《节日与文化》。

2. 助读资源:《访谈流程与技巧》(张彦)、《人物志编写方法和技巧》、《民俗资料的分布及其检索策略》(杨帆)、《调查报告的撰写步骤及注意事项》(泥安儒)、《调查资料的分析与总结》（王滨）、《考察报告撰写实例》、《岭南文化知识书系》（广东人民出版社）。

3．网络资源：中国传统文化网、广东省文化馆、中国知网、学习强国等。

【点评】

设计亮点：①这是以学生为主体开展的第一次以单元形式呈现的大型语文学习活动，教学设计能站在一定的高度精心组织，学以致用，在做中学的指向明确。提前预设学习支架，力求学习活动有序开展、深入推进。例如，对学情的分析、学习活动过程性记录表等。②设计中凸显了学生的主体地位，学习任务的具体策划、讨论、实施、提炼均由学生合作完成，任务有主有次，且分工明确。③学习资源较丰富，针对性较强，帮助学生开展调查、完成调查报告等。④注重学习评价，提供操作性较强的"调查报告展示评价表""调查研究报告量规""调查报告写作格式"等，让学生从开始到结束都有依据，在实践中学习研究规范，这些有助于学生提高学习活动水平。

改进建议：①这样一个大型的学习活动对学生的听、说能力将是一个直观具体的考验，建议教师对此提出更为明晰、具体的要求，让学生在真实的学习情境中学会倾听，注意自己的口头表达，在语言运用中切实提高语言能力。这个明晰、具体的要求要落到实处，例如，要求学生互相发现问题，做好记录，在语言成长中体会这样做的价值。②教学设计的表述还可以更加精练，例如，将"教学重点"课表述为"能完成实地调查，撰写较规范的调查报告"，"教学难点"课表述为"学会在调研中发现典型问题、捕捉典型现

象,开展深度合作、探究"。

【案例9】 "律诗"阅读鉴赏与写作学习活动设计(2021年3月,高二粤教版选修1,程炤亚老师)

【基本内容】本次学习活动内容为律诗阅读和写作,以学习任务群的形式开展。学习资料主要参照粤教版选修1教材《唐诗宋词元散曲选读》中的《杜甫诗五首》(其中的四首律诗),并采用学生习作为范本,通过活动探究、师生研习,归纳出律诗除一般格律诗以外的特点,尤其讲究起承转合及对仗,并通过指导学生理解和运用基本的鉴赏方法,尝试创作律诗。在明确任务驱动,即本节课要创作律诗的前提下,将任务分解为三个小环节,分别是:研习中梳理归纳律诗特点;赏析中理解并运用鉴赏方法;以读促写,学以致用,创作律诗。

【教学目标】

1. 重点认识律诗"起承转合"及"对仗"的特点。

2. 理解并运用"扣文本·理情思·品结构"的方法鉴赏律诗。

3. 学写律诗。

【教学设想】

1. 体现选修课的特点。选文属于基本阅读篇目,但教学不能等同于必修课。选修课的课程理念旨在以生为本,创设师生交流的平台,以活动为主轴架构课堂教学,以开放性问题设置去激发自主建构、促进生成,突破课堂"不活、难动、少探究"的现状。同时,采取读写结合、以读促写的活动设计,来开展选修课教学。

2. 体现新课标和新课程学习理念。新课标提倡以生为

本,强调培养学生在情境中解决问题的能力,对调动生活感受、提取核心知识、活学活用提出了较高要求。另外,新课程阅读容量增大,这就需要保障课堂教学内容关乎关键知识和核心原理,并以任务群的组织架构提高课堂教学有效性,让学生高速、高质、高产地学习。

3. 体现语文核心素养的训练和提升。诗歌教学要着眼于语文的核心素养,全盘考量教材内容,精心裁剪教学内容,合理选取相应的教学手段,从语言、思维、审美和文化四个角度去提升核心素养,让学生从知识走向能力,而不是为了学而学。因此,教师要避免"一言堂",精练地设置问题抓手,努力创设师生交流的平台;组织多种形式的品鉴、涵泳,促进学生审美,接受文化熏陶。

根据以上设想,本次杜甫律诗的专题学习,没有拘泥于"写了什么",而是从"怎么写"的角度,设计为鉴赏与创作活动课。基于面临的难度和挑战,教者将之分解为三个活动任务。

任务1:写一首自选题律诗。学生完成一首自选题律诗后,需要参阅其他同学的诗作,选自己最喜欢的两首诗,写一句话点评。教师要提前点拨、提供律诗的写作参考资料,为学生写诗提供"抓手"。鉴于学生的实际情况,对格律和平仄不做严格要求,能大致模仿起承转合的写法,并在诗中写出一组对仗句即可。教师负责汇总学生诗作及点评,作为任务2的部分学习资源。

任务2:共同研赏杜甫的律诗。共同研究讨论学生创作的律诗及教材中的《杜甫诗五首》之《月夜》《蜀相》《又呈吴郎》《登岳阳楼》。这个任务有一定难度,需教师组织、引导、带领学生一起进行探究,通过鉴赏多首诗作,一是加

深对律诗重起承转合及对仗这一特点的认识,二是学会鉴赏律诗的方法。

任务3:修改或重写一首律诗。要求学生根据所学,修改先前创作的律诗,或者重新写一首,以巩固认知,获得提升。本任务用于检测学生任务2的学习效果,看学生是否深入领会、积极反思并能够学以致用。习作完成后由教师汇总,师生共同投票选出自己最喜欢的10首诗,评出班级前十佳作,课下做成手抄报,在年级展示栏展示,最优者汇总到年级,由学校在其佳作专题公众号上发布推文。

安排以上三个学习任务,力图使任务的内容能激发学生自主学习的潜能,任务的完成能体现正确的学习方式和学习路径,任务的成果能促进学生的反省和监控学习。

【教学过程】

一、共研学生诗作,学习律诗起承转合及对仗的特点

1. 学生"律诗作品及点评"环节,让作者诵读并从起承转合及对仗的角度,简单谈谈创作设想。

明确:律诗的基本特点,除了句数固定、严格押韵、讲究平仄,还注重起承转合及对仗。本节课的学习,对韵律和格式,我们暂不做要求,重点学习起承转合与对仗。

古人写近体诗讲究章法,全诗分四层(绝句每句为一层,律诗每联为一层),依次称"起""承""转""合",既关乎结构,也关乎情感。

2. 复习《登高》,调动知识储备,循序渐进,巩固认知。

二、共赏课内诗作,兼及学生诗作,深化对律诗特点的认识,同时理解和掌握鉴赏方法

1. 教师导学《月夜》,提出"扣文本·理情思·品结

构"的鉴赏方法,带领学生"悟文字之内涵,理情思之延展,品结构之圆融"。

小结:相比对仗,理解起承转合难度更大。先紧扣文本,领悟文字内涵,包括抓关键意象、分析意象特征、读懂情感主旨。再整合全诗,梳理句子间起承转合的逻辑关联。

2. 学生自主鉴赏《蜀相》《又呈吴郎》和《登岳阳楼》,完成以下两个任务,并展示自主学习的成果。

①任选一首,从"起承转合"的角度加以鉴赏(可用文字或思维导图呈现)。

②从所选诗作的对仗句中,挑选一组你最欣赏的对仗关系词(字)加以赏析。

3. 从杜甫的"五哭"体会"合句"的情感抒写。由于发现该班同学撰写"合句"的困难较大,"卒章显情志"的意识不明晰,所以,在这里略加补充讲解,也顺便收束文本的梳理。

篇目	年份	具体时间	地点	处境	哭的原因	哭的方式
	公元755年	安史之乱爆发				
《月夜》	公元756年	被拘望月时	长安	被俘入狱	战乱思亲	泪痕干
《哀江头》	公元757年	仓皇出逃时	长安	仓皇出逃	优时伤乱	吞声哭泪沾臆
《蜀相》	公元759年	祠堂拜谒时	四川成都	定居成都	追念先贤	泪满襟
	公元763年	安史之乱结束				

（续上表）

篇目	年份	具体时间	地点	处境	哭的原因	哭的方式
《又呈吴郎》	公元767年	客居他乡时	四川夔州	辗转漂泊	哀悼民生	泪盈巾
《登岳阳楼》	公元768年	登临远眺时	湖南岳阳	兵乱漂泊	渴望和平	涕泗流
杜甫之律诗：合句，是情感的凝结点，也是突破诗歌主旨最重要的一句						

小结：律诗之美，与其运用的起承转合与对仗紧密联系。要感受美，需通过紧扣文字，品味内涵，寻幽探秘，一窥作者的精神世界，感受诗人真挚、高尚的情怀。可采用的方法是：

1. 紧扣文本，理解文字内涵，尤其重视关键意象的解读，读懂情感主旨。

2. 再整合全诗，梳理句子间起承转合的逻辑关联。

反推之，写律诗，要努力写出情感逐步升华的逻辑，借助逻辑的力量，顺畅地书写想要表达的旨趣。

三、修改或重写一首律诗，共赏师生作品（可根据时间灵活调整）

1. 交流学生的修改习作及修改意图。

2. 交流教师的下水写作及修改设想。

《无题》（程炟亚，修改前）：荒野寒风劲，疾雨漫卷亭。梧桐叹薄命，松柏寄雄心。落木纷纷意，旧人绝绝情。

但悲归故里，弦断无人听。

《遣悲怀》（程炤亚，修改后）：荒野寒风劲，疾雨漫卷亭。梧桐泣薄命，松柏忆雄心。经纶耀师道，翰墨染芳华。但悲归故里，语断无人听。（修改说明：寒秋，返乡祭亲，标题突出事由和感情基调，更凸显主旨；首联起，写祭亲的场景和恶劣天气，渲染浓重的哀悼之情；颔联承，承上句风雨，弃"叹"和"寄"字，采用拟人和对仗手法，细描梧桐泣泪和松柏挺立，暗衬亡人虽有才华，却英年早逝；颈联转，由景转人，极力赞颂亡人满腹的才华和卓越的执教生涯，反衬沉痛追悼之情；尾联结，情感升华，直抒胸臆，点名题旨。弃"弦"，太做作，改一"语"字，子欲养而亲不在，语尽诉却无人听，沉郁作结。）

四、课后作业

1. 从同学们的二次习作中选择一首，以"扣文本·理情思·品结构"的方法进行赏析，重点突出对诗作起承转合及对仗句的鉴赏。

2. 投票选出最喜欢的十大佳作，做成手抄报，在年级展示栏展示，最优者汇总到年级，由学校在其佳作专题公众号上发布推文。

【点评】

设计亮点：①选修课程教学意识强，围绕教材提供的杜甫五首诗组织以学生为主体的学习活动，教学起点有一定的高度。②紧扣作品，以律诗"起承转合"的特点为抓手，读写结合，学以致用，在用中加深印象，提高鉴赏能力。③对诗作的写作情况进行适度梳理，将知识点串联、提炼，有助于学生加深印象、深刻理解作品。④师生同写，教师自

我修改提升，以身示范，有利于营造良好的学习氛围，激发学生的学习兴趣。

改进建议：①虽不应拘泥于"写了什么"，但对杜甫的作品，高二的教学对他因"写了什么"而被尊为"诗圣"，教师还是应当引导学生深研其文学价值。特别是遣词造句的精准、语言想象力之丰富，应具体分析，同时学以致用。②建议"教学目标"用"能认识……""能理解并运用……""能尝试写作……"表述，更能凸显学生的学习主体意识。

【案例10】《边塞战争诗四首》教学设计（2020年3月，高二选修1，吴文芬老师）

一、教学目标

1. 掌握王昌龄《从军行（其一）》、高适《蓟中作》的内容及写作特色。

2. 学会鉴赏边塞诗的方法。

二、教学重难点

学会鉴赏边塞诗的方法。

三、教学课时

1课时。

四、教学过程

（一）导入

1. 回顾学过的边塞诗，说说代表性的意象。

2. 边塞战争诗：以边疆地区军民生活和自然风光为题材，写战争、写送别、写思乡、写奇异的边塞风光。

3. 唐宋时期边塞诗的发展。

（二）学习课文王昌龄《从军行（其一）》、高适《蓟

中作》

1. 简介王昌龄及《从军行（其一）》。
2. 学习鉴赏《从军行（其一）》。

问题引导：

（1）诗中选取了哪些意象？展现了一幅怎样的边塞风景图？

（2）作者在诗中寄寓了什么感情？诗人是如何表达的？

3. 简介高适及《蓟中作》。
4. 学习鉴赏《蓟中作》。

问题引导：

（1）诗中选取了哪些意象？展现了一幅怎样的边塞风景图？

（2）作者在诗中寄寓了什么感情？诗人是如何表达的？

5. 归纳方法：

（1）抓住题目、题材、背景。

（2）抓住特定意象，描绘画面，感受意境。

（3）抓住表达思想感情倾向的关键词、关键句。

（三）课堂训练

军城早秋　　严武

昨夜秋风入汉关，朔云边月满西山。

更催飞将追骄虏，莫遣沙场匹马还。

[注] 严武（726—765）：字季鹰，华阴（今属陕西）人。曾任成都尹、剑南节度使，广德二年（764）秋率兵西征，击败吐蕃军队七万多人。

（1）诗的前两句描绘了什么样的景象？有什么寓意？（4分）

（2）诗的后两句表现了作者什么样的情怀？请简要分

析。(5分)

征人怨　柳中庸

岁岁金河复玉关,朝朝马策与刀环。

三春白雪归青冢,万里黄河绕黑山。

(1) 为什么说这是一首边塞诗?结合诗句具体说明。

(2) 诗题为"征人怨",通篇虽无"怨"字,但句句有"怨情",请做简要赏析。

五、作业

1. 用课堂学到的方法,鉴赏《塞下曲》,完成归纳表格。

	《从军行(其一)》	《蓟中作》	《塞下曲》
意象			
主旨			
风格			
表现手法			

2. 拓展提升,链接高考。

(2015年高考新课标Ⅰ卷)阅读下面这首唐诗,完成后面题目。

发临洮将赴北庭留别　岑参

闻说轮台路,连年见雪飞。春风不曾到,汉使亦应稀。

白草通疏勒,青山过武威。勤王敢道迟,私向梦中归。

(1) 与《白雪歌送武判官归京》相比,本诗描写塞外景物的角度有何不同?请简要分析。(5分)

(2) 诗的尾联表达了作者什么样的思想感情?对全诗的情感抒发有怎样的作用?(6分)

选修一《边塞战争诗四首》学案 3月25日

早读：①钉钉上签到（8:00），完成朗读任务（第三封信+《氓》），上传录音。默写《氓》开头——不可说也。②完成Q群链接中的语基训练。

上课：8:45钉钉签到，正式上课（9:00～9:40）。

（一）回顾学过的边塞诗，说说代表性意象

（二）学习课文王昌龄《从军行（其一）》、高适《蓟中作》，总结鉴赏边塞诗的方法

1. 学习鉴赏王昌龄《从军行（其一）》，回答问题。（诗作原文见教学设计，此略）

问题引导：

（1）诗中选取了哪些意象？展现了一幅怎样的边塞风景图？

（2）作者在诗中寄寓了什么感情？诗人是如何表达的？

2. 学习鉴赏高适《蓟中作》，回答问题。（诗作原文见教学设计，此略）

问题引导：

（1）诗中选取了哪些意象？展现了一幅怎样的边塞风景图？

（2）作者在诗中寄寓了什么感情？诗人是如何表达的？

3. 归纳鉴赏边塞诗的方法。

（三）课堂训练，链接高考

阅读《军城早秋》（诗作原文见教学设计，此略），回答下面问题。

（1）诗的前两句描绘了什么样的景象？有什么寓意？(4分)

（2）诗的后两句表现了作者什么样的情怀？请简要分

析。(5分)

阅读《征人怨》(作者柳中庸,诗作原文略),回答下面问题。

(1) 为什么说这是一首边塞诗?结合诗句具体说明。

(2) 诗题为"征人怨",通篇虽无"怨"字,但句句有"怨情",请做简要赏析。

(四)作业

1. 用课堂学到的方法,鉴赏《塞下曲》,完成归纳表格。

	《从军行(其一)》	《蓟中作》	《塞下曲》
意象			
主旨			
风格			
表现手法			

2. 小试牛刀:阅读下面这首唐诗,完成后面题目。

　　　发临洮将赴北庭留别　　　岑参

闻说轮台路,连年见雪飞。春风不曾到,汉使亦应稀。
白草通疏勒,青山过武威。勤王敢道迟,私向梦中归。

(1) 与《白雪歌送武判官归京》相比,本诗描写塞外景物的角度有何不同?请简要分析。(5分)

(2) 诗的尾联表达了作者什么样的思想感情?对全诗的情感抒发有怎样的作用?(6分)

【点评】

将广州吴文芬老师的这个教学设计登载于此,是对庚子

年那场突如其来的疫情的记录。在那个全国人民刻骨铭心的冬春之交,从2020年2月20日至4月25日,广州中学生网上学习11周共77天,广州中学教师网上授课11周共77天。语文老师们研究网上教学技术,探索网络教学新特点,隔空喊话,心力交瘁。如今,师生们终于回到熟悉的校园,那段坐在电脑旁上课的日子通过这个设计让我们看到语文人的执着与坚守。

设计亮点:①线上授课,相当一部分教师来不及撰写专门为某节课设计的教案,这完全可以理解。他们要花费相当多的时间联系学生甚至联系家长,解决电脑操作、网络信号、催交批改线上作业……教学设计几乎无暇顾及。这个设计,不但有教案,还有学案,对线上教学的方方面面考虑周全。虽然我一向对语文学科的"学案""学历案"持保留和审慎态度,但在这种较长时间师生隔屏线上教学中,学案有其特殊的作用,传递出教师的良苦用心。②线上教学,师生互动是难点,本设计意图通过设计课堂提问吸引学生注意力,保持思考积极性。(补充说明:这节课从授课效果看,的确牢牢吸引了学生的课堂注意力,自始至终,学生参与互动的积极性很高。)

改进建议:①课堂教学提问多为"考题"类,"应试"意味较浓厚。如能从鉴赏角度突出诗作情感、价值,凸显诗作独特的表达特色,对提高学生鉴赏水平的效果更佳。②线上教学的优势在于学习视野更为广阔,教师在选材、激趣、鉴赏层面(名家之说等)还可以做出努力。③"教学重点"与"教学难点"应分别表达。

【案例11】《乡土中国》第一课"单元学习导读""乡

土本色"教学设计(孙丽红,2021年10月15日广州市共享课堂)。

一、教学目标

1. 能在粗读全书基础上对该书全貌有基本了解,初步梳理全书大纲小目及其关联。

2. 能把握第一章中"乡土社会"等重要概念,提炼内容提要,理清行文思路,品味学术著作语言特色。

3. 能了解阅读学术著作的基本要求,学习运用圈画、批注、导图等阅读技能;能有意识地阅读相关辅助资料,把握章节的学术创见及全书学术价值。

二、教学重点

1. 初步认识本书的学术价值,了解阅读学术著作的基本要求,学习运用常用阅读技能,形成阅读学术著作的个性化体验。

2. 能把握第一章中"乡土社会"等重要概念,提炼内容提要,理清行文思路,品味学术著作语言特色。

三、教学难点

1. 把握学术论著的阅读方法,厘清全书及第一章论述逻辑。

2. 深入理解文意,结合当下社会情况以客观的心态反思现实。

四、教学课时及说明

1课时(20分钟),电视共享课堂,无学生。

五、教学过程

(一)导语

同学们,大家好!我是广州市海珠区教育发展研究院的语文老师孙丽红,今天我们学习《乡土中国》第一课——

单元学习导读和第一章"乡土本色"。"粗缯大布裹生涯,腹有'经典'气自华。"读好书,在收获知识的同时还涵养我们的气质。哎,有同学发现了,老师化用了苏轼的诗,把"诗书"改成了"经典"。很好!

(二)课内阅读《乡土中国》的理由

要点明确:①经典性;②篇幅不长,简明扼要;③有温度。

(三)阅读学术著作的要求及相关技能

1. 阅读学术著作的要求:在精读、略读、浏览的基础上,学术著作的阅读要求能进行概括、分类、比较、质疑、创新,达到了解、内化、把握、学习、审视、生成学术内容和观点的目的。

2. 阅读学术著作的技能:圈点勾画、批注简析、思维导图、撰写读书笔记等。

(四)整本书内容概述及结构思维导图

1. 内容概述:首先,作者开宗明义地提出"中国基层社会是乡土性社会",从这个基本观点出发,分别阐释了乡土社会的结构和变迁。其次,作者深入剖析了文字难以下乡的社会原因,凝练出"差序格局"这一社会结构本质特性,进而揭示维持这个乡土社会的礼治秩序。最后,基于"完全静止的社会是不存在的",进一步讨论乡土社会变迁的表现形态。

2. 结构思维导图:依据内容概述绘制。

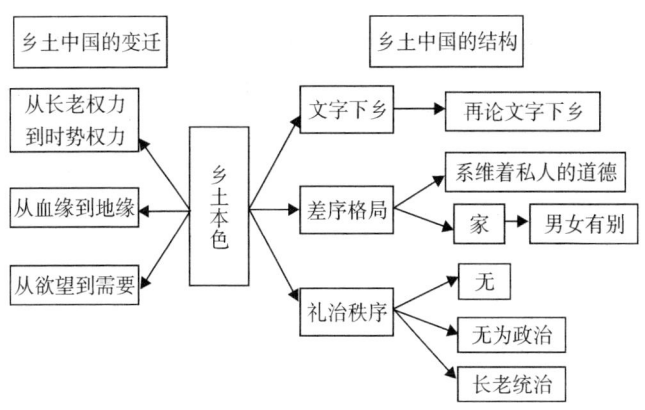

(五)"乡土本色"内容、结构及语言

1. 梳理文意:探讨主要问题。

总论点:中国基层社会的本质是"乡土性"。

内容提要:作者着眼中国基层乡土社会,把中国基层乡土社会的"本色"概括为"乡土性",提炼出乡土中国的精髓。"乡土性"正是乡土中国基层社会生活方方面面的支配力量。然后概述农耕文明影响深远、人对土地的依附,接着指出在此基础上造成人员不流动、聚村而居、村落之间孤立隔膜,村落内部是熟悉的社会。最后反思在社会急速变迁过程中这种"乡土性"产生了流弊。

2. 结构思维导图:依据内容提要绘制。

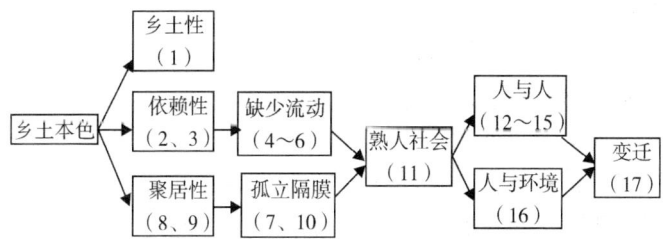

3. 把握核心概念，关注提及概念。

乡土性：依附于土地的本乡本土特性。

社会：由一定的经济基础和上层建筑构成的整体。

乡土社会：以乡土性为特点的社会形态。

本章提及的概念有：社区、社群，礼俗社会、法理社会，机械团结、有机团结。

4. 聚焦语言：经典段落、句子。

学术语言的特点：准确、简明、严谨。

费先生语言个性特点：兼具生动、形象、传神。

5. 关联拓展：联系实际。

生活、文学作品、历史。

6. 总领全书的章节关联。

（六）结语

2021年7月1日，在庆祝中国共产党成立100周年文艺演出上，歌曲《和合之美》中有"世界之大，和合为尚；人间至美，福祉共享；各美其美，美人之美；美美与共，天下大同"，唱出了中国作为世界大国的和合文化之声和责任担当。"各美其美，美人之美；美美与共，天下大同"就是费孝通先生在80岁生日时对外国友人说的话，费先生说："这几句话表达了我对未来的理想，同时也说出了要实现这一理想的手段。"我认为，"各美其美，美人之美"的思想已然蕴含在《乡土中国》一书中，这8个字是费孝通先生语言艺术与思想、情感的完美融合，展现出他超越时代的思想洞见和炉火纯青的语言功力，令人叹服。

（七）作业布置

1. 请同学们认真观看1992年上映的电影《秋菊打官司》和2017年上映的《十八洞村》，间接感受乡村生活状态与人的思想行为特点。思考：①秋菊为什么打官司？为什么打赢了官司的秋菊却陷入了迷惘？②你从两部电影故事情节中看到中国乡村20余年的哪些"变"与"不变"？（建议观看平台："学习强国"学习平台）

2. 根据学到的学术著作阅读方法，尝试完成该书第1～3章的圈画批注及结构梳理。

3. 分小组，课后完成对这些概念的诠释：社区、社群，礼俗社会、法理社会，机械团结、有机团结。

（八）推荐阅读

《费孝通》《费孝通传》《论语》《平凡的世界》，以及鲁迅乡土作品系列。

【自评】

这是为广州市电视共享课堂撰写的一节课堂教学设计，其特殊之处有：其一，课堂面向电视机或其他播放器前的学生或其他观众，现场讲授过程中没有学生；其二，这是统编版整本书阅读单元，总体设计为10节精读课，建构这10节课可谓一项巨大的工程；其三，第一节课涵盖单元导读和总领第1章节，既需要高屋建瓴的总体观照，又必须深入多文本深处引导学生知人论世，展开学术著作的文字解读，还要疏通整本书14个章节之间的关联。总而言之，其中难度之大非亲历不能感受。

阅读《乡土中国》对学生而言是一个挑战，讲解这部学术著作对教师更是一个挑战。这是高一学生学习生涯中首次以课内独立单元形式呈现的整本书阅读任务的一个学习单元，特别强调"整本书"这个概念，强调读得比较深透。在初中阶段我们开展过《西游记》《简·爱》等中外小说整

 解读 呈现 展开——中学语文课堂教学艺术品析

本书阅读学习,同学们已经积累了一些文学作品整本书阅读的经验;不同的是,《乡土中国》是一本学术著作,"学术"是有系统的较专门的学问,学术著作是作者根据在某专门知识领域的研究成果撰写成的理论著作,学术著作重在理论发现或解决实际问题,具有很强的科学性、系统性和逻辑性。高中阶段的语文学习要求我们开始积累学术著作的阅读经验。

这是一次难忘的探索,回顾并反思自己的教学设计,我以为有以下值得肯定之处:①能紧扣课程标准,对整本书学习目标进行审慎的定位。本单元总体学习目标定位为"能阅读《乡土中国》全书,了解中国基层社会特点,思考中国乡土文化的历史局限和现代意义,重新认识新时代中国乡村社会""能把握核心概念,提炼学术观点和内容提要,理清作者行文逻辑思路""能有意识地阅读相关辅助资料,了解本书学术价值,积累社科类学术著作的阅读经验""能了解阅读学术著作的要求和基本方法技能""能独立思考,乐于分享,善于表达",并在此基础上确定第一课时的学习目标。②能贴近时代、贴近学情设计解惑答疑,鼓励学生交流、引导学生更深层次地关注现实。③能贴近文本,引导学生从字里行间探寻解读学术著作之法、感悟学术著作语言特色、联系现实探索学术思考方法。④重视概括与梳理,通过概述、思维导图等帮助学生突破阅读难点。当然,教学设计中的遗憾也不少,如限于所学,对学术著作的理解仍然较肤浅、阅读方法的科学性不足等,期待方家指正。

【案例12】《雨霖铃》教学设计（2010年初稿，2016年修改，高一年级粤教版必修3，孙丽红老师）

【教学目标】

1. 能品读诗词意象，感悟古诗词中的离愁别绪及作者抒发情感的方式。

2. 能了解、辨识、鉴赏古诗词中融情入景、虚实结合的艺术手法。

3. 能了解柳永其人及以柳永、李清照为代表的婉约词风。

【教学重点】 品味诗词意象，体会送别词的离愁别绪。

【教学难点】 鉴赏融情入景、虚实结合的艺术手法。

【教学课时】 1课时。

【教学对象】 高一学生。

【教学过程】

一、导入

欣赏李叔同创作的歌曲《送别》。同学们，人生有相聚的欢乐，也有离别的愁苦。你们刚刚离别了初中同学，开始了高中阶段的学习生活；今后的人生中，我们还会面临各种各样的离别。古往今来的文学作品中，离别更是一个永恒的主题。今天，我们一起来学习一首抒发离愁别绪的经典之作——宋代柳永的《雨霖铃》。

二、作者简介（略）

三、初读悟情

1. 配乐朗诵，进入情境。

2. 找词眼，寻关键句。

解读"多情自古伤离别，更那堪冷落清秋节"，重点解读"伤"字。

3. 学生配乐朗读作品,进一步熟悉文本,体会情感。

四、鉴赏

1. 如何话离别:意象及选取。

离别前:寒蝉、长亭、晚、骤雨、帐饮　　　(凄凉)
离别时:兰舟、执手、泪眼　　　　　　　　(眷恋)
离别后:烟波、暮霭、楚天(杨柳、晓风、残月)
　　　　　　　　　　　　　　　　　　　　(茫然)

传统文化知识补充:送别习俗,送别常见意象。

2. 如何抒离情:品读下片中抒发的离别愁绪。

多情自古伤离别,更那堪冷落清秋节。(清秋悲寂)
今宵酒醒何处?杨柳岸晓风残月。(孤寂惆怅)
此去经年,应是良辰好景虚设。(无心赏景)
便纵有千种风情,更与何人说。(无人倾诉)

传统文化知识补充:常见"离"情。

3. 鉴赏手法:融情入景,虚实结合。

融情入景:"一切景语皆情语",景为情中景,情为景中情。

虚实结合:眼见为实,心想为虚;已然为实,未然为虚。渲染和强化了离别时的伤感、孤独、无奈的感情。

传统文化知识补充:古诗词常用情方式。

五、拓展联结

拓展1:联系古往今来抒发离愁别绪的诗词作品名句,区分"离别"的不同类型:悲壮别("风萧萧兮易水寒,壮士一去兮不复还")、悲惨别("醉不成欢惨将别,别时茫茫江浸月")、安慰别("莫愁前路无知己,天下谁人不识君")、点赞别("桃花潭水深千尺,不及汪伦送我情")、生死别("十年生死两茫茫,不思量,自难忘")……温故

知新,知识联结,丰富学生的情感认知。

拓展2:品读欧阳修的《踏莎行·候馆梅残》,简要分析这首词表现了作者怎样的情感,词人又是如何表现这种情感的。

六、小结

柳永以他的独特经历和才情在中国古代文学中留下了属于他的风流,开创了以他为典型代表的婉约词派。"黯然销魂者,唯别而已矣",这首词运用情景交融、虚实结合的手法,借助寒蝉、长亭、烟波、暮霭、杨柳、晓风、残月等意象,描绘了一幅凄清孤寂的秋景,营造出凄苦悲凉的意境,抒发了词人形只影单、孤零惆怅的离愁别绪。这个艺术形象是那样的鲜明,不同时代的读者均为之叹惋;这首经典之作如此精巧,历经时间沉淀成为抒写离别至情的巅峰之作。

七、作业

1. 背诵默写《雨霖铃》。
2. 请指出下列诗句哪些是"实写",哪些是"虚写"。10个课外古诗词名句名篇。

【板书设计】

<pre>
            雨霖铃   柳永
       ┌ 别前:勾勒环境——凄楚悲凉 ┐
伤离别 ┤ 别时:描摹情态——缠绵眷恋 ├(实写)
       └ 别后:刻画心理——低婉悲恸 ┘(虚写)
</pre>

【自评】

这个教学设计时间跨度很长,第三次修改稿曾上传到北京大学组织的一次网上培训,作为结业作业,全部内容只有一页;虽然自己设计很认真也很满意,但由于太"简单"、太"单薄",对分数并没有太高期望。十分意外地,导师很

快给出了分数：95 分。后来了解到，90 分以上的极少。自己对教学设计的一些想法得到认同，内心受到很大的鼓舞。后来汲取听过的一些课的优点，去粗取精，数次修改。因为时间久远，开始并没有想到把它拿出来。最后想到把它呈现给读者，主要原因是看到现在的教学设计虽越来越详尽，阅读时思路反而不太清晰，重点、难点不够一目了然，甚至有的教学设计洋洋洒洒数十页，却没有写出教者心目中的教学重点，实在令人惋惜。

我心目中的教学设计，完美的"她"是这样的：篇幅不长，思路清晰；言简意赅，深入浅出；关注学生，选材精当；底蕴丰厚，朴实无华……概言之，"要眇宜修"，简约而有内涵。这样堪称艺术的教学设计，仿佛优质的剧本，令人一望而知上台就会成功。当然，我的教学设计远远没有达到这样的高度，但我一直在朝着这样的方向努力，如果这个小设计能引起同行们的些许思考，就很值得高兴了。

以下是我对《雨霖铃》这个教学设计的自评，力求客观，不当之处欢迎指正。这个教学设计最大的亮点是贴近学生："教是为了学""教是为了不教"，从教学设计开始，就要有强烈的生本意识，力求每一个字都在体现"如何学好"。例如，对于"教学目标"的陈述，"能"的主语都是"学生"。每个要点都具体落实到这一篇能做到、要做到和如何做到上面，杜绝大而空、可以到处套用的表述。教学过程从学生的"未知"出发，选取精当的材料辅助完成，例如，知人论世点到即止，补充相关典型意象、文化风俗，等等。还有一处表述上的更改也体现了我的生本意识："如何话离别""如何抒离情""如何赏手法"，原来的表述是"话离别""抒离情""赏手法"，感觉很生硬，加上"如

何",强调了"学"和"思"的意味,感觉更为贴近学生探究文本奥妙的心理。此外,学生在课堂上习得的知识是为了能够运用,故堂上检测的设计突出学以致用,学了能用。精心选取的10个例句,于学生而言,有旧相识,也有新面孔,目的在于温故知新,既需要学以致用做出判断,同时也是复习、预习与积累。

总而言之,教学设计需要多方考虑,主要在教师、教材和学生三个方面。随着历次的教学改革,我们的认识也在逐渐加深:低层次的教学只关注教材,照本宣科讲解篇目,学不学得会是自己的事,所谓"师傅引进门,修行在个人"是也;中等层次的教学还关注学生的学习,力求通俗易懂、深入浅出,所谓"传道受业解惑"也;较高层次的教学需要师德高尚、专业能力强、不断自我提升的教师对教学进行最佳设计。语文教学设计的艺术层次则是德才兼备的教师在深读文本、创造性使用教材的前提下,用高妙的教学方法引领学生准确、迅速地养成语文学科素养的教学境界。

在本部分的结尾,我用小结再画一次重点,强调我们追求中学语文课堂教学设计艺术的必要性。美国著名的教育心理学家加涅等人在2005年的《教学设计原理》开篇第一句话就是:"教学的目的是帮助人们学习。如何帮助?教学就是在有目的的活动中为了促进学习而嵌入的一系列事件。"教学,其实是引起学习、维持学习与促进学习的所有行为。引起学习,就是激发学习动机,使学生想学或更想学。维持学习,就是当教师面对一个不太想学的学生时,首先要想尽办法引起或激发学生的学习兴趣;若学生还是不想学,合格的教师至少不应该让学生的学习动机变得更低,而不合格的

教师往往用不适当的做法,让学生更不想学甚至厌恶学习。促进学习,则意味着学生在教师指导下的学习一定比自学更好,一定能获得增值,即会变得更想学、更会学、学得更多且更有意义。教师如果没有专业方案帮助学生学会学习,那顶多算个"民间艺人"。众所周知,无论线上还是线下,教了,不等于学会了。那么,为什么学生没学会呢?学会的机制是什么?现代学习理论告诉我们,学习是个体运用已知的和相信的知识去建构新知识、理解新知识。如果我们将教学简化成一个信息流的过程,那就是:从"教"到"学会",信息必须经过两次转换,第一次转换是从教师的"教"到学生的"学",第二次转换是从学生接受信息的"学"到学生加工信息"学会"。只有实现了信息的第二次转换,学生才可能"学会"。如果只关注信息的第一次转换,不关注信息的第二次转换,教师就无法了解学生是否真的"学会"。这意味着,教学需要教师依据课程标准、教材、学情、资源等编制或形成某种方案,即通常说的备课,然后在线上或线下或线上、线下混合教学,实现教师、方案、学生三者互动,以便学生接收或加工教师或方案提供的那些信息;同时,教师支持、监控或引领学生把已经接受或暂时处理的信息进行精加工,以达到学会的要求。这两方面常常是重叠交叉的,并不一定是简单、线性的。

然而,现实中,许多教师非常重视认真备课、处理教材、精制 PPT、传递很多资源,却不关注如何支持学生真正学会,这往往导致老师"认真地教了,但学生的确没学会"。真正的教学是一种专业实践,区分一项实践活动是否专业的首要标志是有无专业方案。

语文教学设计体现了语文教师职业的专业地位,它是语文课堂教学设想的呈现。因此，对语文教学设计呈现艺术的追求是对语文教学艺术追求的重要组成部分；语文教学设计十分重要，建议加紧对教学设计的评价标准的研究。

中学语文课堂教学展开的艺术

○ 一、中学语文课堂教学基本功的艺术
○ 二、中学语文课堂教学中的逻辑思维能力培育
○ 三、中学语文课堂教学展开艺术案例实录品析

> 教之于学,犹如卖之于买。没有人把东西买走,不能说把东西卖掉了。
>
> ——杜威

> 学生坐在语文课堂的主要原因不是认字识词,也不是读不懂文句的表层意思,而是伴随着文字作为思想符号的复杂性而来的困惑。遣词行文自有其规律和奥妙,需要语文教师于细微幽深处指点迷津。
>
> ——孙丽红

有人说"老师不是保姆,我只管教,学不学是学生的事""同样是我教,有学生学得好就证明不是我教得不好",乍听似乎颇有道理,但我认为这种说法很不科学——教学以"学生学会"作为逻辑起点,学习的责任在学生,教师的责任在于引起、维持和促进学习。法国教育家第斯多惠说:"教学的艺术不在于传授本领,而在于激励唤醒和鼓舞。"虽然"只有不会教的老师,没有学不会的学生"这个说法太绝对,但我认为:学生没有学会,老师就不能说自己教过了;有学生没有学会,老师就不能说自己没有责任。

中学阶段的语文学习,基于 13～18 岁学生总体思维水平明显提升,文本阅读难度渐次加大,课堂于细微幽深处见功夫,于思想碰撞处闪火花。孔子云:"独学而无友,则孤陋而寡闻。"杜威说:"一个人通过'观看',能够沉浸于思辨之中;但通过'倾听',却一定会成为当事者'参与'其中。"课堂,是互动交流的佳处;语文课堂,是唤醒思考、碰撞思想的圣地。教学,在课堂中开出美丽的花朵,于学生心田里结出果实。

"台上一分钟,台下十年功。"师者,在三尺讲坛上见

解读 呈现 展开——中学语文课堂教学艺术品析

真章,教学艺术的境界需要反复锤炼方可渐近。展开的艺术在解读的艺术、呈现的艺术基础上才有可能最后在课堂上完成,同时,展开的艺术需要全面而扎实的语文教学基本功、语文学科逻辑思维素养作为支撑,通过不断的课堂教学实践和教学反思,才能逐渐接近艺术的殿堂。为了上好一节语文课,我们接受了教育学、心理学、语言学、文学等专业教育,我们洗礼自己的思想、品行、修养,阅读哲学、国学、历史、地理等各类书籍,我们满怀着爱与奉献的情怀,步入课堂,走上讲台,成为学生生命中的一位摆渡人。我们追求语文教学的艺术,但同时深知,教学永远都是遗憾的艺术。我们仔仔细细地解读着,认认真真思考如何去呈现,这一切,都将在课堂、在学生中徐徐展开。

为方便读者阅读,收入本书的课例的反思(含观察与点评、课后自评、课后他评)附在课例之中或之后。

一、中学语文课堂教学基本功的艺术

中学语文课堂教学基本功的艺术涵盖面很广,诸如姿态的艺术、语言的艺术、导入的艺术、提问的艺术、反馈的艺术、应变的艺术、启发的艺术、板书的艺术、结束的艺术等,还有德育渗透的艺术、教学策略的艺术、学法指导的艺术、练习设计的艺术、组织调控的艺术等。其中,导入的艺术、结束的艺术、板书的艺术等在本书"中学语文课堂教学呈现的艺术"中已具体涉及,不再赘述。

中学语文课堂教学基本功的艺术与其他课堂教学基本功的艺术既有许多相通之处,也有自己的特点,以下简述几种常见的中学语文课堂教学基本功的艺术。

1. 语文课堂教学姿态的艺术

"姿态"的含义有"姿势、态度、气度",本书提出的"教学姿态"这个概念涵盖了"教学神态""教学心态""教学气质"等对教学产生作用的非言语因素。"教学姿态"的存在,正是教学课堂教学不能被机器替代的重要原因之一。"猜您就是一位语文老师""一看您就是语文老师",这都是"姿态"给人的感觉。教师以良好的姿态出现在学生面前,会使学生受到鼓舞,能使学生集中注意力,提高学生的学习兴趣,营造良好的教学氛围。教学姿态的艺术正是对优美教学姿态的追求。

心理学研究表明,人们获得的信息大约8%来自文字,38%来自有声语言,54%来自面部表情。进入课堂,教师的一举一动都成为教学的组成部分。教师的仪表、体态、眼神、动作,以及情绪、心态、气质等非语言行为都会引起学生的注意,起到补充、加强甚至代替语言的作用,是构成课堂教学艺术的重要组成部分。心理学还认为,形象思维和抽象思维信息刺激人的左右大脑半球,产生的多种神经联系能促使记忆更牢靠、理解更深刻。尤其对语文学科而言,教师在课堂上的个人情绪通过文本思想情感对学生能起到更明显的感染作用。因此,语文教师特别需要注意调整好自己的教学姿态,引领学生尽快进入教学情境。

教学神态主要指面部表情,包括眼神和面部肌肉表情。"眼睛是心灵之窗",眼神是眼睛里放射出来的光亮。语文教师的眼神是借以传达教学信息、组织教学的重要手段,应饱含亲切、带着鼓励、充满智慧与活力,令接收到教师眼神注视的学生感觉春风拂面。同时,语文教师在善于运用自己眼神的同时,还要善于解读学生的眼神,洞察学生的目光,

解读 呈现 展开——中学语文课堂教学艺术品析

师生目光交会碰撞交流，达到教学神态艺术的至高境界。课堂上教师的眼神类型有"实视"和"虚视"，"实视"包括扫视、环视、注视、对视等，"虚视"指"似看非看"，如讲解时眼光随意放在某处。例如，在开始上课之前，如果学生尚未安静，这时，教师可以环视一周，以引起学生的注意，集中学生的注意力。或者在提出一个有难度的问题后，暂时没有学生能够回答，教师可以停顿一下，环视全体学生，借助环视鼓励每一个学生开动脑筋，积极思考；同时，注视重点学生，扫视全班，关注举手，期待回答。我曾经亲眼看到过这样的教师，整节课垂眉低目，完全无视学生，师生交流几乎为零，学生学得十分无趣；也曾见过仅偶尔用眼角余光斜视学生的老师，居高临下的神情着实令人心寒。

面部肌肉表情指教师通过脸上的肌肉活动传递信息的表情。语文教师特别要注意随着教学内容而来的喜怒哀乐，有人认为课堂不是"表演"，但我以为语文课堂教学需要恰如其分的表演。人脸能做出大约25万种不同的面部表情，研究表明，在传递信息的过程中，教师的脸部表情往往是学生注意力最集中的地方，学生既看重语言和内容，也注意面部表情和声调。教学神态要求自然大方、坦诚真挚、宽容温和、面带微笑，切忌矫揉造作，皮笑肉不笑，更不能暗含嘲笑。

教学体态包括课堂上教师的站姿、坐姿、行姿、手势等，举手投足对学生都是无声的教育；教师的仪表也很重要，是教师精神面貌的直观反映，均应表现出文明、庄重、美观。

教学心态指课堂上教师的思想、情绪、感情的表现状态。教师的思想指教师的人生观、价值观、世界观。这些对

尚处于未成年期的学生影响深远，教师应用积极、乐观、自信的心态感染学生，杜绝无精打采、消极懈怠。当然，教师的工作压力大，情绪难免也会处于低谷，但我们要时刻牢记教师"行为世范"的职责，尽量调整好情绪，控制好情感，时刻提醒自己：走上讲台，就是"不同寻常的我"。再有，学生的知识积累、生活经历、人生感悟有限，阅读方法也还没达到运用自如的地步，有些课文离孩子的生活比较远……学习中必然会碰到许多困难。这就需要我们的老师从备课开始到课堂展开，都要以"蹲下来"的姿态，从学生学习的角度去调整教学心态，倾听学生的心声，贴近学生的思维，触摸学生的所思、所想。

"腹有诗书气自华"，语文教师美好的教学姿态从读书中来。语文教师因为阅读而具备独特的书卷气，这种宝贵的教学艺术气质需要在涵养道德情操、阅读传承经典、开阔兴趣爱好视野中生成、养成。

2. 语文课堂教学语言的艺术

语言运用的基本要求是简明、连贯、得体，教学语言也不例外；语文是学习运用母语的学科，语文课堂中的教学语言显得格外重要，对课堂教学语言必然有更高层次的追求。语文教师的教学语言应言之有物、言之有理、言之有情、言之有文、言之有序，悦耳动听，绝不能语言贫乏，啰唆重复，不得要领。有人评价于漪老师的语文课堂教学语言的艺术"流利动听，如诗一般，没有废话，入耳入心"，于漪老师说自己为了过语言关，曾把自己的课堂教学语言揉碎了研究。改掉语病，清除语言杂质，用比较规范的书面语言改造自己不规范的口头语言，她把自己上课的每一句话都写下来，包括学生的答问，然后修改，删除不必要的字词句，纠

正不合逻辑之处；再把修改稿背出来，口语化；再次实践后自评优劣得失，继续改进。为此，她前后专门下了两年功夫锤炼。于漪前辈的做法足见语文课堂教学语言的重要性，亦足见她对语文课堂教学语言的要求之高，实在令人敬佩！

　　概括起来，语文课堂教学语言艺术有人文科学性、主导启发性、讲解传授性、灵活趣味性等特点。人文科学性指语文是一门人文学科，它通过规范的语法，在符合语言逻辑的前提下准确、形象地表达思想或情感。这就要求语文教师的教学语言要简明扼要、逻辑严谨、精准贴切，不能词不达意、空洞无味，力求做到鲁迅先生所说的"用最简练的语言表达最丰富的内容"。教学语言主导着课堂教学的推进，课堂是学习新知的场所，这种主导必然需要对学生有所启发，做到"不愤不启，不悱不发""开导其心，使之领悟"。为了让学生易于理解，教学语言中需要分析与综合、演绎和归纳、类推与比较，这是教学语言的讲解传授性。此外，课堂上难免会遇到各种各样的突发状况或问题，如学生提出了教师难以回答的问题、学生之间产生了激烈争论、课堂气氛沉闷等，这时，灵活风趣的教学语言可以起到化解作用。同时，语文教学语言还具有丰富多彩性。面对不同年龄的学生，面对不同风格的文本，教学语言应有所不同。例如，对小学生，教学语言总体应更为形象、生动、亲切、有趣；对高中生，教学语言总体应更为深刻、丰富、幽默。再如，面对抒情性文章、议论性文章、说明性文章，要选择或充满激情或哲理睿智或条理清晰的教学语言，以达到最佳的教学效果。

　　概言之，中学语文课堂教学语言艺术需要做到思维严密、用词精确、阐述生动、善于启发、富于创造。正如爱因斯坦所说："能培养出独创性和唤起对知识的愉悦感是教师的最高本领。"在实践中磨炼，尽快掌握高超的课堂教学语言能力，既是成为一名优秀语文教师的需要，也是学生求知、成长的呼唤。

3. 讲授的艺术

语文课堂教学讲授艺术是指语文教师在课堂教学中，根据语文学科特点，在充分把握语文教材内容、熟悉学情的前提条件下，运用熟练的语言技巧，向学生传授语文知识，培养语文核心素养的过程。有些人误以为讲授很简单，只要自己懂了，就可以走上讲台去教别人，以为只要自己有知识，就能当老师。"以己昏昏而使人昭昭"固然是不可能的，但"以己昭昭就能使人昭昭"吗？显然也未必能够——将"己之昭昭"转化为"人之昭昭"，正是课堂教学成为艺术之所在。要达到课堂讲授的艺术境界就需要有更高的追求，付出更多的努力。

讲授艺术的根基在讲授的内容，讲授内容要"精""新""深"。现代教学理论认为，教学应指向学生的"最近发展区"，"最近发展区"既是教学与发展的最佳结合区，也是激发学生学习兴趣、促进学生情智发展的着力点。"精"，是指教师精心选择的教学内容具有系统性、逻辑性和代表性，精选的学习内容不但要具有较高的学术价值，还应能为学生的长远发展做准备。"深"，是指教学内容应超过学生现有的知识水平，使学生的学习内容富有挑战性，能提高学生现有的认知水平。但需要注意的是，这种深度并不意味着教学内容越难越好，这种难度应在"跳一跳，摘得到"的幅度，让他们在学习中感到寻求的快乐，在"最近发展区"之内。此外，不同学生有不同的"最近发展区"，

讲授的艺术正在于教师给予不同的学生不同层次难度的指导,力求使每一个学生都能在一定程度上得到不同的发展。"新",是指教师在讲授教学内容时,除了教材以内的文本外,尽量收集与讲授内容相关的知识,对课本内容做一定的补充,使教学内容继承优秀传统文化因子、融入时代进步潮流。语文与文化、生活息息相关,更有条件做到"日日新"。

从信息传播学的角度看,讲授的过程就是信息的传输过程,即由教师向学生的信息传递过程。教师的低效输出会导致学生的无效输入,讲授的目的就是要使人明白,使人更快更好地接受。因此,讲授要努力做到目的明确、条理清楚、准确明了、生动有趣、深入浅出、通俗易懂。讲课应注重实效,紧紧抓住教材的重点、难点和关键点,有针对性地进行,切忌主次不分、华而不实。语文教师要善于挖掘文本内容的情感底蕴,发现情感因素,营造与文本相符的情感氛围,带动学生产生共鸣和感动,全身心地沉浸在课堂中。

语文课堂教学讲授极具个性化,"我的地盘我做主",教师的主观能动性极强。一方面,语文教师不是教材和教学参考书的传声筒,要做到"用教材教",讲出理据充分的自己的独特理解与感受;另一方面,教师要尊重每个学生的个性和人格,平等、宽容、友善地对待学生,使学生愿意主动、真实、自由地发表言论、张扬个性。事实上,语文教师讲的观点可能与教学参考书不一样,但教师对教学内容个性化的深刻的感受和理解,更能激发学生积极、主动地去感悟文本的内容,启发学生用自己的眼睛去审视,用自己的心灵去感受,用自己的头脑去思考,这是对学生更细微、更深入地感受和理解所学内容、养成思考的习惯的最佳示范。

我们来看钱梦龙老师《死海不死》课堂教学片段。

师：说得很好。刚才那位同学（指生1）的意见如果可以用"知识性"三个字概括的话，你能不能把你的意见也用个什么性来概括？

生2：趣味性，生动性。

师：他说了两"性"，但我们只要一个"性"就够了，请同学们两个中选一个，要说出选择的理由。主张选"趣味性"的同学请举手。（绝大多数学生举手）看来大多数同学都主张用"趣味性"，谁来说说理由？

生3："生动性"一般指语言描写方面，趣味性好像指文章内容方面的。比如这篇《死海不死》，在介绍死海海水的特点和死海形成原因时，插进了一些历史传说和民间故事，内容很有趣。

师：说得真好！同意的请举手。（全班举手。教师板书：趣味性）知识小品除了具有知识性、趣味性以外，还有一点十分重要，就是它介绍的知识必须是正确的、符合科学原理的，请大家也用一个"性"来概括。

生（七嘴八舌）科学性！

师：完全正确！（师板书：科学性）现在请一位同学给三个"性"排个次序。

生4：知识性、科学性、趣味性。（师插话：这样排列的理由呢？）因为知识小品首先是介绍科学知识的，其次，它介绍的知识必须是符合科学原理的，趣味性没有前两个性重要，所以排在最后。

生5：我也同意这样的次序，但他说趣味性不重要，我不同意。

生4：我是说没有前两个重要，没有说不重要。

生5：我仍然不同意你的意见。因为，一篇知识小品如果科学性、知识性都很强，但一点趣味性都没有，大家不要看，科学性、知识性再强也没用。可见趣味性是最重要的。

（学生纷纷议论，莫衷一是）

师：请大家静一静！看来同学们的意见有分歧，想听听我的意见吗？（众：想！）我认为，对知识小品来说，知识性和科学性是它的本质属性（板书：本质属性），因为作者写作知识小品的根本目的就是向读者介绍科学知识，如果没有知识性和科学性，知识小品也就不存在了；趣味性则是它的重要属性（板书：重要属性），我基本上同意他（指生5）的意见，知识小品是一种以传播、普及科学知识为目的文艺性说明文，它是写给一般读者看的，当然要写得读者爱看，因此特别讲究趣味性，使读者在轻松愉快的阅读中获得一定的科学知识。同学们还有别的意见吗？（稍顿）看来大家同意了。现在我们请一位同学把刚才讨论的内容总结一下。谁来？

生1：知识小品是说明文的一种，是一种文艺性的说明文，它具有知识性、科学性、趣味性。知识小品的作用是向读者普及科学知识。

师：谁还有补充的？

生2：知识性、科学性是知识小品的本质属性，趣味性是知识小品的重要属性。

师：他（指生1）说得比较完整；他（指生2）补充得也很好。

这个教学片段中的课堂讲授方法是以问题讨论为主线的"探究式教学"，学生围绕问题主动构建新知识，核心是培养学生思维能力，学生由知识的被动建构者转变为信息加工

的主体,在获取知识的同时发展思维能力。在讲授的过程中,学生提出的问题、发表的意见不一定正确,但教师并未急于纠正学生观点,而是处处体现出循循善诱、适时引导、赞赏激励的态度,铺设认知的台阶,引导学生继续探究。学生在愉悦的氛围中乐于发表意见,课堂互动生成性很强,思维的幼芽在真实的学习情境中快速拔节、生长。教师从学生的讨论中收集普遍性问题,同时给学生提供相关信息,拓展思路,让学生畅所欲言,教师反馈,最终由学生互相补充得出完整的结论。

虽然我们难以做到陈寅恪先生的"三不讲"("书上有的不讲,别人讲过的不讲,自己讲过的不讲"),但作为教师,我们理应对讲授的艺术有力所能及的更高一些的追求——一切为了学生。

4. 语文课堂教学追问的艺术

"追问"是追根究底的问。在"呈现的艺术"中,我们探讨过课堂教学提问的艺术,这里,我们进一步讨论语文课堂教学追问的艺术。

课堂教学中的追问是教师根据前一次提问及学生的回答,综合考虑教学目标和教学内容,对相关问题进行进一步提问,是课堂提问的发展。一方面,它不是对上一次提问的简单重复,而是以前一次提问为基础,结合具体教学内容进行的新的提问;另一方面,它与前面的问题形成体系,这种问题体系的形成,既有利于学生理解具体教学内容,又有利于学生提升自己的语文能力。

语文课堂教学中追问大致可分为体系式追问、个性感悟式追问、原因结果式追问和拓展延伸式追问。"体系式追问"是指任课教师通过追问组成特定的教学体系,通过一

步一步地提问，使学生明确相关的教学内容，完成相应的教学任务。例如，讲授《荷塘月色》，"你最喜欢的段落或句子是什么？""为什么喜欢？""用了什么修辞方法？""什么是通感？"就是围绕教学目标和教学内容的系列追问。"个性感悟式追问"指从文本出发的激发学生个性化感悟的层进式追问，其顺应新课程标准和课堂教学改革的潮流。例如，学习《论语》这部语录式典籍可以从学习态度、学习方法、教学思想、教学方法、传统文化、德育教育等多层面阐释，无论学生从哪个角度、在哪个层面的阅读中产生与众不同的阅读感悟，教师都可以对其进行相应的深究和提问，在"明其意、悟其神"的基础上，引导学生"省其身、传其道"。"原因结果式追问"是根据追问的内容及其内在联系而确定的一种追问类型，在具体的追问过程中，引导学生辩证地认识原因与结果的关系，辩证地理解原因与结果的关系。例如，讲授《祝福》，"祥林嫂是一个勤劳善良的人，完全有能力养活自己，为什么却冻饿而死？""是谁杀害了祥林嫂？"（学生列出一串名单）"他们存心要害死祥林嫂吗？""造成祥林嫂悲剧的根源究竟是什么？"一连串的因果追问，指向了小说的主题。"拓展延伸式追问"是指为使学生的知识形成必要的体系，教师应根据教学的需要进行适当的知识拓展，例如对《乡土中国》《红楼梦》等整本书的阅读指导，我们可以在阅读整本书内容基础上提出"作者何许人""创作背景如何""本书的价值与影响""今天，我们如何读这本书"等拓展延伸问题，单篇或群文阅读教学中拓展延伸提问的点也很多。

苏霍姆林斯基说："教育的技巧并不在于能预见到课的所有细节，而在于根据当时的具体情况，巧妙地在学生不知

不觉中做出相应的变动。"追问的艺术在于课前精心预设提问和追问，课上善于捕捉追问时机，整合成生新问题，让追问成为师生精彩互动的平台。

5. 语文课堂教学反馈的艺术

语文课堂教学反馈侧重指教师对学生回答问题的评价，包括意见和建议。有的老师缺乏反馈意识，一问一答完成任务，语焉不详地说"好""很好"了事，这显然不行。无论是口头还是书面，学生回答了问题，教师都应该认真做出回应。对正确的答案予以简单的表扬和鼓励是不够的，还需要明确学生的答案中哪些是恰当的，哪些是有创造性的，好在哪里，避免对每一个回答都笼统地说"很好"，把由衷的赞赏留给确实出色的回答。

我们再来欣赏钱梦龙先生的经典课例《死海不死》中比较集中的一段课堂教学反馈的艺术。

师：哦，死海的海水含盐量高，这是它的特点，由于有这个特点，就出现了一些有趣的现象，谁能说说是什么现象？

生（七嘴八舌）：人不会淹死。

师：为什么会出现这种现象？（无人举手）

师：我估计同学们都知道，只是暂时还没有找到合适的语言来表达，是吗？（指定一名学生）这位同学戴着眼镜，看起来挺有学问，你来给大家说说看。

生3：人在死海里不会下沉，即使不会游泳的人也淹不死，因为……因为海水含盐量高，所以人不会下沉。

师：为什么海水含盐量高，人就不会下沉？你总得讲出点道理来。

生3：海水含盐量高，它的质量就大。

师（追问）：那如果扔进海水里的是一块铁呢？它会下沉吗？

生3：我想会下沉的。

师：那么人为什么不下沉？光说海水的质量大，恐怕还不够吧？我知道你心里明白，问题是怎样把心里明白的道理准确地表达出来。

生3：（思考片刻）海水的质量比人体的质量大。

师：说对了。但表达上还有一点点不足，想一想，在数学里如果一个数比另一个数大，是怎样表达的？你这句话如果能用数学的语言来表达，那就更好了。

生3：海水的质量大于人体的质量。

师：那么铁块为什么会下沉？

生3：因为海水的质量小于铁块的质量。

师：好！"大于""小于"的"于"怎么解释？"大于""小于"一般用在什么情况下？

生3："于"是"比"的意思，一般在两个数做比较的时候用。

师：说得真好！我说你有学问嘛，果然没看错人！（众笑）

钱老师的反馈及时而巧妙：面对无人举手，他说"暂时还没有找到合适的语言来表达"；面对"因为海水含盐量高，所以人不会下沉"的无效回答，他追问"为什么"；学生仍然感到困难，他以"铁"为例启发学生"光说海水的质量大，恐怕还不够"，同时鼓励学生"把心里明白的道理准确地表达出来"；当学生终于回答出"海水的质量比人体的质量大"，钱老师肯定之余仍然明确其不足，引导学生进一步完善答案，直至最后才恰如其分地评价"说得真好"。这个教学反馈的艺术片段告诉我们，面对学生的表现要做出

即时反应,不要轻易接受或直接修改一个有明显缺陷的答案,而要耐心细致地帮助学生得出一个更准确的答案;对于相对正确的答案要给予承认,而赞扬要留给更完美的答案。

6. 语文课堂教学拓展延伸的艺术

教育面向未来,语文课堂必须更加开放,更加关注时代、关注社会、关注发展,需要对知识做横向拓展、纵向延伸,引导学生在拓展和延伸的过程中自然、主动地加深对知识的把握,学会迁移、运用,进而激发培养创新能力。新课标对语文综合学习提出了更高的要求,高中统编必修上下册教材都有专门的"语文综合学习"单元,中华文化的博大精深、语文学科的广阔性,为语文教学的拓展提供了巨大空间。

然而,毫不夸大地说,语文课堂教学中的拓展环节恰恰是当下语文课堂教学偏离目标的"重灾区"。最普遍、最典型、也是最容易被联想成为拓展环节的一批案例是:讲《故都的秋》,围绕"秋天"景物,引导学生写"羊城的秋""江南的秋""校园的秋";讲《济南的冬天》,围绕"冬天"景物,引导学生写"羊城的冬""江南的冬""校园的冬";讲《春》,围绕"春天"景物,引导学生写"羊城的春""江南的春""校园的春"。幸而教材中没有写夏天的作品入选,不然,夏天也难逃被写。春夏秋冬,梅兰竹菊,日月阴晴,课文所述,皆可顺势成为大写特写之对象。在此,我并不反对教师借讲《故都的秋》之机引导学生抓住身边秋色特点练笔写作;我不赞同的是偏离教学目标的借题发挥,模糊进而矮化作品价值的所谓教学拓展。因为教材中涉及秋天的作品较多,除了上述常见教法,有些老师为了在课堂上加深学生对秋天的感悟和理解,拓展《秋词》《登

高》等一些伤秋赞秋的诗歌,认为"通过这些拓展能让学生明白秋天本身就是一个多愁善感的季节,丰富了课堂的内容,增加了课堂的文学性和趣味性",善写的教师还会下水写作,"在师生的共鸣处拓展,拨动学生的情感心弦"。这样的观点和论述不难见诸一些专业论文、论著,可见其"深入人心"。然而,以《故都的秋》为例,文章重点不在"秋"或"秋景"本身,而在于承载其上的那令人留下深刻印象的作者独特的感受,在于作者如何用妥帖的语言文字传递出他的独特的感受。此篇成为散文经典名篇,其贯串始终的"故都"情怀、"悲凉"情感、"用三分之二的寿命留住这故都秋天"的誓言才是我们需要重点关注的对象,需要通过深读来挖掘其由来。

高妙的语文课堂教学拓展艺术是在课堂的生成处拓展,擦出课堂智慧的火花。例如,讲《山中与裴秀才迪书》,读到"北涉玄灞,清月映郭",有学生突然说:"化学污染很严重呀!"全班哄堂大笑,这反映了学生与文本之间距离不小。老师应该敏锐地发现其中的问题,顺势拓展——"玄"是"黑色"没错,但"玄灞"是"化学污染"吗?为什么不是?另外,引导学生对课文内容加以适度的质疑也是巧妙的拓展。例如,教《木兰诗》,基本教学环节已经结束,教师问:"这首乐府民歌中木兰的形象千百年来一直深受人们的喜爱,但文中花木兰的故事你觉得真实吗?"学生说:"同行12年,不知木兰是女郎好像不够真实。一个女兵再怎么乔装打扮,女性特点比如声音、上厕所都难以掩饰,一起生活了那么久,不太可能没有丝毫察觉。而且木兰年纪轻轻从没打过仗,面对这场大规模的战争怎么能轻易取胜呢?"再有,可以利用教材资源,通过与其他课文的横向比

较进行拓展。例如，教《孙权劝学》，当讲到吕蒙在孙权的劝解下发奋读书，终于学有所成，非复吴下阿蒙，令孙权士别三日即更刮目相待时，教师可以这样进行拓展延伸：以前我们还学习过《伤仲永》，请比较一下这两篇课文中主人公身边的人对他们的影响。学生通过思考能辨别吕蒙和方仲永身边的人对他们施加的影响并不相同，吕蒙在孙权的劝告下学有所成，这种影响是积极的，而方仲永的父亲对他的影响是消极的，这种影响直接导致了后来方仲永泯然众人矣。通过比较进而可以培养学生的辨别判断能力。当然，除了教材，教学资源还可以来自学生生活的地域环境。例如，讲《端午的鸭蛋》《赤壁赋》等，江苏高邮、湖北黄冈的学生大可以借助地域之便进行相关的拓展。

拓展延伸是课堂上最为灵活、最富创造性的一个环节，但也是最容易出问题、走调跑偏的一个环节。因此，我们要在尊重学生、学好教材、立足课堂的基础上有效、适当地拓展，以实现学生学习上质的飞跃。课堂拓展的原则有：基于教材，高于教材；创设真实情境；贴近现实生活。在教材的基础上，大胆突破，有所创新，充分发挥学生的想象和联想能力，打开思路，拓宽视野，达到学以致用的目的。

7. 语文教学中德育渗透的艺术

普通高中语文课程标准基本理念第一条明确指出："坚持立德树人，增强文化自信，充分发挥语文课程的育人功能。祖国语文是中华儿女的精神家园，语文课程对继承和弘扬中华优秀传统文化、革命文化、社会主义先进文化，培养文化自信，推动文化的创新发展，具有不可替代的优势。"对学生而言，"立德树人"主要就是培养"理想信念、文化自信、责任担当"。课堂教学德育渗透是一门综合性的艺

术,牵涉到教师在教学中如何做到知识、能力、觉悟的统一,牵涉到教师熟练地运用教育教学理论正确处理教材及对教材教学各环节的设计,牵涉到老师如何把握学生的思想脉搏,不失时机地选取渗透点和教法,通过自然熏陶,贴近文本、贴近学生的思想情感实施德育教育。在日常的教学中,常常见到生搬硬套的空话、套话、大话,既不能体现语文学科特点,也很难"走心",甚至会引起学生的反感。学生品德的养成较之知识的习得更为不易,需要教师以身作则、言传身教,整体渗透,润物无声,如春雨随春风,潜入学生的心田。

例如,有老师在讲授《百合花》时,将教学目标对接高中语文课程标准"学习任务群9 中国革命传统作品研习",大讲特讲"战火中的青春最美丽""人民对革命英雄的崇敬与热爱"。一方面,这样简单地贴标签并不能引起学生内心深处的共鸣;另一方面,作为必修上册第一单元中的篇目,其教学目标定位应该主要是"学习任务群5 文学阅读与写作",其次是"学习任务群4 语言积累、梳理与探究",结合主题组元的编排思路,教学目标定位的关键词宜落在"小说""青春""诗性语言"上,同时注意适时渗透中国革命传统教育。可以设计这样的预习情境:"位于江苏海安的全国爱国主义教育示范基地'苏中七战七捷纪念馆'准备陈列这条百合花被的复制品,请你为它拟一份解说词,供解说员使用。字数在300字左右。"这个预习任务指向了解写作背景、把握小说基本内容,题面很巧妙地渗透了中国革命传统教育的元素。为了更好地完成这个任务,学生自然会主动上网搜索"苏中七战七捷纪念馆",了解苏中战役的有关情况,为进一步学习做好铺垫。

具有深厚的基本功、强烈的责任感和高尚的道德情操的教师，首先要有自觉地将德育渗透到教学实践的意识，有助于学生养成良好思想品德的教育才可能入脑入心，德育教育才能真正收到良好的效果。

8. 语文课堂教学朗读的艺术

朗读是语文课堂一道独特的风景线。"朗读"不同于一般的诵读，《现代汉语词典》中解释为"清晰响亮地把文章念出来"。我以为这个解释欠佳，"朗读"饱含着深入理解作品后的感情，是否可以进一步解释为"清晰响亮、富有感情地把文章念出来"？一段精彩的朗读，有助于学生理解作品，甚至能让学生理解作品一半的内容。

朗读是一种技能，掌握这种技能对于教师开展语文教学有很大优势。关于如何学习朗读的技能的书籍很多，限于篇幅，这里略去。当然，教师不是全能冠军，如果实在不具备朗读的特长，在教学中可以借助其他人朗读的音频或视频弥补，也能取得很好的教学效果。

与中学语文课堂生成性教学相关的教学艺术还有很多，例如，引导学生自主学习的艺术、引导学生合作学习的艺术、引导学生探究学习的艺术、教学资源动态生成的艺术等，这里无法穷尽，留待读者继续思考。

二、中学语文课堂教学中的逻辑思维能力培育

新版高中语文课程标准进一步加强了对高中生思维能力的要求，正在修订中的义务教育语文课程标准对初中生思维能力的要求也在跟进。中学语文课堂教学中逻辑思维长期缺

失,造成了许多问题,而中学语文课堂教学艺术必须建立在科学的逻辑思维基础之上。鉴于此,这里将中学语文课堂教学中逻辑思维能力培育的问题单列讨论,着重从对逻辑思维的基本认识、高中课程标准对逻辑思维的要求、高考语文试题对高中毕业生逻辑思维的要求、逻辑思维在课堂教学展开过程中的缺失及其表现、课程要求及其落实、教学难点及其解决方法、教学中的逻辑思维培育方法等几个方面进行阐述。

当我们讨论语文素养问题的时候,不应该忽视逻辑思维这个话题。思维是人的意识活动,是物质性的人脑加工事物及其信息的过程。当前,中国的教育存在很多问题,用著名的"钱学森之问"概言之,是"我们的学校总是培养不出杰出人才",其中一个重要原因是思维教育没跟上知识教育。在人的各种素质中,思维能力是最重要的素质,逻辑思维又是思维能力最重要、最基础的组成部分。人思维的正确性、严密性、开阔性、敏捷性有不同的层次,在中学语文教学中,如何开发、唤醒、发展处于学习阶段的学生良好的思维素质,是十分重要和有意义的话题。例如,在一篇作文里,同样是大量的引用,为什么有的作文被评价为"丰富""有说服力",而有的作文却被认为"堆砌""杂乱"?这其中是思维过程的不同而产生的差异。一是经过思考的素材和背诵《论据大全》是不同的;二是观点与素材的对接是否经过正确的逻辑思维过滤,结果也是迥异的。浅层地说,对同样的素材,理解的程度不同;深层地说,在阅读二者时已经产生了思维的差异,因而直接导致内化结果不一。

在展开关于中学语文教学中的逻辑思维思考与探索之前,有必要对中学语文教学中存在的逻辑思维问题进行观察

及梳理。这个问题是否存在、是否普遍、程度如何、是否能成为解决一些现有中学语文教学问题的钥匙之一等亦正是本探索的价值与意义所在。

（一）对逻辑思维的基本认识

《现代汉语词典》中对"逻辑""思维""逻辑思维"的解释如下：

【逻辑】名词。①思维的规律。这几句话不合～。②客观的规律性。生活的～／事物发展的～。③逻辑学。[英 Logic]

【思维】①在表象、概念的基础上进行分析、综合、判断、推理等认识活动的过程。思维是人类特有的一种精神活动，是从社会实践中产生的。②进行思维活动：～方式。

【逻辑思维】指人在认识过程中借助于概念、判断、推理反映现实的思维方式。它以抽象性为特征，撇开具体形象，揭示事物的本质属性。也叫抽象思维。

思维科学被誉为"21世纪的科学"，思维是智力的核心，是考察一个人智力高低的主要标志。恩格斯把思维誉为"地球上最美丽的花朵"，人的一切创造性活动都与思维力有关。人类的进步从根本上来说，就是人的思维的进步。思维分广义的和狭义的，广义的思维是人脑对客观现实概括的和间接的反映，它反映的是事物的本质和事物间规律性的联系，包括逻辑思维和形象思维；而狭义的心理学意义上的思维专指逻辑思维。思维是主体对信息进行的能动操作，如采集、传递、存储、提取、删除、对比、筛选、判别、排列、分类、变相、转形、整合、表达等。按马克思主义哲学的观点，思维主体主要指人，思维客体指主体思维的对象，包括

人自己。自然界的动物如狗、猫等,也具备思维能力,但还不够高级;人工智能产品如机器人、电脑等,无论多么完善,它们都是人脑的产物,同样不具备思维能力。

从不同角度,思维的分类不同。

(1) 根据思维的凭借物和解决问题的方式,可以把思维分为直观动作思维、具体形象思维和抽象逻辑思维。直观动作思维又称实践思维,是凭借直接感知,伴随实际动作进行的思维活动。具体形象思维是运用已有表象进行的思维活动,人们可以运用头脑中的这种形象来进行思维活动。学生更需要形象思维来理解知识,并成为他们发展抽象思维的基础。形象思维具有三种水平:第一种水平的形象思维是幼儿的思维,它只能反映同类事物中的一些直观的、非本质的特征;第二种水平的形象思维是成人对表象进行加工的思维;第三种水平的形象思维是艺术思维,这是一种高级的、复杂的思维形式。抽象逻辑思维是以概念、判断、推理的形式达到对事物的本质特性和内在联系认识的思维。概念是人反映事物本质属性的一种思维形式,因而,抽象逻辑思维是人类思维的核心形态。科学家研究、探索和发现客观规律,学生理解、论证科学的概念和原理以及日常生活中人们分析问题、解决问题等,都离不开抽象逻辑思维。小学高年级学生的抽象逻辑思维得到了迅速发展,初中生这种思维已开始占主导地位。初中一些学科中的公式、定理、法则的推导、证明与判断等,都需要抽象逻辑思维。儿童思维的发展,一般都经历直观动作思维、具体形象思维和抽象逻辑思维三个阶段。在成人解决问题时,这三种思维往往是相互联系、相互补充、共同参与思维活动的。例如,进行科学实验时,既需要高度的科学概括,又需要展开丰富的联想和想象,同时还

需要在动手操作中探索问题症结所在。

（2）根据思维过程中是以日常经验还是以理论为指导来划分，可以把思维分为经验思维和理论思维。经验思维是以日常生活经验为依据，判断生产、生活中的问题的思维。例如，人们对"月晕而风，础润而雨"的判断，儿童凭自己的经验认为"鸟是会飞的动物"，人们通常认为"太阳从东边升起，往西边落下"等都属于经验思维。理论思维是以科学的原理、定理、定律等理论为依据，对问题进行分析、判断的思维。例如，根据"凡绿色植物都是可以进行光合作用的"一般原理，去判断某一种绿色植物的光合作用。科学家、理论家运用理论思维发现事物的客观规律。教师利用理论思维传授科学理论，学生运用理论思维学习理性知识。

（3）根据思维结论是否有明确的思考步骤和思维过程中意识的清晰程度，可以把思维分为直觉思维和分析思维。直觉思维是未经逐步分析就迅速对问题答案做出合理的猜测、设想或突然领悟的思维。例如，医生听到病人的简单自述，迅速对疾病做出诊断；公安人员根据作案现场情况，迅速对案情做出判断；学生在解题中未经逐步分析，就对问题的答案做出合理的猜测、猜想等的思维。分析思维是经过逐步分析后，对问题解决做出明确结论的思维。例如，学生解几何题的多步推理和论证，医生面对疑难病症的多种检查、会诊分析等的思维。

（4）根据解决问题时的思维方向，可以把思维分为聚合思维和发散思维。聚合思维又称求同思维、集中思维，是把问题所提供的各种信息集中起来得出一个正确的或最好的答案的思维。例如，学生从各种解题方法中筛选出一种最佳

解法,工程建设中把多种实施方案经过筛选和比较找出最佳的方案等的思维。发散思维又称求异思维、辐射思维,是从一个目标出发,沿着各种不同途径寻求各种答案的思维。例如,数学中的"一题多解",科学研究中对某一问题的解决提出多种设想,教育改革的多种方案的提出等的思维。聚合思维与发散思维都是智力活动不可缺少的思维,都带有创造的成分,而发散思维最能代表创造性的特征。

(5)根据思维的创新成分的多少,可以把思维分为常规思维和创造性思维。常规思维是指人们运用已获得的知识经验,按惯常的方式解决问题的思维。例如,学生按例题的思路去解决练习题和作业题,学生利用学过的公式解决同一类型的问题等的思维。创造性思维是指以新异、独创的方式解决问题的思维。例如,技术革新、科学的发明创造、教学改革等所用到的思维都是创造性思维。

逻辑思维的方法有:①分析与综合。分析是在思维中把对象分解为各个部分或因素,分别加以考察的逻辑方法;综合是在思维中把对象的各个部分或因素结合成为一个统一体加以考察的逻辑方法。②分类与比较。根据事物的共同性与差异性就可以把事物分类,具有相同属性的事物归入一类,具有不同属性的事物归入不同的类。比较就是比较两个或两类事物的共同点和差异点;通过比较,能更好地认识事物的本质。分类是比较的后继过程,重要的是分类标准的选择,选择得好还可导致重要规律的发现。③归纳与演绎。归纳是从个别性的前提推出一般性的结论,前提与结论之间的联系是或然性的;演绎是从一般性的前提推出个别性的结论,前提与结论之间的联系是必然性的。④抽象与概括。抽象就是运用思维的力量,从对象中抽取它本质的属性,抛开其他非

本质的东西；概括是在思维中从单独对象的属性推广到这一类事物的全体的思维方法。抽象与概括和分析与综合一样，也是相互联系、不可分割的。

（二）逻辑思维与高中语文学习关系密切，高中语文课程标准和全国高考语文试题对逻辑思维能力的培育也提出了一定要求

关于"语言和思维"的关系。早在1961年，美国全国教育协会在《美国教育的中心目的》中声明："强化并贯穿于所有各种教育的中心目的、教育的基本思路——就是要培养思维能力。"语文学习是习得语言运用能力的过程。语言和思维之间究竟是一种什么样的关系？这在学术界一直是争议很大的问题。长期以来，语言学家、心理学家和哲学家们围绕这个问题展开过激烈的辩论，但至今未能取得一致的看法。比较有代表性的观点有语言决定论、思维决定论、语言与思维统一论……我认为，思维决定语言，同时，思维也受制于语言。思维和语言之间有着相互促进和制约的关系，思维能力的良好发展能够促进语言能力的发展，语言又会反过来影响并制约思维。一方面，思维是语言的基础，而语言对语文的发展起着至关重要的作用，所以，思维对语文学习的影响是可想而知的。另一方面，通过语文教学能够使得学生的思维得到开拓。开拓思维，发展智慧是语文课程当中的一项重要功能。听、说、读、写是语文四大支柱，听和读指通过语言理解别人的语意和情感，说和写指通过语言表达自己的思想情感。语文中的形象思维比比皆是，但都需要建立在一定的逻辑思维之上，是形象思维与抽象思维的统一。教师

在开展教学设计、解读文本、引领学生发展思维的过程中,需要有意识地重视逻辑思维的运用,让逻辑思维成为习惯,为形象思维插上翅膀。

关于语言与思维的关系,当代不少语文教育专家都有十分精辟的论述。苏立康教授认为:"关于语言和思维的关系,我在认识上还是比较清楚的。第一,语言是语言,思维是思维,语言的规律是语法,思维的规律是逻辑,二者不能混为一谈,因此从训练上来讲,二者不能互相取代。第二,语言和思维又是互相依存的,语言是思维的工具,思维必须凭借语言,因此从训练上来讲,应该将二者结合起来。第三,是思维决定语言,而不是语言决定思维,因此从训练上看,必须首先着眼于思维训练。"(《语文教学对话录》)朱绍禹先生认为:"语文课是语言学科,同时也是思维学科。"(《中学语文教学法》)陶本一教授也指出:"思维能力的训练应该放在语文教学的首要地位来进行;语文教学的首要任务应该是启发学生思考,帮助学生掌握正确的思考方法,培养思考能力。"他还认为:"听、说、读、写、看,可以说还只是语文能力的一种外部形式,核心是在于启迪学生运用语言文字这种工具来进行思维的能力。"

再者,《普通高中语文课程标准(2017年版)》及全国高考语文试题对思维能力培养提出了更高要求。2017年12月颁布的《普通高中语文课程标准(2017年版)》有24处提及"逻辑",对高中生思维能力培养提出了更高要求。"思维发展与提升"被列为语文学科四大核心素养之一,认为"思维发展与提升是指学生在语文学习过程中,通过语言运用,获得直觉思维、形象思维、逻辑思维、辩证思维和创造思维的发展,以及深刻性、敏捷性、灵活性、批判性和独创性等思维品质的提升。……语文学科核心素养的四个方面是一个整体。语言是重要的交际工具，也是重要的思维工具；语言的发展与思维的发展相互依存，相辅相成。语言文字是文化的载体，又是文化的重要组成部分；学习语言文字的过程也是文化获得的过程。语言文字作品是人类重要的审美对象，语文学习也是学生审美能力和审美品质发展的重要途径。语言建构与运用是语文学科核心素养的基础，在语文课程中，学生的思维发展与提升、审美鉴赏与创造、文化传承与理解，都是以语言的建构与运用为基础，并在学生个体言语经验发展过程中得以实现的"。在"课程目标"中更指出"发展逻辑思维。能够辨识、分析、比较、归纳和概括基本的语言现象和文学现象，并能有理有据地表达自己的观点和阐述自己的发现；运用基本的语言规律和逻辑规则，判别语言运用的正误，准确、生动、有逻辑地表达自己的认识；运用批判性思维审视语言文字作品，探究和发现语言现象和文学现象，形成自己对语言和文学的认识"。特别是"课程内容"之"学习任务群6 思辨性阅读与表达"重点指出"本任务群旨在引导学生学习思辨性阅读和表达，发展实证、推理、批判与发现的能力，增强思维的逻辑性和深刻性，认清事物的本质，辨别是非、善恶、美丑，提高理性思维水平"。

（三）当前高中语文课堂教学及考查中存在的逻辑思维问题例谈

我们只要留意，就会发现当前高中语文课堂教学中存在的逻辑思维不清的问题是很严重的，用一个令人揪心的词语说，是"俯拾皆是"。以下分类略举，为方便读者查找考

证,选材集中在人教版、粤教版中学语文教材以及全国课标卷、广东卷语文高考试题中。面对重点考查学生逻辑思维能力的全国卷,学生答题时暴露出的逻辑思维问题很多,主要表现为:片面强调筛选、比对信息是唯一的解题方法,而忽视对信息之间逻辑关系的梳理、确认和分析;只要选项中出现新概念、新说法,就简单地视为不符合文意;等等。

先来谈谈概念方面出现的问题。概念是反映对象的本质属性的思维形式。人类在认识过程中,从感性认识上升到理性认识,把所感知的事物的共同本质特点抽象出来,加以概括,它就成为概念。表达概念的语言形式是词或词组。概念都有内涵和外延,即其含义和适用范围。概念随着社会历史和人类认识的发展而变化。概念是思维的起点,也是思维的结晶,没有概念,便不能形成判断和推理。中国古代将逻辑学称为"名学",名者,概念也,足见概念在逻辑思维中的重要性。学生常表现出概念意识不强、概念不清等问题,案例如前所述2008年全国新课标卷选考实用类选文《盛宣怀的教育思想和办学实践》学生的答题情况。此外,学生还常表现出偷换概念的问题。例如,"解读的艺术"中粤教版必修3第三单元"微型小说两篇"中的《差别》课堂教学一例。学生在概括阿诺德性格特点时认为他是一个敬业、勤劳、做事主动、善于动脑筋、善良诚实的人。老师提示学生:"文中有表现阿诺德是位诚实的员工吗?"学生回答说:"有。阿诺德照实回答了老板想要了解的所有问题呀,所以他很诚实。"这位老师非常耐心地引导学生取出《现代汉语词典》查阅"诚实"这个词条,学生读到:"言行跟内心思想一致(指好的思想行为);不虚假。"从"诚实"这个概念的外延看,它限指"好的思想行为",特指在说假话对自

已有利时说真话,与"照说""实话实说"有区别。这位老师的引导很好地纠正了学生逻辑思维上偷换概念的错误,从而起到了很好的教学效果。还有,在作文审题上,将《学会》写成《会学》,忽视《不要轻易说不》中的"轻易",写成《不要说不》,都是学生思维方面出现的偷换概念错误,应引起我们的高度重视。

逻辑推理问题还常存在于学生的作文之中,即便是相对优秀的作文,文句也经常出现逻辑推理不当的情况。最近广东省某重点中学高三学生课堂练习了一篇作文,并选出角度不同的两篇优秀作文登载在2015年11月27日《羊城晚报》上,以此为例来说明。

阅读下面的材料,根据要求写一篇不少于800字的文章。

在8年前的高考中,小陈同学考上了一所父母并不满意的院校,她为了上学,提出每年向父母借款5000元,在校期间全部生活费自理。上学期间,她共向父母打下1.5万元的学费欠条,并承诺在毕业5年内偿还欠款。她的父母经过一番考虑,觉得虽然家里完全能够支付小陈上大学的费用,但还是同意了小陈的做法。如今她已经是一间公司驻重庆分公司的负责人,她不仅兑现了承诺,把借款还给了父母,还为父母准备了礼物。她说借款上大学这一决定成为改变了自己一生的重大机遇。

对于以上事情,你怎么看?请给小陈、小陈的父母或自己写一封信,落款为"宇成"。

限于篇幅,这里不便展示全文,仅就其中涉及逻辑思维的表述进行探讨。写给小陈的作文《敢于离开港湾》第二自然段中写道:"在此,我非常赞同你的做法,敢于跳出舒适的环境,独自面对生活的难处,是走向独立的第一步。

'生于忧患,死于安乐',这可能是你做出这个选择的初衷。若是你选择大学期间由父母出资供养,我想你也不会取得如此之大的成绩。"

"若是你选择大学期间由父母出资供养,我想你也不会取得如此之大的成绩。"这句话违反了逻辑推理中的充分必要条件要求。"若……则……"是个假言判断句,假言判断指断定事物情况之间的条件关系的复合判断。用"如果……那么……""只有……才……"等做逻辑连词,是规定条件的判断,分必要条件假言判断、充分条件假言判断、充分必要条件假言判断三种。假言判断的真假,并不取决于前句和后句本身的真假,而取决于前句和后句之间是否有条件关系。诚然,小陈选择向父母借款读书,并借此激励自己,后来取得了成功,但这不等于前后句都加上否定词(即"不借款则不成功")仍然成立,更何况"借款"这个条件与"成功"的结果之间也不存在必然的逻辑关系。

第三自然段中"有能力自己生存的人很多,但是勇于承担自己责任,不依赖于你的亲人才是真正独立"这句话不知所云,"有能力自己生存的人很多"和"勇于承担自己责任,不依赖于你的亲人才是真正独立"之间显然并不存在转折的逻辑关系。其他诸如"如此看来,如今越来越多的上一代已经为我们创造了优越的物质环境,但是社会仍然要求我们这一代承担我们这个时代的责任"等似是而非的表述也降低了文章的水平,暴露出学生逻辑思维不严谨甚至混乱的弱点。

另外一篇写给小陈父母的作文《自由地去享受磨砺》,题目就令人费解:"自由地去享受磨砺"主语应该是小陈,信却是写给小陈父母的;材料中也并不能发现小陈"享受"

磨砺,"自由"二字更无从谈起。第一自然段"在赞美小陈坚持不懈、甘于吃苦的品质之余,不得不敬佩你们开明的教育方法。尽管小陈没有考上你们理想的院校,但你们没有阻止她继续求学,而是为她营造了一个自由进取的环境。而对于学费,你们能狠下心以'借款'的方式,早早地让小陈体验'自力更生'的辛苦。不得不说,你们对孩子的教育已然是成功教育的典范",更是把父母的"失望和无奈"提升到"主动"为她营造自由进取环境的高度,完全无视作文题目材料中"她为了上学"这句话,亦同样暴露出学生逻辑思维不严谨甚至混乱的弱点,实在需要引以为戒。

存在于语文课堂教学中的逻辑思维培育具体问题有不善于抓住提升学生逻辑思维的契机、重知识传授轻思维训练、囿于思维定式等。这里有一个钱理群先生听课的典型案例:北京一位重点高中老师讲鲁迅名作《药》,教师问学生读了作品后的感觉,一学生回答:感觉很恐怖。老师觉得这不是他想要的答案,又问其他学生,其他学生接受了老师态度上的暗示,转而去找老师需要的"正确"答案。当时在场听课的钱老对这位老师"选择"丢弃了一个特别好的教学切入点感到十分惋惜,学生感觉"恐怖"是有文本依据的:阴森森的夜、杀人的诡谲气氛、血淋淋的人血馒头……逻辑上足以得出"实在是太恐怖了"的结论!老师只要沿着学生的感受,进一步引导学生层层深入:哪些地方让你觉得"恐怖"(有关人血馒头的描写)——更大的"恐怖"是什么(茶客的反应)——其实最大的"恐怖"在哪里?(夏瑜母亲羞惭的颜色)——"恐怖"的极点(把坟场花圈视为显灵),则学生拾级而上,定能通过自己的发现更深入地理解课文,同时提升自己的思维能力,而非进入人云亦云的思

维定式。换句话说,自身思维能力强的教师对教学契机的表达变式(如例中的"恐怖"与"革命者的悲哀")的敏感度更高,最后极可能带来更佳的教学效果。在"解读的艺术"中提到的前人教版义务教育七年级课文《最后一课》课堂教学中的学生提问也属此列。

人们往往会出现重视结果而轻视过程的思维倾向,但在思维训练中要关注的重点却是思维的过程。一般的学校教育,通常采用两种教学方式:一种方式是把问题的结果直接告诉学生,另一种方式是把获得结果的过程传授给学生。前一种方式很省事,但对学生并无好处;后一种方式很麻烦,学生却可以受益终生。世界著名物理学家劳厄曾说:"重要的不是获得知识,而是发展思维能力。教育无非是一切已学过的东西都遗忘掉的时候所剩下来的东西。"

高中语文教学中,由于学科特点,语言品味固然重要,但也不应轻视对语言的逻辑梳理;课文思想内容固然重要,但也不应轻视对课文逻辑结构的剖析;落实情感、态度、价值观固然重要,但也不应轻视基本逻辑思维方法的引导和训练。正确的态度是把学习语言和思维训练有机地结合起来,在学习语言的过程中,让学生在辨析遣词造句、布局谋篇等语言运用的妙处时,加大思维力度,培养学生思维的灵敏度和灵活性,发展学生的创造性思维。

以上数例仅为高中语文课堂教学中出现的逻辑思维问题的冰山一角,由此我们也可以看到,语文教学中的思维训练,并不是在完成了预定的教学任务之后,另外添加的教学内容,而是在进行读写听说训练的时候,其中就融进了思维训练。这就是所谓的寓思维训练于读写听说训练之中。通俗地说,思维训练并不是撇开课本另搞一套,而是在指导学生

读写听说的时候，教给学生应该想些什么和怎么去想。

在中学语文学习中，学生因逻辑思维能力的欠缺，已影响到阅读与表达的质量，这应引起高中语文教师的高度重视。逻辑思维的强弱与语言理解、语言表达的好差呈正相关关系。因此，高中语文教学取消语法、逻辑学习与对学生进行语法、逻辑知识的概念性考试同样是不足取的，都是走极端的做法。也许有人可以说高中生不必学逻辑知识，但能说高中学生可以不具备逻辑思维能力吗？倘要使高中学生具备一定的逻辑思维能力，我们的语文教学是否应有所作为？其道理不言而喻。当然，要发展学生的思维能力，教师必须成为不断提高自身逻辑思维能力的践行者——这将是我们需要更进一步思考的问题。

逻辑问题十分复杂，以上仅为皮毛，提出来希望引起关注，同时起到抛砖引玉的作用。

三、中学语文课堂教学展开艺术案例实录品析

本书的第三部分，是展现在课堂教学中，同时永远会留下些许遗憾的艺术——语文课堂教学展开的艺术，让我们一起琢磨、欣赏、品评，为了再次出发。

限于篇幅，我仅从30余课例中选择7个课堂教学案例进行文字呈现，再选一些案例通过电子平台供有兴趣的读者下载观看（含教学录像等资料）。

【案例1】《蓼莪》课堂教学实录及点评(执教:陈奇川老师;观察与点评:孙丽红老师,授课时间:2019年11月)

《蓼莪》课堂教学实录	观察与点评
一、新课导入 师:晋朝的王裒在父亲死后,每次读到《蓼莪》中的"哀哀父母,生我劬劳"两句,就会流泪不止,他的学生为此不敢再在老师的面前读《蓼莪》一诗,这就是"蓼莪废读"的说法由来。 今天,让我们再次走近这首诗。先来看看学习目标: (板书显示) 1. 分析赋、比、兴在本诗的表达效果; 2. 理解作者的复杂情感; 3. 体会中国传统父母与子女的人伦情感及社会责任。	寥寥数语,底蕴深厚,激发学生学习欲望,明确学习目标
二、聚焦《蓼莪》中"赋" 师:先请大家朗读这首诗,我给大家配一下音乐。 (生齐读)	诵读法
师:我们班有三个小组分别围绕这首诗所采用的赋、比、兴手法进行分析,并且做了板书。我希望同学摘抄出相关诗句,从表达的内容、抒发的情感、达到的效果等角度进行细致分析。接下来,请分	小组学习司空见惯,效果如何拭目以待

（续上表）

《蓼莪》课堂教学实录	观察与点评
析"赋"的小组上来分享。 （小组同学上台讲解） 生1：各位老师、同学，大家好！今天我们小组给大家找了诗中关于"赋"的语句，接下来请第一位同学来说。 生2："哀哀父母，生我劬劳"直接铺陈父母白费苦心的感情；"哀哀父母，生我劳瘁"直接铺陈父母白费苦心的感伤。"鲜民之生，不如死之久矣"直接铺陈子女孤苦无依之痛。 生3："无父何怙？无母何恃？出则衔恤，入则靡至"直接铺陈子女孤苦无依之痛。"父兮生我，母兮鞠我"直接铺陈父母抚育过程的辛苦。 生4："抚我畜我，长我育我，顾我复我，出入腹我"，这句铺陈了父母抚育过程的辛苦。"民莫不穀，我独何害"直接铺陈子女的悲伤情怀。"民莫不穀，我独不卒"也是直接铺陈子女的悲伤情怀。 生5：我们讲的是"赋"，赋是铺陈直言。"哀哀父母，生我劬劳""哀哀父母，生我劳瘁"铺陈父母养大自己不易，费心费力，吃尽苦头。"鲜民"两句陈述了失去父母后孤苦生活和成长折磨，表现作者的痛苦之情。"父兮生我……"那句讲述了父母在"我"成长时对"我"的关心和爱护，也是表达了作者对父母的感恩之情。"民莫不穀"那两句描述了"我"遭遇父母双亡后的悲痛与凄凉，表达了"我"不能赡（zhan）养父母的遗憾。 师：赡（zhān）养？	学生发言有条有理，训练有素 及时纠错 学生参与

（续上表）

《蓼莪》课堂教学实录	观察与点评
生：（齐声说）赡（shàn）养。 生5：我们的小组讲解完毕，谢谢大家。 师：请别的小组同学来点评一下。 生6：板书挺整齐的，讲的声音也挺大的，但是我觉得他们应该先讲什么是"赋"，让大家先了解一下定义。我想补充的是，请大家翻到导学案"知识链接"——关于"赋比兴"的介绍。"赋"是铺陈直言，直言是一般描述，铺陈是铺排、陈述。赋既可以叙事、描写，也可以议论、抒情。他们在板书中有写"直述法"，但是没有具体说好。 师：他们写的是"直述法"，就应该是指叙事，你有没有发现哪一句不太像是"叙事"？ 生6：我觉得"鲜民之生，不如死之久矣"这句像是抒情。 师：抒情？这句话的意思是失去父母的人，不如在这个世上早早死去算了。 生6：感觉这句话抒发了是诗人身为孝子，却来不及行孝的悲伤之情。 师：嗯，那"无父何怙？无母何恃"呢？ 生6：这句跟上句连在一起，应该是一样的。 师：我个人觉得，这句既有抒情，也有议论。后面"出则衔恤，入则靡至"则是偏向叙事。谢谢思葵！我很欣赏她的地方是，她说到要先介绍赋的定义，再结合具体诗句来分析，这点逻辑顺序要把握好。此外，我觉得你们小组找得很全面，几乎所有关于赋的句子都找出来了。但你们在解析时，可以整合起来解析；板书设计还可以再高度	彬彬有礼 交流成为良好习惯 颇有道理 及时点拨 不确定 回归本义 教师指导评价并提出更高的要求

260

(续上表)

《蓼莪》课堂教学实录	观察与点评
简练，如果能形成结构图更好。有的分析意思相同，可以结合在一起来说。 师：在用"赋"的语句中，我认为"父兮生我，母兮鞠我，抚我畜我，长我育我，顾我复我，出入腹我，欲报之德，昊天罔极"最有代表性。这句用了九个动词，九个"我"字，像刚才的小组同学说的，它表达了父母养育子女的辛劳过程，抒发了孝子对父母的感激之情。但大家有没有发现，这句话写得有点奇怪？照理说，不应该是母亲生养我吗，父亲养育我吗？"出入腹我"不应该在放前一点吗？这个逻辑次序似乎有点混乱，是不是作者写错了？	无疑中激疑，引导学生深入文本，增强对文字的敏感度，好！
生7：父亲生养我，母亲养育我，其实，父亲、母亲都是差不多的。 师：这句话是拆开来说，我们理解的时候要合在一起——父母生我、鞠我，这叫什么修辞手法？ 生7：互文。 师：这句话还用了什么修辞？ 生：(小声说) 排比。 师：排比有什么效果呢？ 生：(小声说) 很有层次感，很有气势。 师：其实同学在分析时，还没达到我的要求，这句话在内容上直颂父母恩德，情感是沉痛悲伤的，所以才出现语无伦次的情形，语言排比，气势连贯，读起来是很有气势的。好，我请一个同学试着把这种气势读出来。 (生读第四章，声音较为平淡)	循循善诱学习而非灌输

（续上表）

《蓼莪》课堂教学实录	观察与点评
师：紫霞，你点评一下。 生8：我觉得他没有把那种层次感读出来。 师：怎样可以读得更好？ 生9：父兮生我，母兮鞠我，抚我畜（chù）我，长我育我，顾我复我，出入腹我，欲报之德，昊天罔极！（声音响亮，有节奏感） 师：有一个字没读准，"畜"字应该读成 xù。提醒一下，两个"兮"字要拉长音读，所有动词要重读，"我"字要轻读，中间几句要读得紧凑点，最后一句放慢一点。"父兮——"，一二起。 （生齐读） 师：中间可以读得再紧凑点。好，接下来请下一个小组。 **三、聚焦《蓼莪》中的"比"** （小组同学上台讲解） 生10：我们组来说一下这一首诗的"比"。"比"是打比方。"蓼蓼者莪，匪莪伊蒿"，作者是用"莪"来比喻希望成才，用"蒿"来比喻自己不成才。 生11：第二句"蓼蓼者莪，匪莪伊蔚"，作者是用"莪"来比喻希望成才，用"蔚"来比喻自己不成才。 生12："缾之罄矣，维罍之耻。"作者用"缾"比喻父母，用"罍"比喻儿女。 生13："欲报之德，昊天罔极！"用苍天之无穷来比喻父母恩深难报。这两句之间省略了"如"字。	再次纠错 非常耐心 学生表述不够"精准" 商榷：可以说这两句之间省略了"如"

（续上表）

《蓼莪》课堂教学实录	观察与点评
师：我想追问一下。关于赋比兴，除了介绍内容之外，它还表达了什么情感？有什么表达效果？能不能再补充一下。 生14：比喻可以让人更加体会到作者的情绪。 师：好，这个小组找得很全，特别还找出了"欲报之德，昊天罔极"。我们看一下"缾之罄矣，维罍之耻"，这句话特别有代表性。作者用"缾"来比喻父母，用"罍"来比喻子女，两种容器相互依存，就像父母、儿女相依为命。还有另一个理解是，在古代，也许作为子女要给父母倒水，把罍里面的水倒到缾里，可是父母不在了，再也没有倒水的机会了，所以比喻自己不能再尽孝，深以为耻。它主要表达了一种羞耻的情感，这样比喻生动形象。我上次在八班上课，有同学就提出疑问，可否将"缾"和"罍"对调一下，变成"罍之罄矣，维缾之耻"？ 生15：不可以。这两个容器代表身份的差异，对调之后，与人的身份、关系不相匹配，思想感情的理解也会改变。 师："罍"和"缾"有什么区别？ 生15：都是盛酒器，一个是盛酒，一个是倒酒…… 师：意思是把"罍"的酒倒到"缾"里去，相当于—— 生15：子女给父母倒酒，供养父母。 师：还有没有补充？ 生16：儿子往父母缾里面倒酒，像是儿子为父母付出，如果反过来，就是父母对儿女付出，换了意思。	字吗？借此机会可以谈谈诗歌的语言特点。 将来自学生的疑问，转化为教学资源 点到即止

263

（续上表）

《蓼莪》课堂教学实录	观察与点评
师：表述得很清晰。基本来说，按照教材解释，当然也有学者持相反的说法。瓶子（儿女）空了，给父母（罍）带来了羞耻，这是另外一种解说。 师：接下来我们看，"莪""蒿""蔚"这三个，他们都找出来了。在解析的时候，应该调整一下。"莪"比喻成才、尽孝之人，"蒿""蔚"比喻无用、无法尽孝之人。在这句话里，父母希望子女成为"莪"，却没想到儿女成为"蒿"和"蔚"。其实这两句话还运用了哪种手法？ 生17：（低声说）象征手法—— 师：在赋比兴里边，哪种手法接近象征手法？ 生17：兴。 师：这句话是比中带兴，它引出了作者非常自责的情感，既生动形象，又委婉含蓄。接下来我们请小组的同学来介绍"兴"的手法。 **四、聚焦《蓼莪》中的"兴"** （小组同学上台讲解） 生18：接下来我们小组给大家介绍"兴"的手法，"兴"就是托物起兴，先言他物，再借以联想突出诗人所想要表达的事物、思想，相当于现在的"象征手法"。"蓼蓼者莪，匪莪伊蒿。""莪"是能吃的，"蒿""蔚"是不能吃的，这两个东西象征父母要把"我"养成有用之人，后来却变成了无用之人。 生19：第三章用"缾之罄矣，维罍之耻"开头，讲述了自己不能终养父母的原因，将悲愤绝望的心情发挥得淋漓尽致。还有第四章，诗人悲诉父	商榷："兴"：先言他物以引起所咏之词，不能与"象征"混淆。此处用"象征"不当

(续上表)

《蓼莪》课堂教学实录	观察与点评
母养育恩德,而自己却不能回报,然后连下九个"我"字,体念至深,无限哀痛,有血有泪。 师:大家认同他们的说法吗? 生20:我想问一下,那"南山烈烈,飘风发发",还有"南山律律,飘风弗弗"也算"兴"吗? 生21:不算吧(旁边同学提醒)……哦,是吧,以景色带出自己的情感,也算是一种兴。(全班笑) 师:浚桐,你有什么疑问? 生22:第四章说体念至深,无限哀痛,有血有泪,"有血"体现在哪? 生23:体现在父母死之久矣。 师:可以吗?"有血有泪"是一种形象的说法,是说父母不在了,自己有点生不如死。接下来看,第四章是不是兴呢?有没有先说别的事物,再引到父母的养育之恩? 生24:没有。 师:所以这章不是"兴"。古人经常是"比""兴"一起用的,比是明显看得出来,兴是比较隐晦的。最后两章是典型的兴,内容是描写了巍峨南山、呼啸之风,引出一种悲伤的情感,渲染出一种肃杀、悲凉的气氛。这两句请同学来读一下? (生朗读) 师:请同学点评一下。 生25:读得很有情感,建议再读慢一点。 师:"烈烈""律律"是仄声字,她处理得很好,"发发""弗弗"是平声字,稍微延长一点,"我独何害?"要读出反诘的味道。好,全班同学再来读	 "隐晦说" 有依据吗 "建议" 二字表现 出平等对 话的态度

（续上表）

《蓼莪》课堂教学实录	观察与点评
一下。 （生齐读） 师："烈烈""律律"是仄声字，她处理得很好，"发发""弗弗"是平声字，稍微延长一点，"我独何害？"要读出反诘的味道。好，全班同学再来读一下。 （生齐读） 师：接下来，我们全班同学来分角色朗读一下，男生读第一、第五章，女生读第二、第六章，第三章全班来读，第四章由紫霞来读。 （生分角色朗读） **五、探究《邶风·凯风》中的"赋""比""兴"** 师：接下来，我们来看一首诗，也是《诗经》里边一篇孝思之作——《邶风·凯风》，请全班同学来朗读一下。 （生齐读） 凯　风 凯风自南，吹彼棘心。棘心夭夭，母氏劬劳。 凯风自南，吹彼棘薪。母氏圣善，我无令人。 爰有寒泉，在浚之下。有子七人，母氏劳苦。 睍睆黄鸟，载好其音。有子七人，莫慰母心。 师：请大家用三分钟的时间讨论一下，参考翻译，在诗中找出使用赋、比、兴的词句，并分别阐释其表达效果？ （生思考、讨论） 师：时间到了，看看你们能不能学以致用。请找到的同学举一下手。	第三次朗读，节奏把握很好；由于真正理解了，朗读效果也越来越好 拓展阅读文本也朗读，好！ 紧紧围绕本课的教学目标提出要求，检查知识迁移能力

（续上表）

《蓼莪》课堂教学实录	观察与点评
生26：第一句，"凯风自南"，凯风是指和风的意思，作者将和风比喻成母亲对几个孩子的关怀。然后，"吹彼棘心"，棘心是小树苗的意思，把小树苗比喻成几个子女—— 师：是把子女比喻成小树苗。 生27：这句话的翻译是和风吹自南方来，吹拂着小树苗，让树苗长得苗又壮，突显了母亲对几个子女的关怀和辛劳。 师：解释得很清楚。还有哪位同学？ 生28：第三句，"爰有寒泉，在浚之下"，寒泉滋润城墙，比喻母亲滋养孩子。 师：有没有"兴"的成分？ 生29：有。因为泉水渗透进墙是很难的，引出了母亲照顾孩子的艰难。 师：内在有联系，先说泉水，再联系到人，这是联想，比中有兴。还有没有？ 生30："吹彼棘薪"，翻译是吹拂枣树长成柴，后面写母亲慈祥，虽然"我"最后长成了柴，但是母亲还是一样保护着"我"，没有放弃"我"。 师：这就触及诗的本质情感的问题，诗人对母亲是什么情感？ 生31：愧疚。 师：哪句话突出他的愧疚？ 生32："我不令人。" 师：愧不成才，后面还有哪句话也能说明自己也很愧疚？ 生32："莫慰我心。"	两首古诗难度相当，可以看出学生掌握得不错 传统文化的种子

(续上表)

《蓼莪》课堂教学实录	观察与点评
师：这首诗表达了诗人自责的情感，母亲这么辛苦养育我们，但是我们不能去供养母亲，接下来让我们来读这两句话—— （生看PPT，齐读） 　《蓼莪》的"蓼莪"之悲、"昊天之德"与《凯风》的"寒泉之思"已经成为孝子感慨父母之爱的代名词。 　《蓼莪》与《凯风》在艺术上的成就难分伯仲，《蓼莪》多一分凄怆，《凯风》则胜一分隽永。 　　　　　——李佳艺《〈诗经〉孝思之悲探微》 师：这两首诗各有千秋，各有特色。今天的课就上到这里，下课。	提升对文本价值的认识

【陈奇川老师《蓼莪》之反思】

诗歌教学也应"激趣"
——《蓼莪》教后记

　　《蓼莪》选自《诗经·小雅》，共有六章，堪称"千古孝思之作"。从内容看，这首诗集中表达了"孝子不得终养"的痛苦、自责之情，真挚深沉，感人至深。从形式看，除了重章叠句，本诗还灵活运用了赋、比、兴的表现手法，而且善用排比，具有很强的艺术表现力与感染力。

　　诚然，本诗的经典价值是不容忽视的，然而在诗歌教学中，如果只是纯粹讲授，学生只会感到乏味。如果完全交给小组展示，虽然可以活跃课堂气氛，但是容易教得肤浅。故此，只有将教师点拨与小组形式结合起来，再辅以多样化的激趣方式,学生才能学得投入,学得扎实。适当合理的激趣方式可以打破沉闷的课堂,可以吸引学生投入听说读写的活动中,从而提升语言、思维、审美与文化的核心素养。为此,这堂课主要采用了以下三种激趣方式,具体如下。

第一,以"读"激趣。诗歌教学离不开诵读,诵读能引发学生对文本的共鸣。诗读百遍,其情自见。教材对《蓼莪》的诵读教学提示是:"指导学生反复诵读入手,经过音读、意读、情读、美读四个不同阶段,了解《诗经》的语言节奏及章法特色。"由于本诗的难读字较多,笔者先是范诵,再让学生集体朗读,从而达到初步掌握字音的目的。翻译完毕,所采用的诵读方式是,一人读原文,集体读译文,从而让学生更好地把握诗歌大意。而在品味重点语句时,教师适当点拨,学生就能读出感情。譬如在读第四章时,九个动词要重读,九个"我"字要轻读;中间的排比句,要读得紧凑一点;最后一句要读出诗人沉痛、悲伤的心情。又如第五、第六章,在朗读叠字时,"烈烈""律律"是仄声字,要读得短促点,"发发""弗弗"是平声字,要延长音,"我独何害"要读出反诘的味道,两句均需读出悲凉之感。放手让学生读,学生慢慢地也能读出诗人的情感。鉴于本诗采用重章叠句的篇章结构,笔者让男生朗读第一、第五章,女生朗读第二、第六章,全班朗读第三章,一位学生朗读第四章,在分角色朗读中,让学生体会诗的韵律美,感受诗的形式美。值得一提的是,笔者还让同事录了本诗的粤语朗读版,在课前播放,让学生跟读,从而让学生体会粤方言朗读的独特风味。总之,通过多样化的朗读方式,能有效地激发学生对诗歌诵读的兴趣,增强学生对诗歌情意的体会。

第二,以"疑"激趣。自古以来,诗无达诂,适当的质疑能激发学生的争鸣意识,从而有利于其更深刻地理解文本。质疑可以由教师在课前预设,学生如能在阅读中自主发现,那就更为难得。在这堂课,学生对赋、比、兴手法的品析十分详细,虽然也有错漏之处,但在讨论与展示的过程中,学生对表现手法的理解逐渐丰富起来。教师需要随时捕捉时机,让学生在交流中进行思想的碰撞。譬如,在翻译时,学生对"欲报之德,昊天罔极"的句意理解只有一种,教师抓住"极"字提出质疑,学生才明白"极"字可理解为"边界",还可理解为"原则",对句意的理解也就更丰富。后来,小组得益于这种理解,指出这句诗用了"比"的表现手法。又如,在分析第四章时,笔者提出质疑,"按正常的逻辑来看,首句不应该改为'母兮生我,父兮鞠我'吗?'出入腹我'不应该放前一点吗?"经过点拨,学生才理解到这句诗用了互文修辞,真正体会到诗人由于悲伤以致语无伦次的表现。再如,讲到"缾之罄矣,维罍之耻"一句时,上次在另一个班上课,就有同学提出质疑:"缾、罍都是酒器,可否对调?"这次笔者也将学生的质疑抛了出来,虽然学生未能解释明白,但只要能刺激他们去思考,那就值了。经过鼓励,学生也敢于站起来质疑,并纠正错误。当然,有的质疑由于涉及学术前沿,若贸然提出,容易造成学生认识上的混乱,故此可以存而不论。譬如,第五、第六章的表现手法既可理解为"兴",也可理解为"赋",如果学生能够提出个人见解,且又解释得通,那就值得鼓励。

第三,以"比"激趣。在比较中求同存异,能让学生深入地理解文本,拓宽视野,从而提升思维品质。为了让学生更好地理解赋比兴的手法,实现能力迁移,笔者在课堂中引入《邶风·凯风》,让学生找出运用赋、比、兴的诗句,并理解诗人的内心情感。李佳艺在《〈诗经〉孝思之悲探微》中指出,《蓼莪》的"蓼莪"之悲、"昊天之德"与《凯风》的"寒泉之思"已经成为孝子感慨父母之爱的代名词。这两首诗在艺术上的成就难分伯仲,《蓼莪》多一分凄怆,《凯风》则胜一分隽永。通过对表现手法的探究,学生能理解两首诗的异同点,对古代孝道文化的理解也更为深入。如若时间允许,笔者还会引导学生结合《蓼莪》或《凯风》两首诗,探讨古今孝道文化的异同点,进而更深入地体会中国传统父母与子女的人伦情感及社会责任。在另一个班的教学中,个别学生认同要传承古代孝道文化,个别同学认为"鲜民之生,不如死之久矣"的做法太过偏激,"出则衔恤,入则靡至"的想法太过极端。其实,这些都是诗人沉痛至极而出现的应激心态,需要经过教师点拨,学生才能将诗人的心灵密码还原出来。

在这堂课里,学生在反复朗读中,尝试多样化的朗读方式,慢慢读出诗的味道。朗读看似笨拙,实则巧妙,是积累诗歌语感的好方法。对于诗中有争议的问题,通过思考、讨论,学生对字词的理解更丰富,对诗人的情感理解更深入。当然,这一堂课也有不足之处,由于探讨表现手法的问题较大,学生在探讨时面面俱到,容易造成主次不分。其实,可以进行定点分析,探讨有代表性的诗句,将其读通、读透,其他诗句点到为止即可。此外,作为普通班的学生,学生的思维能力还需加强,其表达能力也有待提升。

总之,诗歌教学由于文本年代久远,理解存在难度,故"激趣"有其必要性。"激趣"的途径是多样化的,其目的是让学生亲近文本,深入文本,读懂文本。这趣味不追求庸

俗的笑声,也不刻意幽默搞笑,而是让学生在思想的争鸣与共鸣中,真正地学出乐趣,享受智趣。

【孙丽红点评陈奇川老师《蓼茸》课堂教学艺术】
看似平常藏珍奇

这节《蓼茸》,带来惊喜。我的评价可以用三个字概括:实而活。

"惊喜"一词的含义是"超出预期的好",潜台词是"预期一般"。为什么呢?陈奇川老师很低调,不张扬,普通话真"普通"……课后聊到诵读法,他还很诚恳地告诉我他自己对朗读不甚专长。然而,他的课上得很沉稳,推进得很流畅,如同一壶好茶,回味绵长;他的反思,角度出乎意料,同样"看似平常藏珍奇"。

2020年11月29日,我一早从广州出发经珠海到达澳门,下午即前往曾经升起第一面五星红旗的濠江中学,第一节课就是陈奇川老师在中四(相当于高中一年级)上的《蓼茸》。澳门人骨子里中华传统文化根深蒂固,学生学习中华传统文化的氛围很好。

这节课,具体说来,我认为有三个特别值得肯定的地方。

其一,选文经典,研究深入。选文,是教材和教师的双向选择,陈老师选择试教《蓼茸》,其中必然有他的想法。教学,需要实现文本与教师、与学生、与作者、与时代的多重对话,较好实现这些互动的前提是教师对文本的深入研究。课后,我了解到陈老师曾经为了"弗弗"怎么读还专门请教过暨南大学的古文专家,足见其认真程度。其实,我们的许多研究不一定在课堂上呈现出来,但是,教师对文本

研究越深,驾驭课堂的能力会相对越强,处理具体问题更得心应手,更容易生成课堂的火花。从简洁明了的教学课件中也不难看到,陈老师对文本吃得很透。我在点评中指出一些值得商榷的问题,实属正常学术争鸣,提出来供大家讨论、指正。

其二,设计合理,学生为本。本节课学生小组学习活动充分,发言积极、真实、重点突出。一方面是长期以来的训练有素,另一方面体现出教师课前任务布置到位,学生学习目标明确。"学生为主体,教师为主导"的理念贯穿整节课中,互动不仅有恰当的形式,更具充实的内容,在短短一节课中,学生所获颇多。难能可贵的是陈奇川老师在明了自己对朗读不甚擅长的情况下,不回避,不马虎,通过音频示范、学生诵读,把朗读法的作用发挥得淋漓尽致,成为课堂的亮点,这正是他已将"以学生为本"融入骨髓的明证,令人叹服。

其三,突出传统,不囿于传统。这首远古经典《蓼莪》中抒发的不能终养父母的痛极之情无疑是中华传统美德的表现,当代人读来,观念上的确难以完全认同。如何破解?奇川老师在深读原作的基础上给出了恰当的指引:首先,作为语文学习材料,我们需要"披文入情",把握好作者的情感,探寻作者抒发情感的路径;其次,提出了"以《蓼莪》或《凯风》为例,谈谈你如何理解古代的'孝'和当代的'孝',二者有何异同?"这样不拘于文本的设问,联系当下,启迪思想,训练思维;最后,"文本解读""拓展阅读""联系实际"三者均有呈现及展开,展开的时机与时长适度,其中,"文本解读"用时最多,"拓展阅读"次之,"联系实际"所用时间最少。这样处理看似寻常,实则设计巧妙，学生扎扎实实地学到了知识，锻炼了能力，开阔了视野。

这里，我想借此机会多谈几句：不少老师的课堂，"精读"与"拓展"时间分配不合理，"拓展"过多，以致几成"漫谈"，看上去学生说得天马行空，满堂热闹，实则离语文越来越远，无助于学生语文能力的培养、语文素养的形成。

当然，课堂教学艺术永远都是有遗憾的艺术，陈老师的课也不例外。课后我跟陈老师提出两点可以考虑改进的建议。

其一，对学生的表述作更高要求，力求精准。例如：

生10：我们组来说一下这一首诗的"比"。"比"是打比方。"蓼蓼者莪，匪莪伊蒿"，作者是用"莪"来比喻希望成才，用"蒿"来比喻自己不成才。

生11：第二句"蓼蓼者莪，匪莪伊蔚"，作者是用"莪"来比喻希望成才，用"蔚"来比喻自己不成才。

…………

师：接下来我们看，"莪""蒿""蔚"这三个，他们都找出来了。在解析的时候，应该调整一下。"莪"比喻成才、尽孝之人，"蒿""蔚"比喻无用、无法尽孝之人。在这句话里，父母希望子女成为"莪"，却没想到儿女成为"蒿"和"蔚"。

教师的表述与学生的表述略有不同，在学生表述时，教师如能即时调校，将对提高学生口头表达的准确性大有裨益，也有利于其对"比喻"修辞手法有更深的理解。

其二，如何辩证看待传统文化。在与作品"同情""共情"之时，也要善于引导学生辩证看待作者的思想意识，

形成更加理性、更加现代的人生观。前面，我肯定了陈老师提出"以《蓼莪》或《凯风》为例，谈谈你如何理解古代的'孝'和当代的'孝'，二者有何异同?"的提问，这一问还可以加大力度，不仅能说出"异同"，还可以尝试谈谈你的见解："你认为当下的'孝'是怎样的?"这样问的基础建立在前面学生对文本的深入理解上，重点不在于观点的"新"或"对"，而在于激发思考，形成观点并力求言之成理。

从整篇教学设计及第二课时的课堂实施中，我看到以上主要情况；其实，在编写教材过程中，我知道，指挥澳门老师们课堂教学按规范进行的是各学段学力要求。例如，本课按照澳门高中语文基本学力要求，需要达到：

A—1—1	能专注而有礼貌地聆听
B—5—1	在讨论中，能认真聆听，努力把握他人的观点和意见，并做出恰当的回应
D—2—1	能用粤语正确、流利、有感情地朗读诗文
D—9—2	阅读古典诗词，能理解诗词中的形象、情感和思想内容，感受诗词的艺术魅力
D—9—3	了解古典诗词的基本体式与格律，感受其形式美
D—9—5	能结合历史文化背景加深理解所学文言文和古典诗词
D—9—6	通过中国古代优秀作品的学习，认识民族精神和民族智慧，热爱中华文化

这样的学力标准对教材、教学评价等起到了很好的规范和指导作用。

能理智认识自己的人是有力量的,能将教学思想融化到自评中的老师是难得的。陈奇川老师的反思也令我十分惊喜。我想再用三个字概括:实而准。其反思中的关键词是"学生""激趣""文本",从反思中我再次看到了陈老师求本务实、知技巧但不玩技巧的朴实风格。

最后,说几句评课之外的话:与陈奇川老师打交道很令人放心,不轻诺,言而信。

【案例2】《苦恼》(执教:吴文芬老师;观察与点评:孙丽红老师)

课堂教学实录	观察与点评
师:上课!同学们好! 生(起立):老师好! 师:请坐!	师生问好
师:大家有没有试过,心里有很多苦恼,但是没人倾诉?或者想说,没有人听? 生:有。 师:我想问大家,倾诉无人听时,心里是什么感受? 众生:难受,想哭……(笑)	从自我感受出发进入文本
师:看来大家不是很难受啊,还笑呢。如果大家真的有这种经历,那我们今天学这篇文章可能感受更深一点。高尔基曾经试过。 多媒体展示: 高尔基在《我的大学》中写道:当年他在面包房工作的时候,传来了他外祖母去世的消息,他感到万分憋闷,很想找个人讲讲他的外祖母,	委婉提醒学生 名家感受

（续上表）

课堂教学实录	观察与点评
可是没有人听他讲，他的这个心愿也就永远埋在心底了。后来他读了契诃夫的《苦恼》，对约纳的遭遇产生了强烈共鸣，称赞它是一部非常真实生动的作品。他后悔当初没想到把自己的悲哀讲给老鼠听，当时面包房里老鼠是很多的。 　　这样的情感的共鸣，我想绝对不仅是因为他们相似的经历，更因为契诃夫把这样的经历写得……太真实生动（众生齐说）了，把高尔基当时经历时的感想勾出来了。今天我们就来学习契诃夫的《苦恼》，看看契诃夫是怎么把约纳的苦恼写得淋漓尽致、感人至深的。首先，我想找一个同学来给大家简单地讲讲故事情节。帮我推荐一个同学。	虚构与真实 梳理情节
众生：杨毅。 生（杨毅）：一个老车夫他死了儿子，他想找人倾诉，却没人理他。 师：然后呢？ 生（杨毅）：只好找他的马倾诉了。 师：约纳一出场时给你什么印象？ 生：毫无生气。 师：从哪里看出来的？ 生：像是一个幽灵。 师：幽灵有什么特点？ 生：存在感很低。 师：这个人的存在就像幽灵一样，存在感很低。还有呢？ 生：一动不动。 师：为什么不动？ 生：悲伤到极致。	不难

(续上表)

课堂教学实录	观察与点评
师：悲伤到极致，身心都麻木了，所以一动不动。还有别的吗？ 生：约纳是个贫困的人。 师：从哪里可以看出来？ 生：拉客等了半天都没有生意。还有，马是瘦马。 师：写马就是在……写人（众生答）。然后文中写道"它多半在想心思"，后来就有了一大段关于马的描写，其实马就是人的映衬，由此可见，约纳很贫穷、苦恼、瘦弱、孤独寂寞等。（众生答） 师：这样的约纳，他的苦恼是什么呢？ 众生：失去儿子的悲伤、生活贫困、无人倾诉等。 师：他向谁倾诉过他的苦恼？ 众生：军人、三个年轻人、老仆人、年轻车夫。 师：他们对约纳持怎样的态度？ 众生：要么不理睬，要么打骂，总之就是冷酷、冷漠。 师：约纳有很多苦恼，他想去倾诉，但是遭遇了接二连三的冷漠对待。正是在约纳向这些人倾诉的过程中，这些人冷漠对待约纳之后，约纳的心理变化呈现出了真实生动的人的心理变化过程。我们来看看契诃夫是怎样把一个人的心理变化生动地刻画出来的。 　　　小说是以人物刻画为中心的。这篇小说通过什么方式来刻画人物呢？ 生：心理描写、动作、神态（细节）描写、语言（对话）描写。 师：约纳向谁倾诉时心理刻画得最详细、最淋漓尽致？ 生：向三个年轻人倾诉时。	极度悲伤 注意，"苦恼"与"悲伤"不同 "冷酷"言重了 抓住体裁特征

278

(续上表)

课堂教学实录	观察与点评
师：下面我们就一起来品读下这一部分约纳的心理变化过程。请大家在约纳与三个年轻人的对话过程当中，画出约纳细节描写的重点语句，在旁边批注约纳的心理。要求是让我感受到约纳在跟三个年轻人的对话过程中他的心理变化过程。他刚开始是怎么想的，后来是怎么想的，最后又是怎么想的。如果你不会用比较概括的语言，你可以直接写他当时在想什么。 　　老师举个例子。一开始他迎接这些年轻人的时候。有一处细节描写"二十戈比的价钱是不公道的，然而他顾不上讲价了……一个卢布也罢，五戈比也罢，如今在他都是一样，只要有乘客就行……"这个细节描写是异于常人的，对于一个车夫来说，拉车本来就是为了挣钱，他却不计较。"顾不上"：一个车夫顾不上讲价是反常的，说明他太急于倾诉，连本来应该讲的价格都顾不上了；两个"也罢"：不管钱多少，他都不想再计较了，只想快点招到客人；"只要……就行……"：说明车夫急切想要找到人倾诉，其他都不计较，不想再等待的急切心情。从这些用词中，我们可以感受到，此时的约纳非常急于倾诉，只要有乘客他就有倾诉的希望。 （学生圈画、批注，小组交流） 　　我开个头，一开始约纳是急于倾诉，不计较价钱。（板书）哪个小组来说说，接着，约纳有怎样的表现？ 生：笑了。	根据学生能力 反常之处需要关注

解读 呈现 展开——中学语文课堂教学艺术品析

（续上表）

课堂教学实录	观察与点评
师：你把那句话念一下。 生："嘻嘻，……嘻嘻……"约纳笑着说，"凑合着戴吧……"	苦恼人的笑
师：这个笑到位吗？ 生：不到位。 师：当时约纳是怎样的心情去笑的？ 生：苦笑。 师：心里太痛苦了却还要笑出来。那他为什么要笑？ 生：因为乘客在评论他的帽子。 师：是评论吗？不如说是……取笑（众生答）吧。如果别人取笑你的帽子很烂，你的反应是……生气、反驳（众生答），最起码回避。但是他的反应却是笑了。为什么？	"到位"这个词不恰当 问得好！
生：因为有人和他说话了，所以他就很开心，找到了倾诉对象。	贴近人物心理分析
师：只要有人跟他说话，不管说的内容是什么，是取笑他的，还是辱骂他的，他都开心。因为人家注意到他了，他就有机会倾诉了。言下之意，这个笑很反常，别人说了一个关于他的话题，他赶紧抓住机会，迎合别人的话题，找机会倾诉。接着，笑完以后，三个年轻人开始了闲聊。然后约纳又怎样？又笑了。谁来说说第二次笑？	
生："嘻嘻！"约纳笑道，"这些老爷真快活！"	
师：他这次笑的目的是什么？ 生：拍他们马屁引起注意。	迎合，希望倾诉
师：没话找话，见缝插针地插话进去找机会闲聊。跟第一次对比，第一次笑是人家给的话题，第二次	

（续上表）

课堂教学实录	观察与点评
是刻意找的，强行插话。然后…… 生：三个年轻人骂他。 师：然后约纳怎样？ 生：他听见那些骂他的话，看到这几个人，孤单的感觉就逐渐从他的胸中消散了。 师：被人骂了一顿，孤单的感觉就消散了。 生：就是好像他已经融入了三个年轻人之中。 师：融入了？真的有这么融洽吗？（生摇头） 生：他只是对什么感到满足就不孤单了。	消散了吗？
师：嗯，三个年轻人给了他回应。因为有人跟他交流了，孤单的感觉就消散了。然后，那三个年轻人继续聊着他们的话题，聊着女人。约纳在干什么？ 生：约纳不住地回过头去看他们。 师：怎么回头？（生：不住地回头），他想干吗？（生：插话）他又想插话了。然后…… 生：正好他们的谈话短暂地停顿一下，他就再次回过头去，嘟嘟哝哝说。 师：这里有几个细节？ 生：再次……正好…… 师：说明什么？真的有这么"正好"吗？（生摇头。）这个"正好"是怎么找出来的？这个正好是他一直频繁地回头找出来的正好，然后"短暂"地停顿了一下，说明什么？（生答：想插话）而且是在别人不间断的聊天过程中不间断地找机会插话进去的。由此可见他想要倾诉的愿望之强烈（生齐答）。 　　接着约纳说起"我的儿子这个星期死了"，说	注意，并未消散，最多是有所消解 试图倾诉

(续上表)

课堂教学实录	观察与点评
到关键时候，结果对方的反应是？ 生：大家都会死的。 师：简单敷衍。一句带过，又开始了他们的闲聊。然后是约纳被打了。打完后约纳的表现是？ 生：又笑了。（生齐答）老师提示一学生回答。 生："……快活的老爷！"趁机引出他老婆和儿子怎样死的。 师：怎么从"快活的老爷"引出他老婆的死呢？ 生：因为高个子问起他的老婆的话题，他就趁机找人倾诉。 师：就是后面一次笑。高个子问起"你有老婆吗"，他顺势就…… 生：想要全盘托出的时候…… 师：用老婆的话题引出儿子的话题，然后就…… 生：开始大谈特谈了。 师：你看这里他怎么说到他的老婆？ 生：他说"变成烂泥地了"。 师：他为什么这样说他的老婆？ 生：因为他的老婆死了。 师：一个男人死了老婆应该是怀念的，但是他居然跟别人说老婆成了烂泥地了。为什么这样说？ 生：他不在乎老婆的死。 师：不仅是不在乎吧？简直就是把老婆践踏在地上，这是在践踏他的老婆吗？他这样说他的老婆其实就是在…… 生：吸引别人的注意力。 师：他用什么样的方式来吸引对方的注意力？ 生：贬低自己的老婆。	"践踏"不妥

（续上表）

课堂教学实录	观察与点评
师：简直到了自轻…… 生：自贱的地步。 师：（手指黑板板书）我们来看这些细节描写。约纳在跟三个年轻人的对话过程中，开始通过不计较价钱来吸引别人上车，后来顺着话题找机会倾诉，然后刻意地插话找机会倾诉，到了最后是把自己的家人和自己的尊严践踏到了无与伦比的低，来讨好对方，获得倾诉的机会。在这个过程当中，我们可以看到，约纳倾诉的愿望应该是……（生齐答：越来越强烈的），姿态是放得越来越……（生齐答：低），然后，他的苦恼刚想喷薄而出的时候…… 生：他们下车了。 师：如果是你，你百般讨好一个人，不停想要讨好他，求得一个倾诉的机会，然后当你觉得应该说的时候，对方却说拜拜，你是怎样的心情？我们来看当时约纳是怎样的心情。 生齐读三个年轻人离开后约纳的心理描写片段。 师：这个时候约纳的心情还是当初那个失去儿子的痛苦吗？ 生：不安和痛苦。 师：哪里可以看出来？ 生：就在这段，有提到他的眼睛不安而痛苦地打量着川流不息的人群。 师：他因什么而不安和痛苦？ 生：我觉得可能第一个因为他孤身一人，刚刚想找到人倾诉又失去了这个机会。痛苦的话，第一，可能是因为他失去儿子很痛苦；第二，本来可以倾诉，	寻找机会、创造条件倾诉 不够准确

(续上表)

课堂教学实录	观察与点评
但是那人又离开了。所以，他自己有话说不出的痛苦。 师：各种痛苦各种苦恼夹杂在一起，但是你觉得在这个时候，哪一种痛苦居于首位？ 生：无法倾诉而带来的憋闷和苦楚。 师：这里是说憋闷和苦楚吗？ 生：痛苦和不安。 师：痛苦和不安吗？（手指屏幕提示） 生：寂寞和孤身一人。 师：而且后面的描写都在描述他的寂寞。你怎么看出来都在写寂寞？ 生：这个文段对他的寂寞进行了一个对比。 师：哪里有对比？ 生：因为他是孤身一人，而周围的人呢，却是川流不息的。 师：哪里讲到？ 生：川流不息的人群。 师：还有呢？ 生：还有成千上万的人。 师：还有吗？ 生：没有一个人。还有人群奔走不停。 师：这些都是他当时身处的那个环境，人群是纷杂的，匆忙的，而约纳是孤独的。所以，这里有…… 生：对比。 师：在对比中凸显…… 生：约纳的寂寞。 师：还有吗？抓住这里的关键词句。我们看后面的描	是"苦恼" 身处在人群之中却感到无比孤独

（续上表）

课堂教学实录	观察与点评
写，表面看是在写苦恼。这个苦恼怎么样？ 生：很大很多。 师：他是怎么写这个苦恼的？ 生：他的苦恼也是跟他渺小的躯体形成对比。 师：写苦恼是……（生：广大无垠的）写躯体是……（生：渺小的）把苦恼之大跟躯体之小形成对比，对比当中凸显他的孤独。苦恼这么大，然后又写了一个对象。 生：人们白天打着火把也看不见。 师：这里有两个强调。 生：白天。打着火把。 师：由此可见约纳的……（生：渺小） 师：真的是因为约纳很渺小，所以人们看不见吗？ 生：是因为没有人注意到他。 师：所以他才显得渺小。这样写更能突显他的…… 生：孤身一人。 师：孤独。也就是说，其实，约纳的苦恼有很多，他经过倾诉之后，因为人们的冷漠对待，这个时候的苦恼已经逐渐演变为无人理会的……孤独。在经历倾诉无门后，这种孤独逐渐占了上风。然后他就去跟他同阶层的扫地的老仆人倾诉，结果？ 生：把他赶走了。 师：赶走了以后他有没有停住倾诉的脚步？ 生：没有。 师：因为什么？他受不了了，五分钟还没到他就受不了了。说明什么？	深入文本 紧扣文本

(续上表)

课堂教学实录	观察与点评
生：想倾诉的欲望太急切了。 师：加上他的孤独又与时俱增，所以他不得不继续找人倾诉。他找到了年轻的车夫，同行，同行怎么对他？ 生：那个年轻人已经盖好被子，连头蒙上，睡着了。 师：这是怎样的情景？连头蒙上，而且是睡着了。一般来说，人家跟你说着话，你会睡着吗？（生：不会）说明那个年轻人根本就没有在意约纳说什么。在经过同阶层的人又不理睬，更冷淡的对待以后，约纳的心理又是怎么样的状态？我们来看这一部分的心理描写。 （多媒体展示约纳在年轻人睡着后的心理描写片段） 师：约纳在干什么？ 生：说他的苦恼。 师：他说了吗？ 生：没有。 师：那就是想象中的倾诉。自说自话。这个时候的约纳心里在想什么？他很孤独，他去找人倾诉，又没有人理他，老人已经没有希望了。他只好对自己说。大家注意这段文字里反复出现的"应当""怎样"。请一位同学说说你的理解。 生：应当就是应该。 师：说明什么，应该干什么？（生：倾诉）在约纳的想法里面，就应当倾诉，倾诉是一种本能，倾诉是再正常不过的事情了。而现实是…… 生：没人听他倾诉。 师：本能被禁锢住了。所以这个时候他的孤独更加强	无关对错

（续上表）

课堂教学实录	观察与点评
烈，强烈到无法控制。一个人如果生活困难，其他方面有困难，这是可以解决的，但是如果一个人倾诉的本能都被禁锢住了，那么这个人将……濒临崩溃。所以这个时候的约纳，他的孤独又加深了一层，孤独到了近乎绝望的境地。对这样的约纳，作者是怎样的态度呢？ 生：沉默。 师：这篇文章还有一个特点。它有一个题记："我向谁去诉说我的悲伤？"怎么理解这个题记？这里有两个关键点，第一，"我"是谁？第二，向谁去诉说？说明什么？（生齐答：无处诉说）那就解决"我"是谁？从文本本身来看…… 生："我"是约纳。 师：约纳无法诉说他的悲伤。这是约纳的孤独。然后，这是作者写的，他超脱于文本之外，写了这样的一句话。所以，这个"我"也有契诃夫的影子。也就是说契诃夫也有无法诉说悲伤的孤独。再进一步说，我们看到这篇小说时，第一句话就是："我向谁去诉说我的悲伤？"这个"我"还可以是谁？（生：读者自己）我们每一个人都有无法诉说悲伤的孤独。契诃夫为什么要把人的孤独强调得这么充分呢？跟他本人的创作理念有关。 （多媒体展示契诃夫的孤独） 　　叔本华利己主义哲学在19世纪的俄国非常盛行。"对于自己的死，人人都将之视为世界末日似的；对于那些熟人的死……就当作与自己不甚相干的事情听听罢了。"	回到题记 知人论世 跟"利己主义哲学"无直接关系

(续上表)

课堂教学实录	观察与点评
契诃夫总是随身带着一件小小的首饰,上面刻着这样的铭文:"对一个孤独者而言,整个世界就是一片沙漠,这片沙漠,他走到哪里都无法穿越。"	作者思想
人的孤独感不是因为遭遇怎样才有的。而是人本来就有的。所以,我们今天来读这篇作品的目的是什么?肯定不仅是了解那个时代、那个社会,同情那个小人物,批判那个社会,更应该是找到永恒不变的东西,而这个永恒不变的东西就是我们在经典作品里发现的人性和人生永恒不变的问题,比如说人的孤独感。	说到点子上,教学语言还可以更精练一些。
这节课我们通过抓住不同作家不同创作风格,根据这篇文章本身的写作特点来探究这篇小说的主题。希望同学们在以后读小说的时候都能用上这种方法。课后阅读鲁迅的《祝福》和契诃夫的《哀伤》,对比三篇小说在写法和主题上的异同。下课。	结语尚需打磨 比较意识不错,篇目有待商榷
生:谢谢老师,老师再见。	

【教学反思】(吴文芬)

《苦恼》是契诃夫的名篇,列夫·托尔斯泰认为它是第一流的小说;高尔基对约纳的遭遇产生了强烈共鸣,称赞它是一部非常真实生动的作品。作者通过人和马的对比揭示了作品的主题:沙皇专制统治下社会底层劳动人民的悲惨境遇,以及社会的自私、冷漠、冷酷与黑暗。根据学情调查,学生基本读懂这一主题。但是,从学生的态度来看,他们并没有对约纳产生共鸣。因此,课堂需要解决的问题是深入分析人物心理和作品的主题。

区别于其他作家及契诃夫的其他名篇,这篇小说不是以动人的故事情节吸引人,而是以显现悲哀的心理世界震撼人。小说反映人物痛苦的深刻之处,不仅在于他的悲惨遭遇,更重要的是约纳精神上的孤寂和痛苦。而该文在写作艺术方面的显著特色是以小见大,通过对话、细节、心理描写真实、生动地刻画人物心理,在人与马的对比、环境与马对人物的映衬中不断强化人性的冷漠与人的孤独感。

基于此,要让学生深入理解小说的主题,对约纳的心理产生共鸣,必须以小说本身的写作艺术为把手,抓住对话、细节、心理描写进行品读、鉴赏,理解人物细节描写的妙处,进而理解作者的用意。因此,这一课的教学目标拟定为:能掌握小说通过对话、细节、心理描写刻画人物心理的写法;能分析出人物心理变化过程(重点);能抓住重点语句,分析出作者的写作意图,深入理解小说主题(难点)。

要落实以上教学目标,课堂重点是抓住文本中刻画人物的对话、细节、心理描写的关键词句进行品读、鉴赏,教师教给学生方法,学生在品读、鉴赏中掌握和运用方法,最终达到深入理解人物和主题的目标。由于课文较长,我截取了最详细描写的片段(约纳向三个年轻人倾诉的片段),让学生画出反映约纳心理变化的对话、细节、心理描写的句子,根据关键词句批注约纳的心理,小组讨论后派代表分享展示,教师要求学生按约纳心理变化的时间顺序发言,教师板书学生答案,梳理出约纳的心理变化过程,小结。

教师示范,根据关键词句分析人物心理的方法如下。

1. 找出细节描写:

二十戈比的价钱是不公道的,然而他顾不上讲价了……一个卢布也罢,五戈比也罢,如今在他都是一样,只要有乘客就行……

解读 呈现 展开——中学语文课堂教学艺术品析

2. 画出最富表现力的关键词句,分析用意:

二十戈比的价钱是不公道的,然而他顾不上讲价了……一个卢布也罢,五戈比也罢,如今在他都是一样,只要有乘客就行……("顾不上":一个车夫顾不上讲价是反常的,说明他太急于倾诉,连本来应该讲的价格都顾不上了;两个"也罢":不管钱多少,他都不想再计较了,只想快点招到客人;"只要……就行……":说明车夫急切想要找到人倾诉,其他都不计较,不想再等待的急切心情。)

3. 小结此处细节描写中约纳的心理状态:

由此可见,此时的约纳非常急于倾诉,只要有乘客他就有倾诉的希望。

有了分析的把手,学生发言时更注重抓住文本的关键词句,虽然对语言本身不太敏感,但是经老师提醒和引导后能更准确地领会关键词句背后的内涵,在逐渐深入的分析中,理解约纳的心理变化过程。等到根据板书小结(在约纳向三个年轻人倾诉的过程中,我们可以看到,约纳寻找倾诉机会的努力是一步一步加大的,姿态是越来越低的,对三个年轻人倾诉的希望是越来越大的,这种努力是百般讨好、刻意逢迎去获得倾诉的机会,但是当他不惜自轻自贱地去讨好对方,准备把满腔的苦恼喷薄而出的时候,三个年轻人离开了)时,我看到学生脸上所表现的都是深深的认同和共鸣感。我想这就是让学生走进了文本,读懂了文本。有了这个基础,后面的心理分析、难点突破都迎刃而解。

通过这次备课,我更深地体会到备课中研究学情和研读文本的重要性。如果教师想当然地把鉴赏一篇小说该讲的都讲了,却没有针对学生真正不懂的地方进行方法的引导和梳理,没有根据文本的特色进行挖掘和分析,那么课堂呈现的可能是热闹的过场，教师的预设达成，但学生始终处于"看客"状态。这是语文老师应该时刻提醒自己避免的状况。只有充分调查学情，充分研读文本，以文本语言和写作特色为把手，教给学生深入文本的鉴赏方法，一堂小说鉴赏课才算是有的放矢的，才能在学生和文本之间搭建起有效沟通的桥梁。

回顾海教杯初赛、决赛的过程，广州市第九十七中学语文科的柴玉珍老师及所有高中部的老师给了我莫大的支持。他们一次次地听我试讲，不断地提出宝贵意见，在他们的帮助下，我的教学重难点的落实才有了切实可行的方法。感谢科组，感恩成长。

【案例3】《别是一家——李清照词二首之永遇乐》（借班执教：林岚老师；观察与点评：孙丽红老师）

课堂教学实录	观察与点评
师：今天我们就来学习李清照的《永遇乐》。刚才大家已经听了李清照的一些词作品的吟诵，大家听了有什么感受，每个人都说说自己的感受，你来说说有什么感受？	开门见山，从学生感受出发
生1：我觉得她的词都非常的婉约。	答偏了
师：你刚才听的感觉是怎样的？	教师强调
生1：就是感觉很清新。	"听"
师：说到鉴赏，我们先来看"鉴赏"的"鉴"字的篆文——。（投影幻灯片）它是表示一个人睁大了眼睛看清下面盘中的事物。所以说鉴赏也要细心、细品的。古代文学诗词鉴赏专家吴世昌先生说诗词鉴赏很难，有三个原因：①名物训诂（对古书字句的解释），因古今俗语及生活方式之不同而难	古诗词鉴赏之难，有依据；鉴赏需要得法

（续上表）

课堂教学实录	观察与点评
于想象。②隶事用典，因读书多寡而见仁见智。③章法修辞，因平仄韵调而参互错综。（投影幻灯片）那么，我们说连这些古典诗词鉴赏研究专家都觉得诗词鉴赏是比较难的，更何况我们同学们都还只是高二的学生呢？可是吴先生归纳出来的诗词鉴赏方面的三个难题也恰恰是我们诗词鉴赏要注意的三个方面的问题。那么，我们要多读诗词，才能知道哪些是古代的一些俗语，只有多读才能积累；还有，我们要扩大自己的知识面，才能够知人论世；再有，我们要多读诗词，才能去积累诗词的一些常用手法，才能够更好地去做这些鉴赏的题目。 　　李清照在中国古代文学史上，可以说是巾帼不让须眉，她留下来的作品只有70多首，但是她却能够和作品留下来成百上千，甚至上万的李白、杜甫、陆游这些男性诗人平起平坐，她可以说是中国文学史上最光彩夺目的女性。李清照的词很有自己的特色，是被誉为"易安体"，而且她也被誉为婉约词宗，"一代词宗"。（投影幻灯片：唐宋词体举例）我们之前发给大家的李清照专题资料中说李清照在自己的词论里说"词别是一家"，她为什么认为"词别是一家"呢？我们请同学来说一说。请袁景宇同学回答一下。 生2：在我看来，她认为诗只分平仄，但词却要分五音，又分五声，又分六律，还要分发音的清、浊、轻、重。词在协音律，以及思想内容、艺术风格、表现形式等方面，都有自己的特色。	重点学校高二的学生是可以接受的 回到课题"词别是一家"

中学语文课堂教学展开的艺术

（续上表）

课堂教学实录	观察与点评
师：所以我们看到词和诗相比，它是更讲求韵律的声律是不是？那我们刚才听到的李清照的作品，你觉得它的音律如何呢？ 生2：我觉得比较…… 师：你用一个词来形容一下。 生2：我觉得比较凄婉。 师：那么听起来动不动听呢？ 生2：很动听。 师：很动听，不是那种"呕哑嘲哳难为听"，有没有如闻仙乐耳暂明的感觉呢？ （生2点头） 师：那么我们说李清照的易安体的第一个特点，我们刚才通过听，就已经出来了，是什么呢？——音律非常的和谐。（板书：音律和谐）好，下面我们一起来读一读这首作品，希望你们也能读得动听。"落日熔金"预备齐—— [全班齐读《永遇乐》（投影幻灯片）] 师：大家读得还是比较整齐的，可是还不是特别的动听。大家刚才读的时候有没有发现这首词啊好像很难高声地去读，为什么呢？这其实和它的词牌是有关系的。我们之前曾经让大家做了一个朗读的分析，但是从收上来的学案发现很多同学不太会分析。在这里，老师根据自己对词作的理解做了一个分析。现在，我们根据老师做的这个分析，大家来试一试，来读一读。红色字代表要重读的；斜杠代表要稍事停顿的；如果这个字下面加横线，就代表这个字要稍微地拖长。大家也	通过引导，再探讨之前提出的问题 学生习惯从情感角度作答 借班上课，刚开始师生交流不是很好，但能感觉到学生开始"悟"了 要求"读得动听"，好！ 点评客观 教学贴近学生

(续上表)

课堂教学实录	观察与点评
不用全读，我们分角色来读一读，大家在读的时候思考一下老师为什么能这样分角色读呢？"生"就是全班一起读的，"女生"就是专门女生来读的，"师"就是老师来读的。请你们注意我的这些朗读提示，根据我的这些提示来读啊。我们做好准备。"落日熔金"预备齐—— [全班分角色读《永遇乐》（投影幻灯片）] （生）落日/熔金，暮云/合璧，（师）人/在/何处（u）？ （生）染柳/烟浓，吹梅/笛怨，（师）春意/知/几许（ü）？ （生）元宵/佳节，融和/天气，（师）次第/岂无/风雨（ü）？ （生）来相招，香车/宝马，（师）谢他/酒朋/诗侣（ü）。 （女生）中州/盛日，闺门/多暇，（师）记得/偏重/三五（u）。 （女生）铺翠冠儿，捻金雪柳，（女生）簇带/争/济楚（u）。 （师）如今/憔悴，风鬟/霜鬓，怕见/夜间/出去（ü）。 （师）不如向、帘儿/底下，听人/笑语（ü）。	示范引路 标识明确 有趣的小问题 很期待 学生注意力非常集中，角色无误。师生合作朗读，效果很好
师：大家感觉这次读是不是比上一次稍微好一些呢？也就是说我们稍做一些朗读的提示就可以把这首词读得更好一些，可是怎么样才能做出这样朗读的提示呢？它是要在理解的基础上才能做出来的。那我想先问问大家，刚才老师为什么可以这样来	引导得当，充分发挥古诗词诵读作用，顺势追问

(续上表)

课堂教学实录	观察与点评
分角色呢？女生读的部分，其实是在写什么？来，你来说一下，女生读的部分其实在写什么？ 生3：就说是回忆她年轻的时候欢快的日子。 师：就是说，是在回忆。那全班一起读的呢？你来说说。 生4：前面全班一起读的就是写现在的她的一些处境和一些景物，还有她现在的生活。 师：那老师读的部分，大家有没有觉得有一个形象？你觉得是一个什么样的形象呢？ 生4：老师读的部分就是说她经历了那么多，跟以前比起来，可能是憔悴吧。	顺其自然，开始"理解"
师：憔悴。老师读的部分是不是像一个老妇人在自言自语呢？大家觉得像不像一个老妇人在自言自语？ （众生点头）	学生渐入情境
师：刚才我们发现，整首词先实写，然后到虚写回忆，然后又到实写（板书"实写—虚写—实写"）。而且她还塑造了一个形象（板书"老妇形象"）。我们感觉到这个老妇人她在回忆，在自言自语，那么你为什么会觉得她在自言自语呢？它本来是一首词，你会发现老师读的部分有很多口语的东西，只不过现在我们感受不到它是口语，但是在宋代它就是口语。比如说"次第"，"次第"什么意思？（生在下答"时间很短"）	"宋代口语"存疑
师：转眼间。比如说"簇带""济楚"，又比如说一些儿化音"铺翠冠儿"，刚才你们有部分同学读得不准，不是"铺翠冠（去声）儿"，而是"铺翠冠（阴平）儿"，"冠（阴平）儿"是帽子。还有"帘儿"，还有像这个"怕见"，这些都是口语化	正音

295

（续上表）

课堂教学实录	观察与点评
的，那么我们会发现易安体它的第二个特点又出现了，它会是什么呢？你来说，你刚才说的。 生5：贴近生活，比较口语化。 师：贴近生活，比较是有口语化的。（板书"易安体特点：1. 音律和谐；2. 语言浅淡"）口语化的语言就是很浅淡的语言，但我们等会再细细品鉴一下她这些浅淡的语言下面有没有一些深意在里面呢？好我想问问大家，为什么我一开始"落日/熔金，暮云/合璧"，我觉得都是重音地来读？重音地来读，你觉得读出了景物的什么样的特点呢？大家可以试试你低声地读和你高声地读，是不一样的，重音读，读出了景物的什么特点呢？为什么下面"染柳/烟浓，吹梅/笛怨"又沉了下去呢？它们的景物描写又有什么特点呢？我们之前统计了一下你最欣赏的句子，有28位同学很喜欢前三句，有10多位同学很喜欢第四、第五、第六句，也就是说加起来有30多位同学喜欢前六句，这是你们最欣赏的句子。"落日熔金，暮云合璧""染柳烟浓，吹梅笛怨"这些写景写了什么呢？有没有哪位同学愿意来说一说？这几句写景，写了什么，有什么特点？为什么"落日熔金，暮云合璧"读得比较高声，然后"染柳烟浓，吹梅笛怨"又有些沉下去了呢？你来试试。 生6：前面读得重的几句是写了比较开心欢快的元宵节的景象。后面沉了下去的几句是比较哀怨的，咏叹梅花的凋零，后面"染柳烟浓"两句比较哀怨。	学生渐入佳境 略做提炼 环环相扣问得好！ 面对陌生的学生，教师下了不少功夫，课前尽量多了解学情

(续上表)

课堂教学实录	观察与点评
师：哦，"落日熔金，暮云合璧"就是比较欢快的景象，就是比较开阔、比较雄健的景象。你觉得这样傍晚之景美吗？	贴近文本的引导
生6：美。	表现方法
师：很美的景色。"落日熔金，暮云合璧"这里其实用了一种什么样的修辞在写啊？	
生6：比喻。	
师：比喻的修辞。那我想问你，"落日熔金"既然是比喻，那我把这个"熔"字改为"如"字好不好？"暮云合璧""璧"知道是什么来吗？（生在下面答"玉"）就是圆形中间带孔的玉。现在是"暮云合璧"，那我把"合"字改为"似"字，那不是比喻的手法更明显了吗？［板书：熔（如）合（似）］我这样改，肯定没有李清照写得好，但是你通过比较可以发现李清照所用的字，写出了景物的什么特点？	看似寻常之问，实则巧妙，颇具艺术匠心
生6：动态美。	学生的回答越来越精准
师：动态之美，那么你再想想，"落日熔金"，金子很灿烂，可是现在金子……	
生6：熔化了。	
师：熔化了，铺排开来。好"暮云合璧"，"璧"本来是圆的、完整的，但是现在要"暮云"怎么才能完整，要合拢过来才能完整，那说明现在这个璧是一种什么状态呢？看到这样的美景，这样傍晚的美景，它还让我们想到一些什么呢？	充分调动学生的想象力进行还原
生6：景物的变化，很完整，到分开，让人想到月有阴晴圆缺，人有悲欢离合。	有感觉了

297

(续上表)

课堂教学实录	观察与点评
师：哦。还有没有哪些同学想说说看，这样的美景它还让我们想到一些什么呢？你来说说。 生7：我觉得她写到这样的美景，就和她自己凄惨的身世来对比，金子现在熔化了，璧也要合起来，就象征她自己和她的丈夫、家庭和国家都是处在一种分离的状态。	注意"度"的把握，过犹不及
师：北宋此时已经是亡了，南宋又建立起来了。是不是？那我们会发现仔细地去品这些词，它还是有一些深意是值得我们去思考的。我们再看"染柳烟浓，吹梅笛怨"，为什么我把"浓"字要重读，还要拖长呢？那我改成"清"字好不好呢？〔板书：浓（清）〕此时此刻的柳树是一种什么样的状态？我们知道元宵节是春天刚刚开始，柳树刚刚发芽，嫩嫩的才出尖儿。"烟"是什么呢？是水汽。我们知道南方春天会有回南天，有回南天正说明天气开始渐渐回暖了，所以下面就说道"元宵佳节，融合天气"。可是这里为什么用"烟浓"不用"烟清"，"清"也是合韵的。谁愿意来说说。你来说。	进入文字深处
生8：我觉得"烟"就是代表了李清照的一些愁怨，"浓"就是代表了她的愁怨深、浓。	排除顾虑，聚焦词语含义
师：我们看到她这里用"浓"就把原来很灿烂的景色，然后现在就变得怎么样啊，有些……	
生8：有些凄苦。	
师：有些凄苦了，有些暗淡了，有些变得朦胧了是不是？ 生8：是。	引导，共鸣

(续上表)

课堂教学实录	观察与点评
师：很好。那我们再来看看"怨"字。（板书"怨"） 师：其实这个"怨"字也是用得很不错的，那么这个"怨"字是说什么意思呢？为什么用"怨"字，这句话可以怎么理解？"吹梅笛怨"，其实是"笛子"吹起了一个什么曲子啊？（生在下面答"《梅花落》"） 师：哦，《梅花落》的曲子，说这个《梅花落》的曲子比较哀怨，比较凄楚。所以这个"怨"字读得稍微拖长点，会把李清照的那种哀怨感、凄怨感读出来啊。其实李清照在这里暗用了李白的诗里所说的，这个同学们可能就不太清楚，老师就补充给大家。（投影幻灯片）李白在《听黄鹤楼上吹笛》中说："一为迁客去长沙，西望长安不见家。黄鹤楼中吹玉笛，江城五月落梅花。"这里的"落梅花"就是"梅花落"，吹起《梅花落》这个曲子。此后，"玉笛"和"梅花"几乎常常合用，其实它暗含了一种什么情感在里面呢？就是这一句"西望长安不见家"，其实是什么意味啊？就是什么呢？你来说。	点拨 关联 传统文化
生9：我觉得是对家的思念。	笛声勾起故园情
师：对家的思念。特别是这一句"人在何处"，她难道不知道自己在哪里吗？她知不知道自己在哪里啊？在哪里？她就在哪里？你来说。	
生10：她在江南。	
师：她其实人就在江南，人就在杭州，在临安城，可是她还在问"人在何处"。	矛盾所在处是需要深究的
生10：她应该是在想她北方的家，但是她再也回不	

(续上表)

课堂教学实录	观察与点评
去了。 师：嗯，所以你看啊，问完之后她的声音就开始低沉下来了，是不是？然后她又问"春意知几许"，"春意知几许"是什么意思？ （生答"春意知多少"） 师："春意知多少"，"多少"是偏向于多还是少？ （生答"少"） 师："多少"连用往往偏向于少。可是在这里我觉得李清照是到底是多还是少呢？反正我似乎也没有什么感觉。因为此时的她已经是没有家，她也没有子嗣，没有孩子，而且也没用夫君，没有家。所以当我们读到她的第二个问的时候我们可以感受她的漂泊，感受她的那种苦。所以我们看到这两句，虽然语言是浅淡的，但是含义是很深的。所以李清照的词，音律很和谐，品质是很高雅的。语言是浅淡的，但是意味是隽永的。（板书：品质高雅　意味隽永）值得我们细细去品，我们细细去品，我们才能品得出来。我们说这种美，王国维就把它认作是"要眇宜修"之美。什么是要眇宜修？它出自屈原的《九歌·湘君》。（投影幻灯片：要眇宜修：语出屈原《九歌·湘君》："君不行兮夷犹，蹇谁留兮中洲，美要眇兮宜修。"）是形容湘水上的一位女神，说她不但有一种深微幽隐的美，而且还有一种修饰的美，内外兼美。要眇就是好的容貌。宜就是适宜。修就是装饰。要眇宜修，是带着修饰性的一种很精巧的美，是内在与外在统一结合起来的美。王国维在《人间	处处点拨 不必过多强调其家庭情况 特点呼之欲出 点睛之笔，名家精要点评亦是文化之美

（续上表）

课堂教学实录	观察与点评
词话》借用了这个词。"词之为体，要眇宜修。能言诗之所不能言，而不能尽言诗之所能言。诗之境阔，词之言长。"王国维说词也具有这样的一种美，说词的这种美能够传达出诗所不能够传达的内容，但不能够完全传达出诗所能传达出来的内容。	此处小结要言不烦，学生深受启发
师：我们再来看，她又用问了一句"次第岂无风雨"。本来傍晚的时候出现晚霞，肯定是晴朗的天气，元宵节晚上人们都要去干什么？我们现在过元宵节都还保留了这个传统。 （生在下面回答"看灯"）	
师：看灯去，可是她却要问"次第岂无风雨"，是不是很大煞风景啊？可是为什么她会有这样子的想法？是不是有些不合情理呢？你们觉得她为什么会有这种想法？你们觉得是什么原因让她会有这样的想法？谁愿意说一下？你来说。	矛盾处，波澜再起一探究竟
生11：我觉得既然是在元宵佳节，人们都很快活，而她却流离失所，逃到南方来，心理上就有一种非常大的落差。 师：你想想人在逃难的时候，总会经历种种的什么啊？ 生11：就是别人在高兴，自己在悲伤。	学生能有针对性地回答，但较浅层
师：逃难不一定别人就很高兴的啊。别人如果也在逃难呢？逃难我们往往会遇到许多难以预测的事情。所以，从这一句问句我们就可以揣测到她其实怎么样？你想说，你来说。 生12：所以我们可以看出来，她已经没有安全感了。 师：她已经没有安全感了。天有不测风云，瞬息万变	逻辑思维培养，引导学生深入思考

(续上表)

课堂教学实录	观察与点评
啊,所以我们可以看到她这种担忧正是和她自己的经历有很大关联的。那我们看到写得那么美的景,可是她却在哀怨,她却在悲伤,景写得越美,她的哀伤就让人感觉怎么样? (生答"越悲伤") 师:这是什么手法在运用?你来说。 生13:我觉得这是一种反衬的手法。 师:对。这就是反衬的手法,我们在诗词中管它叫"乐景衬哀情"。王夫之说:"以乐景写哀,以哀景写乐,一倍增其哀乐。"(投影幻灯片)我们再读一次,这次你全部读,我给大家配上音乐。 [生配乐齐读《永遇乐》(投影幻灯片)] 师:我觉得大家读得非常好,我们在理解了诗意的基础上再来读,就更可以读出诗人的情感了。接着,我们来看下阕,下阕很显然是在回忆。"中州盛日,闺门多暇,记得偏重三五",为什么这些女孩子那么"偏重三五"呢?"三五"就是元宵节,正月十五。我们给大家补充一些知识。元宵节是中国古代的重要节日,这一天是"士女不禁",平时大门不出,二门不迈的女子,也可以自由出门游玩,甚至与人约会。《武林旧事》载:"元夕节物:妇女皆带珠翠、闹蛾、玉梅、雪柳、菩提叶……而衣多尚白,盖月下所宜也。"你看女孩子们。我们再看一些宋代的图画和仕女泥塑。(投影幻灯片:古代元宵节图片、南宋李嵩《夜观灯图》、山西晋祠宋代仕女泥塑、宋代皇后与仕女花冠)好,我的问题又来了。"铺翠冠儿,捻金雪柳,簇	学生终于答到点上,好! 继续引导 学生越来越"聪明"了 再巩固一下重要手法 适时再读 理解基础上才能读得更好 传统文化常识

302

（续上表）

课堂教学实录	观察与点评
带争济楚。"为什么写元宵节出游的女子，不写别的打扮，只写头饰呢？（投影幻灯片）女孩子们爱打扮啊，为什么不写她的着装，单写她的头饰呢？有没有想过？我请一位女孩子来说一说。哪位女孩子愿意说？你们推荐一位女孩子，你来说，你觉得？	
生14：因为头饰平时不怎么戴，佳节的时候特意戴。	
师：佳节的时候特意戴，而且大家请注意啊，"捻金雪柳"，这个恰恰是元宵节的时候才会戴的。这里就讲出来了。还有没有，我再请一位男同学来说说，你以一位男性的眼光来看元宵出来看灯的女子，那你会怎么样看呢？为什么会只写头饰，单写头饰，这其实是一种什么描写？哪位男生，你来试一下。	每个字都有来处
生15：如果看女生，先看头。（众人笑）	实话实说
师：哦，从头看到脚，如果女生打扮得漂亮，是不是很惹人注目啊？这其实就是作者对人物形象塑造的一个什么描写？	回到用意
生15：细节描写。	
师：非常好。这恰恰就是易安体的第三个特点，细节丰富。（板书：细节丰富 少女形象）她仅仅只是写了头饰就向我们塑造了一个少女的形象。再想一想，女孩子就写的是头饰。后面的老妇形象呢？（投影幻灯片）她在写什么？她用了一个什么词？（生答"风鬟霜鬓，头发"）	环环相扣
师：她在回忆，以前是多么美啊，多么愉快啊，但是现在呢？对镜一看，人是憔悴的，所以一看，什	

(续上表)

课堂教学实录	观察与点评
么手法就已经出现了? （生答"对比"）(板书：对比) 师：这是现在的，这是往昔的，什么手法已经出现了? 也是对比。(板书：对比)	学生回答顺利
师：关于李清照她自己的细节其实还有，我们再看，她说"如今憔悴，风鬟霜鬓，怕见夜间出去。不如向、帘儿底下，听人笑语。"词人既然"怕见夜间出去"，为什么又要"不如向、帘儿底下，听人笑语"呢？（投影幻灯片）既然不出去就不出去了，已经"谢他酒朋诗侣"了嘛，可是为什么还要在"帘儿底下，听人笑语"呢？谁想说，你来说，你说一下。	再生波澜，这样的追问很有价值
生16：她虽然是嘴上说的不要，可是心里还是想去。她又是很喜欢玩的一个人，她又是背井离乡的一个人，她自己单身一个，也想感受一下别人的欢乐。	矛盾心理
师：那跟着出去好啦，可是为什么又不出去呢？	
生16：这其实是对过往的怀念，但是又怕差别太大了。	
师：差别太大，外面越热闹，别人越热情地邀请她，她反而内心越怎样？	抽丝剥茧，深入挖掘心理
生16：越悲凉。	
师：外面大街很热闹，但是自己内心却有一些纠结。因为李清照，我们读过她那么多的词，其实我们知道，她其实是一个很爱热闹的人。可是现在呢，她已经不太想去了，懒得出去了。所以我们说这里也是很能够体现这首词我们说的——要眇宜修之美。（板书：要眇宜修 别是一家）它就写出	

（续上表）

课堂教学实录	观察与点评
了李清照内心的纠结、矛盾心理，而这种内心的纠结、矛盾的心理你在男性词人作品中你是看不到的，只有女性词人那种的敏感，你才能够感受得到。所以，（投影幻灯片）唐圭璋他说："从听人笑语，反映一己之孤独悲哀，默默无言，吞声饮泣，实甚于放声痛哭。"别人都还在开心啊，国家亡了，可是商女都还在唱着《后庭花》，国家亡了，可是佛狸祠下一片神鸦社鼓。但是这位女词人是不是像一般的老百姓一样呢？她的情怀是不一样的。她有的是一份对国家的担忧，所以南宋末年著名爱国词人刘辰翁说他读《永遇乐》："为之涕下。……每闻此词，辄不自堪。"叶嘉莹谈到这首词的时候也说："今昔沧桑之感，物是人非，以闺情写世变，南宋苟且偏安以后在表面安乐之装点下的一份预愁风雨的忧患之思，以佳节寄深慨。"因为统治者依然还在粉饰太平啊，而老百姓呢，也没有说有特别的感受，但是这位女词人，她和别人不一样，所以后人对李清照的评价非常高（投影幻灯片）："易安在宋诸媛中，自卓然一家，不在秦七（秦观）、黄九（黄庭坚）之下。""闺房之秀，固文士之豪也。""易安倜傥有丈夫气，乃闺阁中之苏（苏轼）、辛（辛弃疾）。"叶嘉莹也说："至于李清照的出现，则似乎乃是中国妇女文学史中，第一个具有想要以创作来肯定自己，而且更有着想要与男性作者一争短长之意念的女性作者。""李清照时时欲与男子之写作一争高下，所以乃于自我之创作抒写以外更养成了一	再次回到课题 充分发挥名家点评的作用，有助学生进入文本深处 点到即止，此处"度"把握得较好 指出"她和别人不一样"，很好

305

(续上表)

课堂教学实录	观察与点评
种衡量与反思的眼光和能力，而且隐然具有一份士人的襟怀和志意。"所以我们说易安体的三个特点就出来了（投影幻灯片）：细节丰富，感情深挚。（板书：感情深挚）我们课前让大家推荐李清照专题资料里的词作金曲（投影幻灯片），冠军《醉花阴》是最欣赏的，有12票；《声声慢》，有10票；《如梦令》，有9票。但是我又发现选出的都是我们学过的词作。我希望今天教了大家一些诗词鉴赏的方法，也希望大家用我们今天学到的方法，去细细地品鉴李清照的词。我觉得梁晋灏同学写的推荐《一剪梅》写得很好，我们请他读一下好吗？梁晋灏同学有请。（投影幻灯片）	自始至终贴近学生，顺势提出更高要求
生17：思君千日，难得一见。哀思犹如凋零的画，空流的水，何时是归期，因思愁而紧锁的眉头刚有舒展，心里却难以忘怀，一首易安词，犹如一首长歌，缓缓入耳，经久不散。	学生作品展示
师：非常好。（投影幻灯片）那么，林老师所教的五中的学生廖学宜也推荐大家阅读的是《点绛唇》：惠风和畅的闲日，少女李清照蹴罢秋千，汗湿衣衫，见有客来，心如鹿跳，含羞回避，金钗溜掉，倚门回首，情趣无限，女儿娇态尽现纸上。（投影幻灯片）林老师推荐大家的是这首《渔家傲·记梦》：在有众多的男性词人的宋词星空中，李清照就如一轮宋朝的明月，那清寒皎洁的光芒照耀其间，而且一直抵达今天人们的眼眸，她的词要眇宜修，别是一家，值得品读，耐人寻味。她爱花，	校际生生交流

（续上表）

课堂教学实录	观察与点评
爱酒，爱诗词，更爱国家。她虽为女子，但有士人襟怀。她的心既怜爱绿肥红瘦，也希冀大鹏高飞。你听过她"凄凄惨惨戚戚"的《声声慢》，也请读读她的《渔家傲·记梦》吧，你将感受到不一样的李易安。最后，我们布置一个课后作业给大家。（投影幻灯片）【课后作业】 运用今天介绍给同学们的诗词鉴赏的一般流程和方法，再去鉴赏李清照的其他词作，并根据自己的喜好，写一篇话题作文：我与易安一起品＿＿＿＿＿＿（花、月、山、水、风、雨、酒、愁、春、夏、秋、冬……），请任选一种事物填入横线。要求：题目自拟，字数不少于1000字。 推荐阅读（承前略） 师：谢谢大家，谢谢高二6班的同学们。 生：谢谢老师，老师再见。	作业设计精妙，着眼巩固提升，难度适宜 不忘课外阅读 彬彬有礼，衷心感谢

【林岚老师教学反思】（2016年12月15日）

发挥自身优势，准确定位教学目标

——广州市公开课《别是一家——李清照词二首之永遇乐》课后反思

直到昨天晚上我还在纠结到底去掉哪个环节才能让课堂更加流畅，从来没有出现过试讲了两次还不顺利的课，一定是某个环节出了问题，可是每个环节都已经是我精心设计

的，环环相扣的，这份教学设计前前后后可是写了七稿的。可是为什么前天的第二次试讲学生还是跟不上我的节奏呢？我的敝帚自珍在阻碍自己的"断舍离"，我不舍得去掉自己苦心设计的每一个环节。

老师研究得深，很想和学生分享自己的心得，但是学生的水平是还无法与你对话的，所以，课堂上就出现了老师抛出的问题，学生无法回答的情况，而将自己置于了尴尬的地步。诗词鉴赏与诗词鉴赏教学是不一样的。虽然同事们都鼓励我，说我的设计很好，问题的设计也好，但也说这个课的难度太大，容量太多，学生跟不上，要割舍一些内容。割舍，割掉什么呢？我的优势是什么？我的劣势又是什么？老师们都说每一个环节都很好，但是亮点在哪里呢？怎么样才能把课上出我自己的特色，我自己的风格？种种的问题萦绕着自己。

回到原点，原本我就是要通过朗读来提高学生的诗词鉴赏力的，因为朗读是我的优势，也是诗歌鉴赏必须有的，可是，明明精心设计的分角色朗读为什么却没有很好地发挥作用呢？虽然每位听试讲的老师都说朗读很好，但是我知道这样的朗读还不是我想要达到的目的地。朗读与鉴赏呈现出割裂的状态，这是不对的。不能为了朗读而朗读，而应该把读与诗意的理解相结合。为什么我能分析出朗读的要点，可很多学生都不会做？因为我理解了诗意，而学生是不理解的。发现了问题所在，我再回头看自己在课堂上的表现，发现我在实施朗读环节的时候还没能很好地达成当初想要的效果，究其原因，就是被后面的鉴赏方法、鉴赏步骤给拖住了后腿，让我想快快进入下一环节，结果就造成了朗读与鉴赏的脱节。

发现了自己的问题之后，我及时调整策略，在今天的课上果断删掉一些环节，好好把握朗读的契机，强化在分析朗读中鉴赏诗意。经过这一调整，今天的课上得就非常顺畅。朗读品韵—细读品情—荐读互品，这三个环节引导着学生渐入佳境，我也越来越和学生融合在一起，课堂上学生们的发言欲望也渐渐被调动起来了。要知道这个班是六中的理科普通班，任教语文的吴玛俐老师已经事先给我打了预防针说学生水平是比较低的，说我上这个课是有难度的。而收上来看的学生学案果然不尽人意，许多学生的学案是空白的，有的题根本没有审题就乱答。所以，在借班上课前自己也有些忐忑。

现在回顾起来感觉有以下环节做得还是比较成功的。

课前15分钟我都在播放李清照词作的吟诵和昆曲，用音乐创设情境，让时间变得缓慢起来，让听课者的心都能静下来，很自然地就带出了易安体的第一个特点：音律和谐。

正式上课了，我用篆文的"鉴"字导入，激发学生的学习兴趣，提醒学生诗词要细品才能品出韵味来。然后用吴世昌先生提出的诗词鉴赏难的三方面原因带出诗词鉴赏要注意的三个方面的问题。整节课也都是围绕着这些难点来赏析。

在朗读方面，读了三次，第一次是学生齐读，我预计就是读得不会太好的。这样下面的朗读指导就会很见效果了。第二次是根据我理解诗意后所做的朗读指导分角色来朗读。朗读的效果出来一些了。然后根据朗读的分角色部分分析出词作实写—虚写—实写的结构来，根据老师所读的部分，想象出自言自语的老妇形象来，很自然地就带出了易安体的第二个特点：语言浅淡（口语化）。再根据写景句重读与拖长

解读 呈现 展开——中学语文课堂教学艺术品析

音等朗读的提示,通过换字来品炼字,分析出景物的特点和情感的变化。由分析朗读带出对词作景物描写的分析。通过细品,补充易安体前两个特点:音律和谐,而且品质高雅;语言浅淡,但意味隽永。整个流程非常顺畅。第三次再读时,学生的情感投入就明显有了很大的提升。朗读成为这节课的亮点所在。

接着就转入对下阕的分析。下阕抓住元宵节的今昔对比,我先补充一些古代文化常识元宵节的内容,让学生看一些图片,了解宋代元宵节的习俗和女子的打扮。图片可以帮助学生穿越到宋代,更好地去理解词作的内容。再接着进行细节描写的分析,主要提了两个问题:一是"铺翠冠儿,捻金雪柳,簇带争济楚"。为什么写元宵节出游的女子,不写别的打扮,只写头饰呢?从而带出对少女形象的分析,以及对比老妇形象。二是词人既然"怕见夜间出去"为什么又要"不如向、帘儿底下,听人笑语"呢?细细揣摩词人内心的矛盾心理,带出李清照非同一般的境界,词作的主题思想自然就呈现出来了。这时,也带出了易安体的第三个特点:细节丰富,感情深挚。这两个设问还是比较成功的,现场的参与热情很高,听课的老师和学生对回答的学生的答案或报以会心一笑,或点头称赞。

最后是荐读互品的环节,推出了学生们最为欣赏的易安词金曲榜,还用学生和我本人写的推荐语鼓励学生读更多的易安词,促使学生更全面地去欣赏李清照的词作,感受这位有士人襟怀的女词人的风采。

但是重看录像,也发现了自己的一些问题,比如,语言有时还显得比较啰唆;板书的条理大致是可以的,但是一些细节还有些没有注意;诗词鉴赏的一些术语有些过多,学生

可能未必能吸收接纳;还有在下周一就要水平测这个节点上选了这样的课文来上,是在挑战难度,合不合适呢?

现在上完了课,在场的老师们给我的评价很高,说吟诵昆曲导入好,渲染了氛围,朗读特别出色,和词风契合,讲大家作品,讲出了高度;说古韵悠长,教师主导;说功底扎实,以读为纽带,带领学生感悟,通过换字来比较炼字的精妙有语文味,补充的传统文化知识体现了文化的传承;等等。连帮忙录像的小伙子也说:"老师上的课真棒!"

这次的课之所以能够成功,我觉得最重要的就是我发挥了自身优势,准确定位了切合学生学情的教学目标。

这次的市公开课备得非常辛苦,其间妈妈又住院做了一个大手术,生活和工作的压力压得人几乎要崩溃。但总算好事多磨,天道酬勤。感恩生活,感恩所有指导我、帮助我的老师。

【教研提炼】林岚老师

诵读是一把解读古典诗词的金钥匙
——从《李清照词二首之永遇乐》教学案例谈如何运用诵读进行高中古典诗词阅读教学实践

诵读,就是读出声音来;念(诗文)。(商务印书馆《现代汉语词典》)朗读、吟读、朗诵、吟诵等都是诵读。诵读是语文老师的基本功,曾几何时这个基本功已经被许多语文老师抛弃掉了,为了让课堂更"高效",容量更大,在高中语文课堂,诵读成了奢侈品,被束之高阁,而许多语文老师也因为诵读得少,使得这项基本功也基本荒废了。

但是,诵读其实是我国传统语文教学中的重要方法,是提高学生思维能力、表达能力的一条重要途径,是一把解读古典诗词的金钥匙,这把金钥匙要是丢掉了,将会把古典诗词的教学变成是单纯的应试教学而不是对优秀传统文化的有效传承。中国的古典诗词最初都是配乐歌唱的，流传至今，虽然许多相配的乐曲已经失传，许多诗词不能再演唱了，但是诗词的韵律和节奏还在。而韵律和节奏又不单纯是语言技巧的问题，是和诗歌所表达的情感紧密联系在一起的。《毛诗序》说"情动于中而形于言"，有什么样的感情，就会有什么样的语言节奏和音韵。诵读诗词，能够培养学生对古典诗词的良好语感，走近诗词的意境，深切体会诗词中的情感。诵读诗词，能激发起学习的兴趣。没有了诵读，学生们是无法真正感受到古典诗词的美妙的。下面就以本人在广州市高二级所上的一节全市公开课《别是一家——李清照词二首之永遇乐》为例，谈谈如何运用诵读有效进行高中古典诗词阅读教学实践的。

在接受了广州市高二语文中心组的全市公开课粤教版高中语文选修1《唐诗宋词元散曲选读》古典诗词教学课例研讨的任务后，我很快就定下了李清照的词《永遇乐》这个课题。在中国古代文学史上，李清照可以说是最为光彩夺目的女性，她的存世作品虽然只有70多篇，但取得了巾帼不让须眉的骄人成就，她被后人誉为婉约词派的"一代词宗"。她的词作风格别具特色，被誉为"易安体"。而这首词又是她后期作品的代表作，很能体现她的易安体特点，以点带面，就能够通过分析一首代表词作带动学生诵读更多的易安词，达到选修课拓宽纵深的教学目的。但当时就有老师提醒我，这首词于学生而言是有难度的，学生很难体会到李清照的那种悲愁，用来上公开课而且还是异地教学借班上课，会比较难上出效果的。听到这些善意的提醒，内心虽然有些忐忑，但是易安词的魅力让我实在无法割舍。所以，我

还是毅然、决然地选择了这首词作作为上课内容。

现在课已经上完了,在场听课的广州市高二级的老师们给了我很高的评价,说课前吟诵、昆曲导入好,渲染了氛围,朗读特别出色,和词风契合;讲大家作品,讲出了高度;说古韵悠长,教师主导;说功底扎实,以读为纽带,带领学生感悟,通过换字来比较炼字的精妙有语文味,补充的传统文化知识体现了文化的传承;等等。连帮忙录像的小伙子也说:"老师上的课真棒!"六中的孩子们在谈课后感想时说道:"林老师对于古诗词的朗诵,很好地调动了我们的情感,有如身临其境般地体会易安词。""林老师带领我们诵读分析,词的味道也就这样在反复咀嚼之中被品了出来,若不是林老师的教导,我不会品到'落日熔金,暮云合璧'这样壮观的美景下却隐藏着缕缕哀愁,不会懂得词人拒绝'香车宝马','谢他酒朋诗侣','融和天气'却担心'次第岂无风雨'的缘由来自词人多年逃难,久经风霜的安全感的极度缺乏,不会发现词人在'帘儿底下,听人笑语'的矛盾心理。"

讲易安词如果不诵读简直就对不起李清照,易安体是非常讲究音律美的,所以,我在确定教学目标时首先就确定了要通过诵读来提高学生的诗词鉴赏力。

现在回顾起来,本人认为以下诵读环节做得还是比较成功的。总体上,我较好地利用好了诵读这把解读古典诗词的金钥匙,在分析诵读中鉴赏诗意,很好地带领学生走进了易安词,感受到了词人创作时的情感。

课前,我印发了李清照专题资料和学案给学生。专题资料包括李清照词作、李清照词论及评价、李清照生平等。学案的设计是检查学生对专题资料的阅读情况的,同时也是为

了了解学情。学生要想很好地完成学案中的题目是必须对专题资料中的李清照词作进行诵读的。有了课前对易安词的诵读，就能很好地在上课时引导学生进入易安词的鉴赏中，分析出易安体的特点来。学案里有一道题是要学生按所给符号分析出李清照《永遇乐》这首词的朗读要点（韵脚、停顿、重音、延长音），可是收回来的学案却发现很多学生这道题是空白的，他们都不会做。不懂这首词该如何朗读，这其实就暴露了学生是不能很好地理解这首词的。发现了学生的问题之后，我及时调整教学策略，按照朗读品韵—细读品情—荐读互品这三个环节设计教学流程，引导着学生渐入诗词鉴赏佳境。虽然是异地教学、借班上课，但是诵读让我和学生越来越融合，同时，课堂上学生们的发言欲望也渐渐被调动起来了。

　　课前十五分钟，我播放了李清照词作的吟诵和昆曲，用音乐创设情境，让时间变得缓慢起来，让听课者的心都能静下来。很自然地就带出了易安体的第一个特点：音律和谐。

　　一上课，我便用篆文的"鉴"字导入，激发学生的学习兴趣，提醒学生诗词要细细品读才能品出韵味来。然后，用吴世昌先生在《唐宋词概说》中提出的诗词鉴赏难的三方面原因（①名物训诂，因古今俗语及生活方式之不同而难于想象；②隶事用典，因读书多寡而见仁见智；③章法修辞，因平仄韵调而参互错综）带出诗词鉴赏要注意的三个方面的问题（①要多读诗词，才能知道哪些是古代的一些俗语，才能积累；②要多读诗词，扩大自己的知识面，才能够知人论世；③要多读诗词，才能积累诗词的一些常用手法，才能够更好地去做这些鉴赏的题目）。而整节课也都是围绕着这些难点来赏析的。

在朗读方面，读了三次，第一次是学生齐读，我预计就是读得不会太好的。但我还是借此提问："大家刚才读的时候有没有发现这首词好像很难高声地去读，为什么呢？"很自然地就道出了"这其实和它的词牌押韵是有关系的"。第一次没读好，正好可以凸显下面的朗读指导的效果了。第二次朗读是根据我理解词意后所做的朗读指导分角色来朗读的。朗读的效果出来一些了。我当时给出的朗读提示是这样的：

（生）落日/熔金，暮云/合璧，（师）人/在/何处（u）？
（生）染柳/烟浓，吹梅/笛怨，（师）春意/知/几许（ü）？
（生）元宵/佳节，融和/天气，（师）次第/岂无/风雨（ü）？
（生）来相召，香车/宝马，（师）谢他/酒朋/诗侣（ü）。
（女生）中州/盛日，闺门/多暇，（师）记得/偏重/三五（u）。
（女生）铺翠冠儿，捻金雪柳，（女生）簇带/争/济楚（u）。
（师）如今/憔悴，风鬟/霜鬓，怕见/夜间/出去（ü）。
（师）不如向、帘儿/底下，听人/笑语（ü）。
（加点的字代表要重读，画横线的字代表需要稍加延长读音，"/"代表需要稍作停顿的地方，注明了每行韵脚所押的韵）

我马上就问："老师为什么可以这样来分角色呢？女生读的部分，其实是在写什么？"学生很容易就分析出是在写回忆。我再问："那老师读的部分，大家有没有觉得有一个形象？你觉得是一个什么样的形象呢？"学生答是比较憔悴的形象，我就引导他们："是不是像一个老妇人在自言自语呢？"于是整首词的"实写—虚写—实写"的结构就分析出来了。整体把握了词作内容。根据老师所读的部分，学生就想象自言自语的老妇形象，很自然地就带出了易安体的第二个特点：语言浅淡（口语化）。我紧接着又问："为什么我一开始'落日/熔金，暮云/合璧'，我觉得都是重音地来读？重音地来读，你觉得读出了景物的什么样的特点呢？大家可以试试你低声地读和你高声地读，是不一样的，重音读，读出了景物的什么特点呢？为什么下面'染柳/烟浓，吹梅/笛怨'又沉了下去呢？它们的景物描写又有什么特点呢？"师生通过探讨写景句的朗读分析，自然带出对词作景物描写的分析，从而感受词人创作时的情感。学生答道："前面读得重的几句是写了比较开心欢快的元宵节的景象。后面沉了下去的几句是比较哀怨的，咏叹梅花的凋零，后面'染柳烟浓'两句比较哀怨。"我又问："'染柳烟浓，吹梅笛怨'，为什么我把'浓'字要重读，还要拖长呢？"学生答道："我觉得'烟'就是代表了李清照的一些愁怨，'浓'就是代表了她的愁怨深、浓。有些凄苦。"对朗读的分析鉴赏帮助学生进行古典诗词意境的联想和想象，让他们产生身临其境的感觉，整个流程非常顺畅。当第三次再读时，学生的情感投入就明显有了很大的提升。这次我还配上了合适的音乐——大提琴曲《殇》，学生们读完还有意犹未尽之感。朗读成为这节课的亮点所在。而朗读也激发了学生的学习兴趣，引导他们积极地投入到词作的赏析中。

随着配乐朗读很自然就进入了对下阕的分析。细读品情，下阕抓住元宵节的今昔对比，我先补充一些古代文化常识元宵节的内容，让学生看一些图片，了解宋代元宵节的习俗和女子的打扮。图片可以帮助学生穿越到宋代，更好地去理解词作的内容。再接着进行细节描写的分析，主要提了两个问题:一是"铺翠冠儿,捻金雪柳,簇带争济楚"。为什么写元宵节出游的女子,不写别的打扮,只写头饰呢?带出对少女形象的分析,以及对比老妇形象。二是词人既然"怕见夜间出去",为什么又要"不如向、帘儿底下,听人笑语"呢?学生在下面反复诵读,细细揣摩词人内心的矛盾心理,揣摩出李清照与一般老百姓与那些"酒朋诗侣"的不同之处。我引导学生品读出李清照境界的非同一般,进而解读出词作的主题思想"今昔沧桑之感,物是人非,以闺情写世变,南宋苟且偏安以后在表面安乐之装点下的一份预愁风雨的忧患之思,以佳节寄深慨"(叶嘉莹《宋代两位杰出的女词人——李清照与朱淑真》),也带出了易安体的第三个特点:细节丰富,感情深挚。

最后是荐读互品的环节,推出了学生们最为欣赏的易安词金曲榜。然后,请写得好的学生读出所写的推荐语,我也读出自己写的推荐语以鼓励学生诵读更多的易安词,更全面地去欣赏李清照的词作,感受这位有士人襟怀的女词人的风采。

这节全市公开课在之前试讲时,有的听课老师提出不要朗读太多次了,浪费时间,应该把时间节约出来,延伸拓展分析李清照别的词作,否则课堂容量不够大。我很庆幸在最后坚持了自己的意见,与其蜻蜓点水,泛泛而谈,不如在堂上读透一首。诵读不是诗词鉴赏课的点缀,应用诵读带动词作的鉴赏,用诵读加深学生对易安词的理解,用诵读激发学生去读更多的易安词。虽然诵读占用了课堂的很多时间,但是古人云:"读书百遍,其义自见。"学习古典诗词,尤其要重视诵读,要帮助学生养成诵读的习惯。吕叔湘先生在《关于语文教学问题》中也指出:"讲解之外,可以诵读课文或者做别的练习，可以指导课外阅读。"诵读有助于提升学生对古典诗词产生审美情趣。诵读时，语气的轻重，语调的高低，语速的缓急，情感的起伏，将形成或小溪潺潺，或波涛汹涌，或婉转低回，或磅礴高亢的音乐美、情韵美，而且大多数古典诗词本身的韵律美，可以充分调动学生的听觉和视觉感受，激发他们去联想想象。诵读这把金钥匙能叩开学生的心扉，拨动他们的心弦，使他们和作者作品产生强烈的共鸣，获得极美的艺术享受。

　　通过诵读这把金钥匙，我成功地完成了这节选修教材古典诗词鉴赏的全市公开课。虽然只讲了一首词，但是高考诗词鉴赏的重要方面——鉴赏文学作品的形象、语言和表达技巧，评价文章的思想内容和作者的观点态度都涉及了，而且，通过诵读很自然地串联起各方面的内容，容量非常大，效果也非常好。读透一首，以点带面，体现了选修课程纵深拓宽的要求。我相信，只要语文老师和学生们一起经常这样练习诵读，反复诵读经典的古典诗词作品，用语文老师动情的诵读鼓励学生热情地诵读，定会激发起他们对我国古典诗词的学习兴趣，使他们感受到祖国优秀的传统文化的魅力，从而提高他们的人文素养，进一步弘扬民族先进文化和优秀传统。

【案例4】《"老城市 新活力"广州特色文化调查语文学习活动》（执教：黄薇薇老师；观察与点评：孙丽红老师）

课堂教学实录	观察与点评
师：上课！同学们好！"老城市 新活力"广州特色文化调查活动经过同学们两周的实践和学习，今天终于到了大家期待已久的成果展示环节。八个小组的同学经过细致认真的调查和研究，都形成了各具特色的学习成果。展示将分上下两场进行，希望我们在分享和交流当中展示亮点，发现不足，进一步完善我们的学习成果。下面有请第一组的同学上台。	开门见山，直入主题
（第一组学生PPT展示"关于广州早茶文化的调查报告"，并分享调查经过）	学生展示详见教学录像
师：感谢第一组同学的分享，其他小组哪位同学来点评一下？	引导互评
生：第一组发言的同学说话的语速比较慢，说话很稳，吐字清晰，一气呵成，整个过程很流畅，但缺乏一点感情，比如，在讲他们调查过程中闹乌龙的时候可以多一点感情色彩；从调查报告来说，文字逻辑严谨，一环扣着一环；PPT制作精美，但是放映的节奏有点快，可以改进一下。总体来说，是很精彩的开场。	点评局限在外围，是学生正常表现
师：你给了他很高的评价，主要是从演讲技巧和内容方面进行点评的。还有没有其他同学想点评？	委婉地指出点评的欠缺
生：第一组同学的介绍非常完备，调查花絮生动有趣，成功地把我们拉入调查报告里，内容里讲到的一些细节，比如"扣桌子表示对斟茶人的感谢"是我们以前生活里会做但是又不知道为什么的举动，说明第一组同学的调查很有价值，符合广州人的	点评进了一步

（续上表）

课堂教学实录	观察与点评
真实生活情境，希望广州的早茶文化继续发扬光大。 师：你是从"早茶文化"这个选题的价值角度去进行点评的。确实，"广州的早茶文化"这个调查报告内容是很贴合我们的生活实际的，他们调查的结果让我也觉得很有收获，也得到了观众们的认同。我有一个小问题请教一下第一小组的同学，你们第一次在哪里发放问卷的？ 生：在南园酒家的路边。 师：刚才听你们讲，发放问卷的时候，别人都以为你们是发小广告的，看见你们过来就绕路走，为什么会发生这种情况？因为我们在发放问卷的时候，要注意选择发放的地点和对象。一般行色匆匆的路人很难给你机会接受你的调查，就算他接受了你的调查，也可能不会准确、耐心地回答你的问题，这可能导致你搜集到的数据不够准确。所以我们在发放调查问卷和访谈的时候都要注意对象和地点的选择。 　　另外，我们还可以关注一下调查报告里的几个地方。首先，看他们调查问卷里的几个问题。请问这些问题展示的顺序是不是你们调查问卷里的顺序？ 生：是的。 师：第一个问题是"广州早茶文化的特点是什么"，接下来问"请问您喝早茶的原因是"，再问"喝早茶您比较喜欢哪种类型的点心"，这三个问题的难易程度，你们觉得哪个问题最好回答？	反馈及时 师生互动 指导学生关注调查方式方法细节，积累经验 提出疑问，由学生来回答

（续上表）

课堂教学实录	观察与点评
生：最后一个。 师："你最喜欢哪种类型的点心"，对吧？其次应该是—— 生：中间那个。 师："喝早茶的原因"。最不好回答的是—— 生：第一个"广州早茶的特点"。	循循善诱
师：设计问卷的时候问题的难度应该是递增的。先把简单的放在前面，容易拉近你和调查者的距离，不然你一来就问他一个好难的，他后面可能就没什么耐心了，所以要由浅到深，由易到难地安排你问卷问题的顺序会比较好。另外，我还看到你们调查的图表显示样本数量很庞大呀？	适时建议 点到即止 新问题
生：是多选题。	
师：多选题是吧，那会有一个问题，就是你的调查基数受多个选项的影响，调查结果会很多。有的人选两个，有的人选三个，调查结果千差万别，最后会导致你处理数据的时候难度很大。一旦处理数据时出现误差偏差，就会影响你最后调查结论的精确度。所以，建议我们初次学习制作调查问卷的同学们，最好以单选题为主，如果觉得有的问题需要有多个选项，宁愿把它分解为多个单选题去设置，尽量不要用多选题。总的来说，我觉得第一个上台的第一组同学虽然有点紧张，但是很完整地展示了他们组调查的过程和结果，非常值得鼓励！下面有请第二组的同学上台！ （第二组学生PPT展示"关于广州粤剧文化的调查报告"，并分享调查经过）	看似客观的选择题也受到主观因素影响了 提醒学生考虑问题要全面，鼓励为主，好！ 学生展示详见教学录像

(续上表)

课堂教学实录	观察与点评
师：谢谢第二组同学的分享，谢谢思琦同学的精彩演讲！思琦同学刚才展示了他们小组情境任务——演讲稿的开头和结尾部分。哪位同学来点评一下他们的表现？ 生：我觉得这个小组调查报告的逻辑关系很强。她们先给出一些数据，然后对这些数据做分析，得出结论，然后再根据结论来推进她们的研究方向，接着继续调查，进一步分析，以此类推，逻辑关系让人感到很舒服。	再次互评 在教师引导下，学生评价有内容了
师：很专业的点评！她注意到了第二组调查报告的内部的逻辑关系是层层推进的。先根据调查方向，得到了调查结果，然后通过对调查结果的分析再进一步推进她们的调查。说得很好。	及时表扬
生：刚才的同学点评了内容，那我想点评一下她们演讲的技术。她们落落大方，发言自然流畅，值得我学习。她们连站姿都设计过，还有和观众的交流，让我听得更专注。	学生积极参与评价
师：两位同学点评得挺专业的，把这个组调查成果中的一个很大的亮点指出来了。我们一起回顾一下，他们有一个地方做得非常好，看看能不能对其他小组的同学有一些启发。 　　我们看调查数据分析的部分。先给一个小建议，"由图表可知，大部分人对粤剧的了解程度不高，仅很小部分人对粤剧非常了解"。这样的表述在调查报告中是不太严谨的，"大部分人"到底是多少人？百分之五六十还是百分之八九十算大部分？"仅很小部分"到底是小到多少？要用具体数	突出亮点，发挥启发作用 提出新要求：要严谨 根据具体情况提出

(续上表)

课堂教学实录	观察与点评
据说话,不要笼统,否则有违调查报告真实可信严谨的要求。所以,我们在分析时应该直接引用调查结果里的数据。	建议,综合学习才有实效
我们再看,他们第一个问题问的是"人们对粤剧的了解程度",得到了一个结论"普及程度不高",因为了解程度不高,所以他们聚焦了"如何扩大粤剧普及度"这一调查方向。下一个问题问的是"了解粤剧的渠道",这是在上一个问题的基础上提出来的。通过对渠道的调查,他们发现了通过"电视、电台、网络"了解粤剧的人比例很高,于是得出结论:这是一个很有效的渠道。难能可贵的是,他们的分析没有停留在这里就完了,他们还看到,虽然电视、电台、网络的比例高,但是可供开发的空间已经有限了,所以从上升空间的角度来看,如何寻求发展的突破口?就可以从"上升空间较大,实施度较强"的"学校社团活动""社区文娱活动"入手。他们挖掘到了这一点,我觉得这个分析是很深刻的。	善于发现学生调查报告的优点和可贵之处,引导学生"向内看" 对其他学生也是很好的启发
问完了了解粤剧的渠道,他们继续问"你喜欢粤剧吗?",紧接着又问"喜欢的原因"和"不喜欢"的原因。我们可以看到整个问题的系列是经过深思熟虑,精心设置的,首先他们明确想调查的目标是什么,然后围绕着这个目标设计了一系列层层推进的问题,每一个问题都紧扣目标,所以,由他们的数据得出来的结论就让人感觉是水到渠成的,不是凭空贴了标签上去的,是有可信度的。	小组之间有差距是正常的,互相学习,共同提高

解读 呈现 展开——中学语文课堂教学艺术品析

（续上表）

课堂教学实录	观察与点评
当然，这个组的调查报告还有一些小问题。比如"较多数人们认为其他新型娱乐方式对粤剧发展造成阻碍"这句话有什么问题？ 生：有语病。 师：对。这句话读起来让人感到好像粤剧没发展好是其他新型娱乐方式的错一样，都怪其他新型娱乐方式，那是不是把其他新型娱乐方式停了，粤剧就能得到发展了？ 生：不是。 师：这句话表述有问题，应该怎么改？ 生：其他新型娱乐方式的发展冲击了粤剧的发展。 师：可以。只能说其他新型娱乐方式影响了、缩小了粤剧受众群体的比例，不能说它"造成阻碍"，此处表述不够客观和严谨。 　　第二组提供的调查资料非常翔实，有调查问卷还有人物访谈。他们访问了一位"业界人士赵伯伯"，并向他问了三个问题"剧场里粤剧的演出率为什么低""粤剧团的排练、演出环境如何""人们对粤剧的需求体现在何处"，这三个问题问得还是蛮专业的，区别于调查问卷前面的问题。调查问卷前面的问题问得比较通俗易懂，比较浅显，而这三个问题问的对象是业界从业人员，问题就问得比较专业，我觉得这个处理也是比较恰当的。当你的受访对象是专业人士的话，你的问题的专业也会引起对方的重视，从而专业人士比较慎重地回答你的问题，你也会比较容易得到你想要的答案。而对大众市民进行采访的时候，就	遣词造句，发现即纠 逻辑错误纠正得很及时 用词准确性 关注调查对象 访谈经验

324

(续上表)

课堂教学实录	观察与点评
要注意用形象化的、通俗易懂的语言。 　　但是，接下来我看到结论的时候有点迷惑了：在访谈问了三个问题以后，得出来的结论是"目前粤剧面临的最严重的问题是普及度不高，受众人群不断减少，年轻一辈与粤剧有隔膜"，你们发现这里有什么问题了吗？ 生：不接了。 师：哪里不接了？ 生：和前面问的问题接不上了。 师：对，这个结论和前面访谈中问的内容脱离了，这个结论应该是由再往前调查问卷结果得出来的，而对业内人士的访谈问的是业内的发展状况，结论却一下子跳到年轻人的普及，结论缺少了支撑材料，前后的逻辑连不上，论据和论点脱节了。要注意修改。还有一个亮点是她们的建议，而且建议是具体可行的。如"专业剧团进校园宣传交流，让同学们试穿戏服，增加互动环节""在学校开设粤剧社团"等，这些建议都是有调查结果做支撑的，不是凭空提出的，让人觉得可信，同时又有可操作性，是不难实现的，所以我觉得这些建议是很有价值的。再次感谢第二组同学的分享！接下来，我们有请第三组的同学！ 　　（第三组学生PPT展示"关于广州骑楼文化的调查报告"，并分享调查经过） 师：哪位同学准备好点评了？ 生：老师，我可以近距离仔细看一下某一页PPT吗？ 师：当然可以，你慢慢看。我们先请别的同学谈一谈。	前后不一致，这是初次进行调查研究遇到的常见错误 客观评价 具体展示详见教学录像 已形成良好讨论氛

325

(续上表)

课堂教学实录	观察与点评
生：我觉得他们意见和建议的部分写得好，调查报告提及目前永庆坊和商业文化很好地融合，既保留了骑楼的本来风貌，又有一些时代和时尚的气息。他们同时也提出，希望骑楼不要过多地被商业文化改造。 师：我和你"英雄所见略同"。这个小组提的四个建议虽然稍显稚嫩，但其中"保护传统文化建筑，不要单单保留几个风貌建筑，摆摆样子而已，不要为了创新发展而过度与商业文化相结合"，这一点也引起了我的深思。政府为了发展骑楼，开发并加入了很多现代化的商业元素，确实让骑楼活起来了，有了人气，但是过多的商业化会不会又破坏了骑楼原本的风貌呢？这个问题在现实情况之下暂时无解，市政部门也没能解决这一矛盾，期待我们这一代同学长大以后，成为有能力去解决这个问题的人才，给出一个妥善的解决方案。这个小组的同学能在调查中发现这一点我觉得非常有价值。后面的几条建议因局限于我们的年纪、阅历和知识水平，稍显稚嫩，但是同学们能够通过观察文化现象，发现问题，主动思考，这是很好的尝试。 生1：我觉得第三组的调查报告层层相扣，还有一定趣味性，比如实地调查的图片，有亮点；但是我不同意她们提出的一个观点："大部分的人认为骑楼保护得不好。"我填了她们的问卷，里面有一个问题是"有人认为骑楼保护措施做得不好，你认为原因是什么"，这个问题预设了一个前提，	围，学生越来越投入 有思考，值得鼓励 立德树人，责任担当 学生能发现这个问题很了不起呀！教师的引导效果立竿见影

(续上表)

课堂教学实录	观察与点评
我们必须先同意骑楼保护得不好才能做这道题，而我并不认为骑楼保护做得不好，你去恩宁路参观民居，就可以看到家家户户门前有一个绿色牌子，上面写着"广州特色建筑保护"，也有人定期维护修缮，我觉得政府保护得挺好的。但是这道题设计误导了受访者，你只能认为做得不好，没有提供"认为做得好"的选项，那这个调查结果就不够真实了。 师：第三小组的同学要不要回应一下他？他说他填了你们的调查问卷但是对这问题设计不满意。 生2：我们的问题前提是"有人认为"，不代表你也需要这么认为呀！ 生1：可是问卷没有给我别的选择啊！ 生3：你们应该先设计一个问题是"满不满意"，不满意的再做下一题"哪些地方做得不好"。 师：也就是说满意的就跳过这一题，不满意的再继续填？ 生2：第一次做调查问卷，我也没有想到这方面。 师：是的。第一次做难免不够周全。如果不是刚才的同学提出，我也没有发现这个问题，所以同学真是看得非常仔细。我们在做问卷设计的时候不要预设立场，比如有人不同意，但是你没有给他选择的机会，逼他同意你的立场，那就会影响最后调查结果的精度和结论的客观性了。 生2：我有设计一个"其他"选项，如果你有不同观点可以选"其他"，然后写明理由。 生：这样做，问题还是不够明晰。	先尊重小组意见，好！ 辩论开始 步步紧逼 寻求解决办法 承认不周全 既指出问题，又结合实际，学生容易接受

(续上表)

课堂教学实录	观察与点评
师：好的，我们下次在设计问卷的时候注意这些问题。另外我还注意到一个地方，大家看这个问题："您认为改造后的骑楼还具有广州记忆吗？"你们调查的对象是？ 生：普通市民。 师：那你要是问一位老奶奶，"您认为改造后的骑楼还具有广州记忆吗？"老奶奶会怎么回答你？ （生笑） 师：你的问题问得太抽象了。问问题的时候要考虑到对象的身份、年龄、受教育水平等因素，否则你收到的答案就会有偏差。比如我们要去问老奶奶，这个问题应该换一个方式问，怎么问比较好？ 生："您认为改造后的骑楼还有老广州的味道吗？" 师：对，那老奶奶就听懂你想问什么了。还有同学想发言吗？ 生：汇报的同学有点紧张，面部无表情，手指有点颤抖，有点卡顿，播放PPT的频率有点快。 师：好的，限于时间，我们这节课只展示前三组的学习成果。看了大家的汇报，我真是又感动又惊喜，更加期待下一场其他小组同学们的分享了。第四单元的学习目标是希望通过大家参与调查活动，形成关注和参与当代文化生活的意识，培养大家对家乡的热爱。这一次调查活动虽然告一段落，但我希望大家的观察和思考没有结束，在未来成长的道路上，我们继续努力！谢谢大家，下课。	这就是"在做中学" 关注调查对象，更深入了 听懂才能沟通 完善建议 教师的感受对学生是很大的鼓励 结语有力

【教学反思】"'老城市 新活力'广州特色文化调查活动"（黄薇薇）

统编教材上册第四单元归属于"当代文化参与"学习任务群。课程标准指出："本任务群旨在引导学生关注和参与当代文化生活，学习剖析、评价文化现象，积极参与中国特色社会主义先进文化的传播和交流，增强文化自信。"第四单元是一个以"家乡文化生活"为主题的活动单元，要求学生通过学习活动，了解家乡的人和物，关注家乡的文化和风俗，深入认识家乡并对丰富家乡文化生活提出合理建议。带领学生完成这个单元的学习活动后，我有如下感悟和收获。

首先，精心设计，进行学习任务群的单元统整。本单元教材设计了三项学习活动："记录家乡的人和物""家乡文化生活现状调查""参与家乡文化建设"，每一项的语言文字活动量都不小，按照以往的学习方法，很难在常规的单元学习时间内完成。这就需要我们对单元的学习任务进行统整。综合来看，本单元教材设计者的初衷就是要让学生以语文的方式学会调研、专题研究、合作学习。于是，我选择了其中一项学习活动"家乡文化生活现状调查"，力求在教学设计中渗透、归纳、整合另外两项学习活动，比较集中高效地完成单元学习目标。基于此，我设计了如下9个课时。

第一阶段（课内4课时＋课外活动）：激趣导学，知识准备（2课时）；提炼主题，拟订方案（2课时）；课外调查，搜集资料（时间根据学情调整）。

第二阶段（5课时）：成果提炼（2课时）；分享交流（2课时）；总结评价（1课时）。

每个课时段都有明确的"学习任务""学习资源"和

"评核依据"。在进行调查的过程中,教师需要引导学生学习访谈、问卷调查的知识和技术;小组合作,实地考察,观察记录;学习实践搜集材料的方法与路径;对搜集到的第一手资料进行梳理、整合、分析并得到研究发现。然后,形成较规范的书面学习成果——调查报告。在学习调查报告的撰写中,体现语言建构与运用、文化的传承与理解、思维的发展与提升等核心素养。这样,整合三项学习活动,在解决课时矛盾的同时,也让学习过程更集中高效了。

其次,有的放矢,在真实情境下让学生充分参与。作为刚升上高一的学生,他们对调查研究活动比较陌生,且调查、访谈的相关知识比较薄弱,既需要专业知识的指导,又需要活动过程具体环节的指引。再加上时间紧迫,怎么样才能让学生的调查活动更高效?能让他们充分利用好课余时间,力求每一次出动都不要空手而归?要怎么设计活动指引,才能让他们在出发之前就目标明确,知道自己需要什么样的资料,从什么渠道去获取,从而避免学生外出调查时因太兴奋激动或者茫然无措而浪费了时间和机会?所以,我的设计思路是先寻找能够证明学生成功完成理解和迁移的证据,再以此为任务驱动,逆向思考完成情境任务所需要储备的知识、调动的能力、搜集的资料,让学生在真实情境下有的放矢地完成学习活动。于是我设计了三个情境任务。

调查方向	任务情境
饮食文化	俗话说"食在广州",广州的饮食文化源远流长。请你写一篇介绍广州饮食文化的文字,向"广州旅游频道"微信公众号投稿,吸引更多的游客到广州游玩,品味广州的饮食文化

中学语文课堂教学展开的艺术

（续上表）

调查方向	任务情境
建筑文化	每年，"两会"都会面向社会征集建议。你发现广州的传统建筑独具特色，但是随着城市化进程的加快，老城改造和新城开发让很多老街老楼失去了原本的面貌。作为中学生的你深感遗憾，请你写一篇建议，提交给"两会"代表，也许你关心的问题能够成为"两会"代表们的提案哦
戏曲文化	海珠外国语实验中学即将举办"双语"文化节，其中有一个"粤剧进校园"的活动，请作为学生会成员的你，写一篇演讲稿，向全校同学做该活动的宣传动员

围绕这三个情境任务，我给学生提供知识框架，包括人物访谈、问卷调查、调查报告的一些必备知识，然后指导学生确定好调查目的和活动方案再开始展开调查。从学生搜集到的资料来看，这种"逆向"设计颇有成效，虽然实地调查的地方不多，但是调查和搜集资料时指向性比较明确，搜集到的资料也都比较有价值，基本上没有做了无用功的。

更值得一提的是，真实的任务情境，打通了知识世界或符号世界与生活世界的关联，让学生明白自己所学的东西是有意义的、有价值的、有用的。知识的情境化、生活化，让学生更容易理解，更容易迁移、运用。可以说，真实情境下的语文学习，使"让理念切实落地，让学习真正发生"更容易实现了。

最后，多维评价，引导、示范、矫正、提升学习成果。对于活动课而言，评价是最为重要的一个步骤，要从核心素养能力全面提高的方向上出发，针对不同评价的内容，采用不同评价的目的，运用不同评价的方法，依据不同评价的标准，才能够使学生从知识能力、个人情感、价值观发展等多个方面获得全面的提高和改进，使学生在获得教学评价后能够内化成真正的动力，而非批评指正后的挫败感。

　　基于此，我设计了多维的评价体系。第一，师评、自评与生生互评相结合。学生要能够将自评和互评的结果与教师的评价方向互相结合，给予自身一套整体的改进方案和具体的步骤思考，在这个过程中，学生自身的语文学习能力会慢慢地提高，并体现出他们在教学以及评价过程中的主体地位。第二，即时评价和延时评价相结合。有时候对学生的表现要立即给予评价，可及时给学生留下深刻的印象，使其能及时纠正在学习过程中所暴露出的不足。而有时候为了尊重学生的理解方向以及个人积极性，我又会采用延时评价，不立即给予否定或者肯定的评价，而是以鼓励的方式让学生保持畅所欲言的积极性，然后在一个适当的时机进行评价。第三，过程性量表与结果性评价相结合。活动课最常用的评价方式就是给学生的学习成果打分，且以最后分数的高低来体现成果的优劣。这固然会给学生一定的刺激，有利于其重视学习、追求高分，但是，核心素养的培养需要从更加综合多元化的方向上引导学生，对学生在学习过程中表现出的态度、合作意识、思维水平等的评价同样重要。所以，我设计了一系列量表来对学生进行评价。

调查研究报告量规

	阐明	应用	迁移	自知	小组评估
示范级	对调查或搜集的材料进行阐述：准确分析文化现象特征，阐明自己的观点，论述清楚，证据充分，有说服力	能结合调查搜集的材料，指明文化现象存在的问题，并给出充分的建议和对策，能反映正确的价值观	能够准确分析文化现象背后反映的当代文化生活和文化观念，给出具体的依据	根据量规，持续反思，评价自己的任务，并及时做出改进	
优秀级	对调查或搜集的材料进行阐述：分析文化现象特征，阐明自己的观点，论述清楚，能用恰当的论据	能结合调查搜集的材料，指出存在的问题，并给出建议和对策，价值观正确	能够比较准确分析文化现象背后反映的当代文化生活和文化观念，给出依据	根据量规，反思自己的任务或成果，评价并改进	
良好级	对调查或搜集的材料进行阐述：分析文化现象特征，能用恰当的论据论述，表达自己的观点	能结合调查搜集的材料，得出一定的结论，并给出建议，价值观正确	能够分析文化现象背后反映的当代文化生活和文化观念	根据量规，对自己的任务进行调整	

调查报告展示评价

评价指标	评价等级及分值			评分		
	A（10～9分）	B（8～6分）	C（5～3分）	自评	互评	师评
报告内容	1. 能准确分析文化现象特征，阐明自己的观点，论述清楚，证据充分，有说服力； 2. 能结合调查搜集的材料，指明文化现象存在的问题，并给出充分的建议和对策； 3. 能够准确分析文化现象背后反映的当代文化生活和文化观念，给出具体的依据	1. 能分析文化现象特征，阐明自己的观点，论述清楚，能用恰当的论据； 2. 能结合调查搜集的材料，指出存在的问题，并给出建议和对策	1. 能分析文化现象特征，能用恰当的论据论述，表达自己的观点； 2. 能结合调查搜集的材料，得出一定的结论，但比较肤浅，缺乏深层规律性问题的探讨			

（续上表）

评价指标	评价等级及分值			评分		
	A（10～9分）	B（8～6分）	C（5～3分）	自评	互评	师评
展示水平	1. 家乡文化生活调查研究成果制作新颖，有创新，凸显文化特色，形成的PPT、书面报告精美、规范； 2. 讲解展示表述简明清晰，流畅得体，大方自然	1. 家乡文化生活调查研究成果能真实反映家乡原貌，创新点不多，PPT、书面报告质量一般； 2. 讲解展示比较流畅清晰	1. 家乡文化生活调查研究成果能真实反映家乡原貌，但无创意，PPT、书面报告粗糙； 2. 讲解展示不流畅，重点不突出			
小计						

活动总结评价

评价标准		组员评价	其他小组评价	老师评价
态度 （20分）	正确认识开展活动的意义			
	积极与他人团结协作			
	明确自我角色，积极参与分工			

（续上表）

	评价标准	组员评价	其他小组评价	老师评价
过程 (40分)	选题具有研究价值或可操作性			
	活动方案具有科学性和可行性			
	在参观、走访、调查过程中善于思考，能发现并解决活动中的问题			
	搜集、整理、分析研究相关资料，并及时归纳、总结			
成果 (40分)	按时提交成果，并积极展示分享			
	成果主题突出、内容充实、条理清晰、素材丰富			

总之，这次统编教材语文必修上册第四单元课例的设计，是我对新教材教学的一点探索和尝试，虽然只是迈出了一小步，但我的收获很大。在未来的专业道路上，我会孜孜以求，继续成长。

(续上表)

课堂教学实录	观察与点评
了我们,是干什么的? 生:收麦。 师:谁来收麦? 生:文氏外孙。 师:替谁收麦? 生:老人。 师:谁? 生:爷爷(外公)。 师:有同学是把外公喊爷爷的。 　　(众生笑)	
师:这是一首七言律诗,在读七言律诗的时候同学们要注意一下它的节奏,这首诗歌,比较适合用"2212"的节奏来诵读。然后有一个字,同学没有注意到它的读音,这里的"比",应该多做"毗"(展示PPT)。同学们现在用这样的节奏,再读一下全诗。	话题转得不够自然
师:"欲收新麦……"起—— 　　(生齐读)	
师:好,这次读得好多了,那我们知道律诗除了首颔颈尾联要押韵,而且押平声韵之外,颔联和颈联还有什么特点? 生:对仗。	
师:对,就是对仗。除了押韵和对仗之外,它还有平仄的要求。这是一首仄起的律诗,颔联结尾应该是两个平声字,就形成了"场圃"对"毗邻"。同学们已经读了好几遍,应该对内容也有所了解了,有人说《苕溪》"自然生其气象",你认为这首诗	由音律向内容的转换也不够自然

339

（续上表）

课堂教学实录	观察与点评
描绘了什么样的景象？你在《文氏外孙入村收麦》中又看到或想到什么样的画面呢？请同学们说说你最直观感知到的场景。 生1：我想说《芣苢》，诗歌写出了收芣苢的情景。 师：收芣苢？芣苢是收的？ 生1：采芣苢。 师：谁采？ 生1：农民吧。 师：那能不能再想想性别？ 生1：女性。 师：女性怎样去采？ 生1：轻快地（采）。 师：好的，请坐。有个男生举手，请说。 生2：我也说说《芣苢》，我觉得采的节奏很快，因为里面用了很多动词，就很快地把这件事情完成的感觉，很欢快。 师：嗯，你就是觉得这儿劳动比较热烈，节奏很快，又去"采"，还去（用动作表示）…… 生2：又去收，还去装。 师：很好，通过快节奏的动词去展现劳动的场景，这是这个同学的体会。请坐。那有没有同学来说说《文氏外孙入村收麦》这首呢？ 生3：我觉得这首诗表现了收麦子的欢快。 师：收麦子的欢快？从哪儿看出来的？收麦应该挺辛苦的呀！ 生3：因为有"一竿晴日舞比邻"。 师：哦，因为遇上了好天气，所以很欢乐。还有没有	突出"采"的情绪 矛盾之处

（续上表）

课堂教学实录	观察与点评
其他补充？ 生4：因为前面讲到了收割的时候，有孙子替老人收割，坏天气也过去了，最后收完了麦子还送去了粮仓，很充实的劳动，所以很欢快。 师：好的，很好。关于劳动的场景，我找到了几幅图来跟大家分享一下。（投影）《芣苢》的配图经常都是很多人一起，你们认为是单独的还是多人的？ 生：多人一起的。 师：嗯，大概真是这样，清人方玉润在《诗经原始》中说读这首诗时，"恍听田家妇女，三三五五，于平原旷野、风和日丽中，群歌互答，余音袅袅，若远若近，忽断忽续，不知其情之何以移，而神之何以旷"。特别美好！ 　　　关于《文氏外孙入村收麦》这首，我想问问同学们有没有帮助爷爷奶奶或外公外婆干活的经历？ 生笑：没有。 师：很真实。那总有同学干过的吧？ 生（大声）：有！ 师：干过的人就是有底气，所以声音大！这位同学，你帮你长辈干活的时候，长辈心情怎么样？ 生5：开心！非常的开心！ 师：真好！我们来看看这幅图画（展示），有时候读诗歌结合画面感受会更真切。这个外公，应该年事已高，他还能直接参与收割劳动吗？ 生：不能。 师：那他还能干什么呢？ 生：送水，煮饭。	与生活体验关联

(续上表)

课堂教学实录	观察与点评
师：对了！在这个收麦的过程中，孙子们在热火朝天地劳动，外公就想着怎样去……	
生：慰劳他们！	
师：对！这就是劳动的画面感。那接下来我们就看看，他们会怎么样去写劳动呢？我们应该发现了，《芣苢》是用什么来写劳动过程？	从"写什么"到"怎么写"，好！
生：动词。	
师：对，但是《文氏外孙入村收麦》里有没有直接写收麦的过程呢？	有基础
生：没有。	
师：这就是我们常说的什么描写？	
生：侧面描写。	
师：非常好！这就是正面描写和侧面描写的区别，这儿没有正面写收麦的动作，而是通过老人去给外孙准备吃的喝的来表现收麦的——	创作手法
生：辛苦。	
师：我们会发现《芣苢》具有我们学过的《诗经》中很多作品的特点，就是重章叠句，但是这首诗歌的重章叠句又是绝无仅有的，只有几个字不同，几个字？	
生：6个！	
师：对，我们之前学过的《关雎》《蒹葭》里面也有重叠的句式，但是只是几句的重叠，但是这首呢？	
生：几乎全部一样，只有几个字不同。	
师：对，只有几个字不同，但妙就妙在这里。刚才有个男同学说得就很好，他觉得这些动词写出了劳动的快节奏。那我们现在假设一下，假如你就是	

（续上表）

课堂教学实录	观察与点评
采芣苢队伍当中的一员，请用第一人称来描述一下诗歌当中采芣苢的情景。 有请28号同学——哦，是个采芣苢的姑娘。 生6：芣苢长得很旺盛，我拿着镰刀去割。 师：镰刀？这里有借助镰刀之类的工具吗？ 生：没有。 生6：我用手把它掰下来。 师：掰下来？ （众生笑） 生6：是摘下来。 师：好，那接下来再看，因为芣苢太多了，光"摘"还不能满足我对劳动的热爱，所以还得要怎样呢？ 生6：拔。 师：拔？这个词还有劳动的美感吗？（众生笑） 我们回到诗歌本身看看它怎么说的呢？ 生：捋！ 师：对了，"捋"，就是顺着茎滑动，成把的采取。 生6：我捋下芣苢，由于太多了，我的手拿不了，所以我就用衣襟把它兜起来。 师：嗯，非常好！已经颇有味道了，请坐。 （师示范）芣苢长得真好，我们一起去采摘。啊，我采到了。这儿还有，我摘下来，这儿真多，我要—— 生：捋下来。 师：太多了，我得—— 生：兜起来！ 师：哎呀太多了，装不下，我得——	学生的回答很真实 未理解"采" 采摘 劳动经验明显不足 文中寻适当解释 气氛调动起来了

（续上表）

课堂教学实录	观察与点评
生：掖起来！ 师：对了，把衣襟掖在我的腰带上。我们可以看到这一组动词不仅写出了采芣苢的动作，也写出了芣苢非常的——	顺畅
生：繁茂！	
师：对了，这种形象的动词或者形容词在鉴赏过程中我们要注意些什么呢？我给同学们做个示范来看看。（PPT） 示例：清新而欢快的动词，写出芣苢—— 生：茂盛的样子。 师：表现了女子们—— 生：欢快的心情。	学生投入了
师：咱们先不着急说心情，先说说女子们采芣苢的状态好吗？掇啊，捋啊，拿不下我还得兜起来啊，说明她们的动作怎样？	引导
生：熟练、敏捷！	
师：对了，动作的灵巧和娴熟！让我们继续，展现出越采越多，满载而归的劳动场面，表达了女子们劳动时什么样的心情？	劳动需要技巧
生：欢快的心情。	
师（小结）：好的，这首诗借助清新而欢快的动词，写出芣苢茂盛的长势，表现了女子们（生：采芣苢时的娴熟和灵巧），展现出（生：越采越多，满载而归）的劳动场面，表达了女子们（生：劳动时的满心欢喜，满腔热情）。我们在鉴赏词语的时候，就是要抓住这个词或者这类词，到底写出了描写对象什么样的特点，然后再分析他们表达了	鉴赏点拨

（续上表）

课堂教学实录	观察与点评
什么样的情感。 　　采苤苢其实是古代很普通的一个劳动场景，却如此热情高涨，到底为什么呢？老师特意去查阅了一下相关资料，发现说法还挺多，我选取了三个比较有代表性的说法（展示PPT）。同学们看看，有"治病求子说"，有"薏苡入药说"，也有"果腹说"，你们怎么看？ 生7：我倾向于第一种。 师：为什么？ 生7：它应该可以像中药那样使用，古时候没有西药和那么多治病方式的选择，所以大家都去采。 师：嗯，它也许可以治病，还可以多生孩子。 （众生笑） 师：有没有不同意见？ 生：有！ 师：哪位？请！ 生8：我不同意这个说法，因为如果能治病才去采摘的话，家里应该是有人生病了，有人生病了应该会很着急。但是我们在诗歌里面看到的是人们很享受这个劳动的过程，应该是想到了一顿饱餐，喷香的美味，这才是他们快乐的原因。 （掌声） 师：说得很好，老师刚才说了，这几种说法都是有一定依据的，也都是有人赞同的，这两个同学的说法应该说都很有代表性，特别刚才这位女生讲的，生病了，或者真的想有孕想要孩子，会不会跑出去说我得采苤苢治病，让大家都知道呢？	此处用意何在？ 学生想法有一定道理 这个逻辑不够严密，所采苤苢不一定是为自己

(续上表)

课堂教学实录	观察与点评
生：不会。 师：是的。而且关于"果腹说"，民间似乎一直有这样的传统，你们的爸爸妈妈应该也有做过野菜给你们吃吧？ 生：有。 师：古代物质生活比较匮乏，民间也一直有采野菜而食的传统。其实不管芣苢是否有治病功效，还是有饱腹的作用，反正我们看到劳动的画面是热烈而快乐的，这就像有人评价的：生活虽是艰难的事情，却总有许多快乐在这艰难之中。由于有了这样的快乐，于是，诗意就诞生了。若我在后面再补两句：采采芣苢，薄言煮之；采采芣苢，薄言食之，还有味道吗？ （众生笑） 师：这就是诗歌的魅力吧，以画面感丰富我们的想象，以不确定的主题让我们读出不同的味道。下面我们看下《文氏外孙入村收麦》，这首诗没有直接写收麦场景，你留意到诗中哪些有表现力的字眼呢？可以参考一下《芣苢》。 生：好多。 师：哪些呢？举例说说看。 生9：我想说"一竿晴日舞比邻"，初升的太阳令相邻欢欣鼓舞，这说明他们很开心。 师：好的，请坐。那他们是不是一开始就很开心呢？看上句"三夜阴霪败场圃"，收获的季节连天下雨，心情怎样？ 生：不好。	此处探讨的意义在于过程，而不在结果 诗歌与现实 "不确定的主题"？

346

（续上表）

课堂教学实录	观察与点评
师：看到太阳出来了呢？ 生：好了。 师：那就写出了心情的—— 生：变化。 师：很好！这其实就是什么手法？ 生：对比。 师：很好！这里就是通过一"败"一"舞"写出天气的变化，收割之人心情的变化。还有没有别的？我们看看"急炊""多博"是什么意思？"急炊"是说要赶紧去做什么？ 生：烙饼！ 师："多博"呢？"博"是什么意思？ 生：求取。 师：找乡邻们多拿点酒水来慰劳我的—— 生：外孙们！（辛劳的外孙） 师：对，虽然没有写直接写劳动的场景，但是通过给外村们准备吃的喝的侧面表现劳动的辛苦和热火朝天。我们再留意一下不难发现，诗歌中"新麦"与"陈谷"、"诸孙"与"老人"、"阴"与"晴"等，这些都形成了什么？ 生：对比。 师：对，再结合一下律诗对仗等特点，我们不难发现如"败""舞""急""多"这类字眼的使用效果，这就是我们在鉴赏诗歌的时候常常说的"炼字"效果。 　　如果说《芣苢》中是动词有层次，那我们感受一下《文氏外孙入村收麦》诗中情感特点。我	 侧面描写 手法运用 重点字词， 效果何在？

347

(续上表)

课堂教学实录	观察与点评
们把诗歌再读一次。"欲收新麦……"起—— 生：（齐读诗歌一遍） 师：我们尝试用四个四字短语概括一下首颔颈尾联的内容。首联我概括为：诸孙入村。颔联呢？久雨—— 生：初晴。 师：颔联，有饼，有酤，饼酤来—— 生：酬劳、偿劳。 师：尾联，赋诗—— 生：怜汝。 师：很好，那我们来看看在四联中外公的心情：你看，麦子要收了，我年事已高，已经不能亲自去收割，幸好我还有几个孝顺的外孙，这时候他对孙子充满了什么情感？ 生：期待。 师：嗯，充满期待，然后我们看颔联，接连下雨，心情焦急，再下我的麦子可能都要坏了，这是突然天晴了，太阳出来了，心情由焦急转为？ 生：欣喜！ 师：再看颈联，外孙们干得热火朝天，我赶紧为他们准备吃的喝的，看着外孙们都已经这么大了，可以帮我干活了，我的心情怎样？ 生：欣慰。 师：对！非常欣慰。他们不仅帮我干活，还干得很漂亮，不仅帮我收麦，还帮我收到粮仓去放好了，于是我想要—— 生：犒劳他们！	简单的概括

（续上表）

课堂教学实录	观察与点评
师：对，犒劳不光是给他们做吃的，我还要为他们—— 生：写诗！ 师：对了，我还要写诗来表扬他们！这时心情可以怎么形容？ 生：开心！ 师：咱们能别只会用"开心"吗？为干劲十足的外孙们写诗，表达外公怎样的心情呢？ 生：满足！ 师：可以，满足！对孙子们行为的赞赏与勉励！这说明诗歌不仅用词讲究，有层次感，在感情上还经常会具有什么样的特点？ 生：变化。 师：对，情感常常有层次性、复杂性、多样性。我们以后在诗歌鉴赏时遇到问情感的问题，可以多想一想。一首看起来如此浅显易懂的诗歌都有这么丰富的情感，这也是诗歌的特点之一。 　　我们再想想，苏辙这个人，有人说他有"天才的哥哥，收麦的外孙"，曾经的执宰大臣却要靠着外孙来帮忙收麦，苏辙爷爷似乎还很开心，有没有感觉哪里有什么不对？ 生：没有。 师：没有觉得任何不对劲？你觉得像苏家这样也算是官宦之家大户人家，就应该种地干活？ 生：他哥哥被贬了啊！ 师：哦，就是因为他哥哥被贬了，所以他的生活也没法自足了？所以必须要亲自种地了？	师生互相应和

(续上表)

课堂教学实录	观察与点评
（众生笑） 师：其实我们想想这样的士大夫，他是被贬官了，但是并不是无官可做，基本生活应该是可以保证吧？ 生：嗯。 师：可能因为同学们对苏辙关注得相对少一些，很多时候，大家只知道他是谁？ 生：苏轼的弟弟！ 师：是的，其实他也是非常优秀的，他的官做得一度比他哥哥还要大，在文学创作上，虽然他与他哥哥风格不同，其实也是很有成就，我将苏辙的人生经历简单梳理了一下，归纳出一些关键词来供同学们了解。 　　苏辙（1039—1112），此诗作于1107年，也就是什么他人生中的什么阶段了？ 生：晚年了。 师：对，晚年的时候了，毕竟已做外公了。苏辙的一生非常丰富，关键词简介：官至右丞、犯颜直谏、反对变法、被贬出京、帮兄获罪、出使辽国、南游中国、屡降官阶、晚居颍昌、自号遗老、追赠太师、国公。那么问题来了，像这样的人生，是充满诗意的吗？ 生：是。 生：不是。 师：有同学说是，有同学说不是。我觉得，这哪里是诗意，简直就是颠沛流离啊，应该是那个"失意"。 生："失意"，"失去"是"失"。	知人论世 "失意"但不失"诗意"，人生境界的探寻

350

（续上表）

课堂教学实录	观察与点评
师：晚年的苏辙，十几年闭门索居，俯首大地，无须掩饰喜怒哀惧，还能实现耕读一体，这也不失为一种理想的生活方式。劳作的快意，收获的喜悦，亲情的陪伴，自然之风，天伦之乐，拳拳之心，已远胜政坛坎坷、官场风雨。所以我个人认为，诗意，也许就是对生活最本质最美好的愿望和追求。同学们，你认为自己是个有诗意的人吗？ 生：不是。 师：那你觉得诗意对生活重要吗？ 生：重要。	埋下"心向往之"的种子
师：那我们来小结一下，在我们赏读这两首诗歌的时候，其实就是带着同学们对诗歌进行简单的鉴赏。我们说场景、人物的时候，其实就是在鉴赏诗歌的——形象。我们说动词、形容词的时候，就是在鉴赏诗歌的——语言，当我们发现诗歌有正面、侧面的描写，还要对比手法的时候，我们在鉴赏诗歌的——技巧，然后我们在感受劳动情怀的时候，说到底就是诗歌的——思想感情。当我们说诗歌鉴赏，其实说的主要就是这些东西，我们是高一的学生，正要开启诗歌鉴赏的大门，今天这两首诗，《芣苢》通过重章迭唱、回环往复的手法，刻画出诗情画意的劳动喜悦，令人神往；而《文氏外孙入村收麦》对仗工整、率真自然，洋溢着浓浓亲情和劳动欢乐，饶有趣味。	能一概而论吗？商榷 学生意识 课堂收束、小结
当劳动遇上诗歌，当生活充满诗意的时候，我们就看到了范成大的《四时田园杂兴》"村庄儿女各当家"的劳作画面，也读到了辛弃疾《清平	依据教学内容适当延伸

351

（续上表）

课堂教学实录	观察与点评
乐·村居》中"大儿""小儿"一起劳动的家庭生活。其实，我们每天都在劳动，你有没有想过把你的劳动写成诗呢？有没有想过把你的生活用诗歌来表现呢？ （生摇头） 师：我有。去年我曾去江南一游，在南浔小镇采了几颗紫茉莉的种子，今年4月左右，我将它们随后丢进了一个废弃的花盆中，放在楼顶天台也没怎么管，结果有天我发现竟然长出来两株，到了9月，在别的地方已经是紫茉莉该凋谢的时候，它们竟然开了花，看起来非常羸弱，才十几片叶子，但它们仍然在努力绽放。我觉得特别感动，于是我把这段经历写成了一首诗：	善于寻找生活的诗意

示例1：   紫茉莉（2019.9.17）
    采籽江东到岭南，移盆北牖向南窗。
    根羸茎弱花苞小，雨骤风频落叶繁。
    不与千红鲜蕊放，唯于万籁暗清扬。
    幽思凝露翩然绽，自赏孤芳夜来香。
（生鼓掌）
	教师才华定会影响学生

师：有一次我在厨房，发现一只吃剩的番薯发芽了，我把它架在了一个装了水的容器里，结果它竟然叶子越长越多，在这个秋冬季节，为我的居室增添了一丝生机，于是我也顺手写了几句诗：
    示例2：薯（2019.10.10）
    不杂春桃香，莫争秋菊霜。
    甘储临清水，葳蕤自生光。
（生笑，鼓掌）
	"吃剩的番薯发芽了"也能赋诗，有创意

（续上表）

课堂教学实录	观察与点评
师：上个月有个周末我回了老家一趟，那天刚好降温，呼呼的北风。我家北边路上一棵老桑树，竟然就在我面前被风刮倒了，我觉得这似乎是上天的安排，似乎是要给我一些灵感，为我思念的故乡写点什么，于是那个晚上，我听着风雨大作，写了一首词。 　　　　示例3：长相思·故园逢枯桑 　木纷纷，叶纷纷，竹影摇摇日已昏，枯桑断老根。 　风打门，雨打门，此夜阁楼欹枕闻，故园秋已深。 （生鼓掌）	即景赋诗 情到深处
师：我有个小侄儿，因为是"双十一"生的，我们叫他小"十一"，他骑着他的小木马的时候，总是不往前，而是后退，还退得不亦乐乎，我们怎么教他也不改。后来，我发现他的童心童趣中暗含着很深的哲理，我们眼中的后退，其实在他看来也是一种移动一种前进啊！我觉得这很有诗意，于是我写了一首小诗： 　　　　示例4：观小十一"骑马" 　手把龙头脚下牵，郎骑小马笑开颜。 　童心赤子方为道，退步原来是向前。 （生笑，鼓掌）	 情趣盎然
师：你们看，生活的诗意是不是很美好？可以说是无处不在的。我希望同学们大胆尝试去用诗歌来表现生活。下面，我给大家一点时间，仿照《芣苢》，用重章叠句的手法来写写我们校园中劳作的人和事。相信你们，可以的！ 　　我给点提示，在校园里主要的群体无非就是	面对高一学生，面对不难读懂的作品，鼓励学生围绕主题

353

(续上表)

课堂教学实录	观察与点评
两类对吧？一类是—— 生：学生。 师：一类是？ 生：老师（校长）。 师：我们说老师的时候，经常会用哪些词语来形容他们的劳动呢？我们说老师谆谆—— 生：教诲。 师：老师对我们常常是循循—— 生：善诱。 师：对，参考《芣苢》中的叠词，先找一个形容老师的叠词，再联系老师劳动过程或特点的几个动词，于是，一首《芣苢》版的劳动诗歌就成了。小组同学可以一起来商议。	牛刀小试，这也是健康情志的培养 启发、鼓励
（生小组讨论）	
师：（巡视小组并随时解疑指导。）有同学说觉得自己写出来的诗好俗啊，其实俗不可怕，由俗到雅需要一个过程，首先你得走出第一步，去尝试写诗。有哪个组先来展示一下成果？	注重过程
生10：谆谆亲师，薄言教之；谆谆亲师，薄言导之。 　　　谆谆亲师，薄言授之；谆谆亲师，薄言诲之。 　　　谆谆亲师，薄言诱之；谆谆亲师，薄言有之。	先形似
（生鼓掌）	
师：非常好！我听你们上一节课的时候就有这种感觉，你们的美女老师为了让你们理解《离骚》，真是循循善诱，又漂亮又有耐心还那么有学问，你们就应该为她写诗！	多鼓励
（生鼓掌，笑）	

（续上表）

课堂教学实录	观察与点评
师：其他组呢？也拿出来分享一下。 生11：琅琅书声，薄言启之；琅琅书声，薄言阅之。 　　　琅琅书声，薄言诵之；琅琅书声，薄言品之。 　　　琅琅书声，薄言思之；琅琅书声，薄言和之。 （生鼓掌）	渐佳
师：真好！我觉得你最后一个"和"字是不是可以用"悟"来代替？六个不同的动词展示了我们读书从读到诵到思到悟的过程，是不是更好？ 生：是。	改进建议
师：我刚才还想着要不要给同学们更多的提示，没想到事实证明你们根本不需要！你们可以做得很好！这就说明我们只要愿意思考，都可以写出诗歌来，毕竟思考本身就是一种劳动！	
可以说，劳动改变了生活，劳动创造了诗歌。希望同学们在每天的劳动中，敢于"在心为志，发言为诗"，劳动中的诗意或者说诗意的劳动，诗意的生活，有待每一个普通人去感受，去发掘。伟大作品之伟大，在于其赋予生活以诗意；伟大的人之伟大，在于其赋予人生以快意。这大概就是所谓"诗意地栖居"。今天我们就到这里，谢谢同学们，下课！ 生：谢谢老师！老师再见。	回扣主题 在学生心田播下"美"的种子，这很重要

【案例6】《葡萄月令》(执教:贺春慧老师;观察与点评:孙丽红老师)

课堂教学实录	观察与点评
师:上课!同学们好。 生:老师好。 师:大家喜欢看什么类的文章? 生:没有,我什么文章都喜欢看的,除了…… 师:没关系,先坐下再想一想,就像我们有很多文学题材,例如小说、诗歌、戏剧、散文,还有白话的,文言文。相比较而言,你觉得散文是你的最爱吗? 有说是的,有摇头的,那位男生,请你说说。 生:我觉得散文它说的话比较有道理,它不像记叙文那样无趣,至少我不会讨厌它,觉得它趣味性挺大。	师生问好 借班授课,南北差异,先拉近与学生之间的关系
师:趣味性挺大,那你知道老师最不喜欢教哪种文体吗? 生:文言文。 生:说明文。	愿意交流
师:对,说明文也挺不喜欢教,但是散文也不喜欢,为什么?因为你们没有兴趣,你们看着书说"老师,我都懂啊",而且觉得老师提的问题没有趣味,没回答的必要,所以上课不大理我。所以我只能自演自唱。不过今天我希望和大家一起来,好吧? 师:我觉得今天坐在这个教室里的,最为难的可以说是同学们和我,因为我今天要讲的这篇文章是汪曾祺的《葡萄月令》。在人教版里是高二选修教材的内容,也就是说是高二学生下学期最后一篇精	真的"都懂"吗?抓得好

（续上表）

课堂教学实录	观察与点评
讲课文，所以难度很大，内容是讲农村果园的生活。今天中午听到一个消息，咱们16班的学生上周去学农了。然后听老师夸奖说，你们是挑粪挑得最认真的一个班，我就放心啦。我觉得有劳动体会的人对果园一定不陌生。还有，今天有老师、专家听课，对我们来说挺有压力的。哈姆雷特有一句经典的台词："即使把我关在果壳里，我也是无限空间的主宰者。"以此激励一下我们自己。下面的时间，我希望56位学生和我一起来忘掉他们，把我们这段时间充分利用起来，享受起来，开启一段有价值、有意义的审美之旅，好吗？	善于寻找教学契机，贴近学生体验 这句话学生感觉"好酷"呀！
生：好。	做好准备
师：那我们一起来学习汪曾祺的《葡萄月令》，我知道大家已经预习啦，请大家跟我分享一下你的阅读感受。你第一次读完的感受怎么样？只有一个要求，就是实话实说。	要求不高且明确
生：有点长。	
师：如果不是老师逼你，你能读完吗？写了12个月，的确有点长。	长吗？
生：有点无聊。	由于单调，给人感觉很长
师：指的是内容是吗？	
生：对。	
师：不喜欢读，是吗？	
生：对。	
生：我觉得有些枯燥无味。	果然实话实说
师：噢，文字上面有点枯燥无味。很多人都这么看，我也这么认为，这篇文章的特点我认为一句话概	

解读 呈现 展开——中学语文课堂教学艺术品析

（续上表）

课堂教学实录	观察与点评
括：语言似流水，行文似记账。那我们今天这一节课来印证一下这两句话，好不好？好，大家请把文章收起来，夹在课本里，不准偷看。下面我要测试一下大家的预习情况，看谁快。 师：下面这两段文字一个是原版，还有一个是"山寨版"，看你们的预习情况怎么样。哪个是"山寨版"？ 生：下面那个。 师：大家预习得很好。第二个是"山寨版"。好，"山寨版"的作者就是贺老师我，我觉得自己写的"山寨版"一点也不差，"山寨"手机我们用着就不错呀。现在，女生来读原版，男生读"山寨版"。好吗？我们先读一下，一起来验证一下贺老师写的"山寨版"不错。女生先来，一二。 女生：一月，下大雪。雪静静地下着。果园一片白。听不到一点声音。葡萄睡在铺着白雪的窖里。 师：男生。 男生：北风凛凛的一月，纷纷扬扬地下大雪。雪静静地下着。果园一大片白茫茫。听不到一点声音。葡萄睡在铺着白雪的窖里。 师：男生太棒了，很洪亮，更加表现了我写的词的意韵。那好，我现在让大家比较一下是"山寨"好还是原版好。 生："山寨"。 师：真的是"山寨"好。那你们也证明给我看。来，谁说？ 生：您增添了许多形容词，使句子更加生动，读起来更加好听。	"记账"文怎么讲？ 期待 "不准"颇有童趣，呵呵！ 对比法 表扬 从语言入手 读得没啥感觉 读得很抒情 回到问题 实话实说 追根究底

358

(续上表)

课堂教学实录	观察与点评
师：老师说你的文章太干瘪了，怎么办？添加形容词啊。他体会到了我的良苦用心，很好。 师：还有吗？谁要说？没关系，如果不喜欢的话，你可以反驳我啊。	从小学开始老师都这么教
生：我觉得还是"山寨"的好。因为原文好像刚才那位男生说得比较枯燥无味，但是您加了很多形容词，但原文让我感觉到了眼前真的出现了那幅画一样。 师：有不同意见吗？	"还是……但……"，好！
生：我觉得原版的好，因为原版运用了很多短语，让人感觉好像口语化一样。让我觉得好像有人跟我讲故事一样。 师：你觉得口语化很亲切。 生：对。 师：如果加上书面语，变得很文雅，很书面，行吗？ 生：行。	开始品味
师：被我说服了。好，还有不同意见吗？ 生：我觉得原版的好，像白描手法。不加任何修饰的词，把自己看到想到的记叙下来，好像有一种随笔的感觉。	继续铺垫动摇了
师：原版好像白描。那形容词好，还是白描好呢？那个好取决于什么？谁来说说？ 生：取决于文章的文体。 师：文体？那散文也可以写得很华丽、很汪洋、很恣肆，也可以写得很清淡啊。对不对？	不加修饰的美 指出"白描"
师：现在请大家再审视这段文字，用一个字来概括这段文字有一个什么特点？它应该描写出一个什么样的特点？	为什么这里"白描"更好？

（续上表）

课堂教学实录	观察与点评
生：静。 师：为什么要突出这个"静"呢？ 师：因为下雪就要静吗？也可以刮风呀，下雨呀，你看这里有一个小主人公。 生：葡萄。 师：对，因为葡萄在睡觉。所以要突出一个"静"的特点，没问题吧？就像你回家以后，你刚想说话的时候，家里妈妈在睡觉，那爸爸会对你说什么呀？嘘……好，那我们现在再来看这两个，原版好还是"山寨"好？	突出"静"，文字为表达服务
生：原版好。	态度坚定
师：为什么？ 生："山寨版"的"北风凛凛"，太吵了。 师：太吵了，是，这段描写的一个字…… 生：静。	引导学生发现文字背后的奥妙，很好
师：很好，太吵了，因为葡萄在睡觉，所以不能加这些字。好，有一句"果园一片白茫茫"和"果园一片白"，那个好？你一种怎样不同的感觉？那位男生来说。 生："白"就是可以让我们得到静和清的感觉，如果是"白茫茫"的话，就像是好多的雪压在果园里一样，给人一种很重的感觉。 师：噢，"茫茫"给你一种很重的感觉。	"重"，很独特的感受，合理
师：一片白给我们感受的是什么？一种什么样的感觉？ 生："很朦胧"。	
师：很朦胧，还有呢？一片白，当我们结婚的时候，婚纱一片白，到医院，一片白。很圣洁。还有	由表及里

(续上表)

课堂教学实录	观察与点评
"白茫茫"强调的是什么? 生：茫然。 师：对啦。茫然，无际。那这个地方作者要强调的是什么？白、圣洁？实际上在表示葡萄在睡着，睡着表明葡萄的生命在孕育。是不是啊？所以非常的圣洁。	色彩的象征意义
师：经过比较，老师的这个"山寨版"被"PK"掉了。	
师：好，我们再来一个变化，我还做了"山寨版"2.0。看，老师又把第一段做了一次变化。	
师：我为了低碳，汪曾祺先生不低碳。我把汪曾祺先生的词都粘在一起，那么就少了一行，有环保理念啊。老师这样做，好吗？	教学语言风趣幽默
生：不好。	很明确
师：直截了当就否认了，来，说说原因。	
生：因为我觉得有一点停顿，这样一句一句地读，觉得好一点。	语言品味渐入佳境
师：意思是有一点停顿，是吧？不用那么的累，是吧？可以，很好。那么长的一行空着，给你什么感觉呢？	
生：这样给读者留下想象的空间。	
师：那我就让你来想一想，"一月下大雪"这一句后面空着一行，你会想到什么呢？	追问
生：我会想一月下大雪的时候有什么情景出现。	有感觉啦！
师：一月下大雪，你现在就想会有什么样的情景出现？下大雪，后面一大片是空白的，空白处会有些什么？	
生：那果园像一片白茫茫的，然后那些树上铺满了雪，	

(续上表)

课堂教学实录	观察与点评
然后不断有雪慢慢地飘下来，然后葡萄就会包裹在雪里面。 师：他说上面有雪飘下来，下面葡萄睡在地窖里。那中间是什么？ 　　噢。中间是田野。是田地，大家看看上面的层次是不是这样。一月下大雪，漫天的大雪，中间是土地。 生：是果园。 师：很好，是果园的土地。葡萄睡在铺着白雪的窖里。 生：还是一层一层的呢！ 师：好极了，他已经跟我总结了，这是一种什么的美？ 生：层次美。	美妙的想象在留白中完成
师：我们一起来享受一下，老师读第一遍。我读的时候，你们就闭着眼睛去享受一下，等我读完时你们睁开眼，我示意让你们来，你们再重头读好不好？	享受文字之美
师：我们配上点音乐，煽一煽情。 　　（配乐朗诵）一月，下大雪。雪静静地下着。果园一片白。听不到一点声音。葡萄睡在铺着白雪的窖里。 　　该你们啦。一二。	真美！
生：（配乐朗诵）一月，下大雪。雪静静地下着。果园一片白。听不到一点声音。葡萄睡在铺着白雪的窖里。	很美！
师：我们欣赏了一小段，大家觉得语言怎么样？看着很平淡，但是会觉得这个语言挺好的。为什么会有这个效果呢？因为作者是贴着一个东西去写的，	实话实说提炼方法

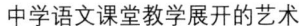

（续上表）

课堂教学实录	观察与点评
是什么呢？ 生：静。 师：对，贴着"静"来写的，就是贴着物态去说，就是贴着要描写的那个事物本身的状态来写，抓住了这个状态，所以写得很好。	好的语言是更贴近物态的
师：好，老师再问一下，还是不看书。他写了十二个月，好多呀！如果让你们去选择，你觉得几月去葡萄园最爽啊？	再起波澜
生：一月。 师：什么都没有，只有大雪。 生：七至八月。 师：为什么是七至八月？ 生：因为葡萄成熟。	各人所爱
师：葡萄刚成熟，关键是什么？可以吃啦！你九月去，葡萄都运走了，一定要八月去，你记好啦，可以尝到新鲜的葡萄。	咽口水啦！
师：好，让我们一起来看看屏幕，这么多的颜色，该怎么排列啊，谁前谁后呀？ 生：白红紫黑。	色彩
师：还有不同的吗？很多的答案出来了，那我问你排列的理由是什么？ 生：颜色由浅到深。 师：好的，由浅到深的颜色。为什么要这么排呢？ 生：有层次感。 师：对，有层次感，但这个层次感要遵循什么？看前面的"八月葡萄着色"，这是果农的语言，意思是画画。	

（续上表）

课堂教学实录	观察与点评
师：如果像到这个颜色，美不美？说实话。 师：一般吧，还行吧。这我们也写得出来，这，我们小学生也可以写出来吧？看不出美态吧。 师：好，再看第二层，漂亮吗？"饱满、磁棒、挺括、璀璨琳琅"。这些词能品味出来吗？哪个词不太知道？	"说实话"的要求始终如一
生：磁棒。	方言口语
师：这是北方方言，就是"特别瓷实，结实"的意思。	
师：还有"挺括"，也是北方方言，比如说衣料特别硬，特别挺，没有一条褶的时候，真挺括。这几个词一般都不用来形容葡萄了，而汪曾祺却用了，能理解吗？	有意思
生：能。	越来越自信了
师：好，来评价一下。	
生：只用颜色描写比较平面，但是用这些词就比较立体了。	
师：好的，刚才颜色显得平铺，现在表现得更立体了。还有其他吗？	
生：层次感。	不容易
师：你又说对了。但你的话是结论，我们现在讨论的是过程。	
生：一开始写饱满，就是写葡萄刚刚成熟了。	
师：饱满指它的什么？	
生：外形。	
生：磁棒，就是说葡萄慢慢成熟了，有更多的肉啦。	
师：谁的肉？（生笑）葡萄的，是说葡萄有肉。还有呢？	

中学语文课堂教学展开的艺术

（续上表）

课堂教学实录	观察与点评
生：最后一个词，是说葡萄的外皮没有一点褶。 师：什么人没有一点褶？特年轻、特饱满的人。那你把这三个词来读一遍。 生：饱满、磁棒、挺括。 师：念得好极了，请坐。 师：大家看，三个词，三个层次。其实我们写作文写到人的时候都会用到的。来讲×××吧，大家都认识×××。如果我们要有层次地夸他。我们夸他，一般人都会说英俊，现在我们要用别的词来描述他，"英俊"，再给一个词。 生：才气。 师：还有呢？英俊只是脸，我们再给一个词，让他有志。挺拔，可以吗？我们再给一个词，能给他的精神面貌表现出来。英俊，挺拔，阳光，可以吗？ 　　再说我们描述一个小女孩，"很苗条"，这个词面条也可以。不行，这一个词绝对不够，我们再给一个词。 生：清秀。 师：我喜欢这个词，有内涵了，再给一个词，比清秀更表现她的精神、气韵。 　　水灵，行吗？这样就有型，有志，又有她的精神面貌。再看上面的词，"璀璨琳琅"，但是不是一开始就用这么大气的词，不能一开始就表现出来，要前面一层一层地往上铺才能展现出来？ 　　大家来读一下这一句。 生：饱满、磁棒、挺括，璀璨琳琅。 师：大家觉得写到这儿可以了吧，但是造梦大师还	遣词 迁移 迁移

365

（续上表）

课堂教学实录	观察与点评
可以进入第三层。一般的人到这里已经江郎才尽了，不过汪曾祺就是特别的厉害。你看第三层，他是怎样写的："你就把《说文解字》里的玉字偏旁的字搬来吧，还不够用啊。"大家可能不熟悉《说文解字》，这是汉代许慎编的一本字典，里面收入了很多汉字，里面带玉字旁的字一共有140多个，所以作者说现在你再去看葡萄园，你就把《说文解字》里的玉字偏旁的字搬来吧！这一层和前两层有迥异之处，谁能翻译第三层与前两层不一样的地方？因为第三层已经进入什么空间？ 生：想象空间。 师：对了，没有这个能力的人进入不了第三层空间，因为你头脑里面要怎样？ 生：想象。 师：想象什么？ 生：玉。 师：想象葡萄园里面都是玉石，光亮润色，当玉石相碰的时候会发出叮叮的声音。所以我们的葡萄园出来了吧，厉害吧，第三层。	层层深入，学生注意力非常集中，被深深吸引
师：好，我们来享受一下。我们现在请八月出生的同学举手。 师：一个都没有？好，那把书打开，所有的同学都进到八月的葡萄园。一起来读。	葫芦里不知卖的什么药
生：八月，葡萄"着色"。你别以为我这里是把画家的术语借用来了。不是的。这是果农的语言，他们就叫"着色"。下过大雨，你来看看葡萄园吧，那叫好看！白的像白玛瑙，红的像红宝石，紫的像	可能是准备让八月出生的学生来读

（续上表）

课堂教学实录	观察与点评
紫水晶，黑的像黑玉。一串一串，饱满、磁棒、挺括，璀璨琳琅。你就把《说文解字》里的玉字偏旁的字都搬了来吧，那也不够用呀！ 师：好，停。刚才老师领着大家做了两个语言点的示范，一个做了减法，一个做了加法。很棒的。 　　汪曾祺对自己的语言有什么要求呢？他说中国人除了笔法，还讲求"行气"，包世臣说王羲之的字，看起来大大小小，单看一个字也不见怎么好，放在一起，字的笔画之间，字与字之间，就如"老翁携幼孙，顾盼有情，痛痒相关"。安排语言，也是这样，一个词，一个词；一句，一句。痛痒相关，互相映带，才能姿态横生，气韵生动。于是，在那些空白或穸白之间，字与字之间，层次与层次之间，都藏着语言的美。下面自由活动，把文章拿出来，到葡萄园的十二个月中去，找一句你最喜欢的句子，然后美美地把它读出来。好不好？ 　　如果你能哑摸出一点韵味来。就非常非常棒啦！ 生：九月的果园像一个生过孩子的少妇，宁静、幸福，而慵懒。我们还给葡萄喷一次波尔多液。哦，下了果子，就不管了？人，总不能这样无情无义吧？ 师：你的视角很独特。你来说说为什么选九月呢？ 生：因了九月描写的葡萄像人一样，用了拟人的手法，更生动、有趣。还有他把果园比喻成生过孩子的少妇，我没有看见过这样的描写，所以觉得他很有趣，好独特，好有个性。 师：很好，从你喜欢的句子里，表明了你是一个很有	书法之道与为文之道相通，形象生动 个性化阅读与鉴赏 这位学生直觉很好 追问得很及时

367

（续上表）

课堂教学实录	观察与点评
情有义的孩子。你觉得他用少妇来做比喻，那么他给了几个形容词，你尽量地想象一下，想象一下用什么词语来形容这慵懒的少妇，请你把它读出来，你试一下，好不好？ 生：九月的果园像一个生过孩子的少妇，宁静、幸福，而慵懒。 师：怎么样？你觉得他读得好吗？我觉得已经不错了，虽然没有体验过。你们觉得他那个词还不过好？那么现在请大家读一遍，之后请位女生来示范一下。 　　好，这位女生来试一下。 生：九月的果园像一个生过孩子的少妇，宁静、幸福，而慵懒。 师：好，请坐。旁边那位男生也请试一下，经过观察，我觉得你会读得更好。 生：九月的果园像一个生过孩子的少妇，宁静、幸福，而慵懒。 师：不错吧！很好，来，我们再来看，还有喜欢几月的？ 生：我喜欢二月的。 师：你来给大家读读你喜欢的句子。 生："有的梢头已经绽开了芽苞，吐出指甲大的苍白的小叶。它已经等不及了。"我觉得他运用了拟人的手法，生动形象地写出了葡萄刚萌芽时候的一种姿态，让我感受到了葡萄充满了活力，以及蓬勃	抓住了散文的牛鼻子，这正是此文是散文而非说明文的原因 不必纠结有无体验，间接经验也可以的 作者笔下的葡萄就是人

中学语文课堂教学展开的艺术

（续上表）

课堂教学实录	观察与点评
的生机，当我读完这句话的时候，觉得就有这样一个画面呈现在面前，绘声绘色的。 师：很好，还有吗？ 生：最后一段"葡萄窖里很暖和，老鼠爱往这里面钻"。我读到这里，感觉很温暖。 师：很好，她说了一句特别好的，"果园里热热闹闹的，挺暖和的，读到这儿，我也想去这个果园里，睡在这个地窖里"。真好，其他同学还有吗？ 生：我喜欢三月葡萄上架那里，"上了架，就施肥。在葡萄根的后面，距主干一尺，挖一道半月形的沟，把大粪倒在里面。葡萄上了大粪，不用稀释，就这样把原汁大粪倒下去"。在世俗人的眼里，都认为大粪是污秽、下流的东西，但是汪曾祺先生，他不与世俗"同流合污"，直接用了大粪这个"丑恶"的词，显得十分朴素。 师：你也觉得很丑恶，但是原文还写的是原汁大粪，一点也不觉得丑恶啊。 生：因为他融入了生活当中。 师：好。 生：因为他把角色带入了葡萄里面，对葡萄来说大粪是不臭的，是它最好的养料，所以"原汁大粪"是好的，站在葡萄的角色来看，就觉得大粪不会臭。 师：同学们觉得他说得好吗？请鼓掌。 　　他站在葡萄的角度来说，葡萄是需要"原汁大粪"的，也就是说汪曾祺不仅抓住了葡萄这个物质的特点，而且他对葡萄是怎么样的？	学生的语言敏感度越来越高 "原汁"抓得好 "站在葡萄的角度来说"

369

(续上表)

课堂教学实录	观察与点评
生：很了解。 师：是！而且带着情感，所以说他的文章像流水，不仅贴着物态，还贴着人情在里面。那我们下面就来领悟汪曾祺在这篇文章中都抒发了怎样的情感。 生：对葡萄的喜欢之情，还有对田园生活的热爱。 师：好，对农村生活的热爱，还有吗？ 生：对劳动最神圣的赞颂。 师：从哪里看出来的是对劳动最神圣的赞颂？ 生：在汪曾祺的笔下，劳动是很可爱的，比如那很多句子都运用了拟人句，所以我认为在他心中，劳动是很神圣的。 师：好，有对劳动者，有对葡萄的歌颂。我们来看，他的语言像流水，真的像流水吗？怎样的流水？ 生：很优美的流水。 师：很优美的流水，你来做个比喻吧。 生：像清水一样。 师：是怎么样的流水？谁来描述一下，是不是这样的？他浇了菜，菜就清了；他浇了树，树就绿了；他浸泡的种子，种子就长成了庄稼。如果他什么也没有碰到，那么它就天光云影的自成天籁。是不是这样的？所以，汪曾祺的语言就是行所当行，止其所不得不止，很自然。所以他对自己的语言就有一个比喻：像初春的新韭，像秋末的晚菘。亲切、自然，但水灵灵的，刚才老师说了，他的文章贴着物态、人情，所以你听的时候得贴着，静下心来听。 那么，我们现在来看一下压轴问题：行文像	"带着情感"，"贴着人情"理解到位 能理解这些太好了！ 淡而有味 有滋有味 "听的时候得贴着"

（续上表）

课堂教学实录	观察与点评
记账，他用十二个月的形式来介绍，我们来介绍一下。"月令"这个名称来自汉代的《礼记·月令》，是一本农书。记述每年夏历十二个月的时令以及相关的事物，自古以来就有用月令题材编写的专著，而且"月令"也成为文艺创作的一种体裁。汪曾祺用"月令"来写葡萄，你知道他的用意在哪里吗？ 生：就是汪曾祺用这种方式来写葡萄的内容很符合。 师：好，他之所以写这个就是符合农书，写作的内容很符合，还有吗？ 生：我觉得一至十二月好像一个孩子的生长，从小到大的过程，比较生动，让人觉得充满生命力。	"月令"，解题
师：真好，刚才那位女生刚才说喜欢二月，我就心有同感，我也喜欢这里。我给大家读一下："把葡萄窖一锹一锹挖开。挖下的土，堆在四面。葡萄藤露出来了，乌黑的。有的梢头已经绽开了芽苞，吐出指甲大的苍白的小叶。它已经等不及了。不大一会，小叶就变了颜色，叶边发红；又不大一会，绿了。" 　　我想所有的母亲读到这都会怦然心动的。因为就像你们的出生一样，真的像这样，生命的诞生就像这个二月的葡萄一样，这就是生命。 　　我们来看一下150年前有两位艺术家，虽然与汪曾祺素未谋面，但是他们是汪曾祺的知音。我们来看一下，你认识这幅画吗？就是凡·高的葡萄园。我们来看看凡·高与高更的对话："以这个葡萄园为例，高更，留神！那些葡萄就要胀	教师认真听学生的回答，产生共鸣，随手拈来 "生命"的韵律

371

(续上表)

课堂教学实录	观察与点评
裂了,把汁水直喷进你的眼睛。喂,仔细看看这道深谷。我希望使人们感觉到,已经有成千上万吨的水从这深谷间奔泻而去。当我给一个男人画像时,我希望人们感觉到这个男人汩汩流过的一生,他所见过的一切,他所做过的一切和所经受过的一切!"	艺术是相通的,打开视野,深度挖掘
我们来看,促使庄稼向上长的田地。在深谷中奔泻的水,葡萄的汁液和仿佛从一个男人身上流过的一生,这一切都是一回事,是用一种东西。生活中唯一的一致就在于节奏的一致。我们大家、人、苹果、深谷、耕地、庄稼地里的小车、房子、马和太阳。全都随着这个节奏跳动,造就你。更高的东西,明天将从葡萄里长出来。因为你和一粒葡萄是一回事。当我画一个在田里感化的农民的时候,我希望人们感觉到,农民就像庄稼那样正向下融汇到土壤里面,而土壤也向上,融汇到农民身上,我希望人们感觉到,太阳正注入农民、土地、庄稼、泥和马的内部,恰如他们翻过来又注入太阳里面一样。当你感觉到世间万物运动这一普遍的节奏时,你才算开始懂得了生活。刚才那位学生讲得很好,他讲到了葡萄和我们有同样的节奏,是什么?	人与自然融为一体 小葡萄里蕴藏大人生
生:生长力。	
师:用一个字来概括,你们知道是那个字吗?就是题目里《葡萄月令》的"令"字,这个"令"在甲骨文的写法是这样的。什么意思呢?下面一个人跪在那里,听从上天的命令。因为甲骨文中"令"	

(续上表)

课堂教学实录	观察与点评
字与"命"字是同一个写法的。当你虔诚地去聆听生命本身的节奏的时候,你才算开始真正地懂得生活,所以汪曾祺的文章是"行文在记账",他真的在记账,他在记一本密密实实的生命之账。 下面布置一个作业,写一下你读完这篇文章的感受。因为只能给大家上一节课,没有机会PK了,老师就把自己写的感受念给大家听,跟你们交流一下,分享一下。 　　　　　　不容易 　　汪曾祺的《葡萄月令》从一月一直记录到十二月,一个月都不曾省掉,我不知道在这个吃葡萄都嫌费劲的时代,谁会耐着性子一个月的、一个月看果农怎么侍弄葡萄? 　　差一点,我和《葡萄月令》失之交臂。当我因为讲课不得不再次研读它的时间,我为我的清贫和浮躁深愧不已! 　　因为葡萄的生长不容易。那是穿过十二个月的风霜雨雪,起打掐疏才结成的果实,你说,哪一个月可以省略,哪一个日子可以抹去,平时轻易扔进嘴里的葡萄突然变得庄重起来。因为在汪曾祺的笔下,生命成长的过程如此艰辛不易。 　　领悟的一刹那,我突然看见在这《葡萄月令》里,每一个生命都可以找到自己对应的时令,中年的我应该是十月吧?"愿意怎么长,就怎么长着吧。"年轻的朋友,你呢? 　　《葡萄月令》用流水账似的记录来寻找时间马车真正之人——生命。"这真是一年的冬景了。	"生命之账"的说法实在、新鲜 "失之交臂"的并非个别

373

（续上表）

课堂教学实录	观察与点评
热热闹闹的果园，现在什么颜色都没有了。眼界空阔，一览无余，只剩下发白的黄土。"读到此，我并不沮丧，因为我知道葡萄只是睡着了，翻过十二月就是一月。我知道生命，从不曾止息。 　　从一月到十二月，那些扛着锄头走在田野里的劳动者们，真的不容易。不只是那月复一月的辛苦，还有那对果子万般的呵护的情义。结尾处果农对果子的看护简直让我们落泪。"下雪了，我们下着碎玻璃似雪，检查葡萄窖，扛着铁锹。一到冬天，要检查几次。不是怕别的，怕老鼠打子洞。葡萄窖里很暖和。老鼠往这里面钻。他倒是暖和了。咱们的葡萄可就受冷了！" 　　这场景让我想到荷尔德林的诗：生活充满劳绩，但人类诗意地栖居。 　　汪曾祺不容易。什么都阻挡不了他的播种。即使被划为右派，被下放到张家口这偏僻的果园，即使世界只分配给他波尔多液和马铃薯，他也依旧要去描画，永远夺不去的丰收的季节。 师：汪曾祺之所以写这段经历，是因为1958年被下放到张家口，在长城以外高寒的边缘地区，只有他一个人，他的任务就是画马铃薯，所以他画出了中国的《中国的马铃薯图谱》。早上画，下午吃马铃薯。就是这样的劳动，汪曾祺说"我最喜欢干的活就是喷波尔多液"。你们知道为什么呢？因为他记的是"生命之节奏，生活的诗意"。 　　只要你像这个"令"一样很虔诚地听从生命的节奏，我相信大家也能够感受到、捕捉到生活	有内涵的分享，读之欲罢不能 知人论世加深理解

（续上表）

课堂教学实录	观察与点评
的诗意。好，今天的课就上到这里，谢谢大家！ 生：谢谢老师。	结束稍显仓促

【点评】

北京贺春慧老师的课上出了她眼里汪先生种葡萄的感受。本想只节选其中片段，但未能成功，因为这节课也如同得了作者真传，于平淡处显功夫，很难删减。这一课，折服了在场的师生，大家都分明被文字背后像波尔多液一样盈盈覆在葡萄上的苦难中的温情所感动，感受到作者"一个人总该用自己的工作，使这个世界更美好一些。给这个世界增加一点儿好东西，在任何逆境中，也不能丧失对于生活带有抒情意味的情趣"的对生命仝无条件的热爱。下课后，我听见学生的对话："语文课还可以是这样的呀！""嗯，真好！"有老师受到震撼而撰写读后感："散文教学需要有精巧的设计，只有老老实实深读文本，才能引导学生走进语言，感悟文字的蕴意。"感叹自己"教学经验不少，但未必真正懂得怎样教散文"。是的，散文其实很难教，然而许多老师回避或者并未认识到这一点，把散文教得很"轻"、很"松"，在表层打转，不能深入语言内部，体悟作者个性化情绪。

这一课在我看来，贺春慧老师个人全面的教学基本功无疑是非常优秀的，教学设计中最大的优点是贴近文本语言，引导学生"贴着物象""贴近人情"，在《葡萄月令》极淡的语言中渐渐读出了汪曾祺那化身为一粒葡萄抒发人与葡萄融为一体的情感、思想的味道，尝到了这串"葡萄"的原汁原味，令学生受到心灵的震撼，回味无穷。

【案例7】《乡土中国》"广州共享课堂"第一课：单元学习导读及第一章"乡土本色"。（执教及自评：孙丽红老师，说明：面对屏幕前的学生）

电视课堂实录	自评
同学们，大家好！我是广州市海珠区教育发展研究院的语文老师孙丽红，今天我们学习《乡土中国》第一课——单元学习导读和第一章"乡土本色"。	介绍课题
"粗缯大布裹生涯，腹有'经典'气自华"。读好书，在收获知识的同时还涵养我们高雅光彩的气质。哎，有同学发现了，老师化用了苏轼的诗，把"诗书"改成了"经典"。很好！	导入，化用诗句
现在开始的10节课我们开启《乡土中国》的精读之旅——这个单元的10节精读课是这么安排的，将有8位老师带领我们学习。这是我们学习生涯中首次以课内独立单元形式呈现的整本书阅读任务，特别强调"整本书"这个概念，强调读得比较深透。在初中阶段我们开展过《西游记》《简·爱》等中外小说整本书阅读学习，同学们已经积累了一些文学作品整本书阅读的经验；不同的是，《乡土中国》是一本学术著作，"学术"是有系统的较专门的学问，学术著作是作者根据在某专门知识领域的研究成果撰写成的理论著作，学术著作重在理论发现或解决实际问题，具有很强的科学性、系统性和逻辑性。高中阶段的语文学习要求我们开始积累学术著作的阅读经验。	介绍整本书10节课教学安排；温故知新，解读学术著作，唤起回顾，使学生明确要求，有整体感知
好，我们先来明确这个单元的总体学习目标：①能阅读《乡土中国》全书，了解中国基层社会特点，思考中国乡土文化的历史局限和现代意义，重新认识新时代中国乡村社会；②能把握核心概念，提炼学术观点和内容提要，理清作者行文逻辑思路；③能有意	单元学习目标贴近课程标准，简明扼要

（续上表）

电视课堂实录	自评
识地阅读相关辅助资料，了解本书学术价值，积累社科类学术著作的阅读经验；④能了解阅读学术著作的要求和基本方法技能；⑤能独立思考，乐于分享，善于表达。	
接下来我们看第一课时的学习目标，这节课的学习目标与单元学习目标一致，有更为具体的要求：第一，能对本书全貌有基本了解，初步梳理全书大纲小目及其关联，能以文化反思的心态联系实际深入思考。这里我补充一点：文化反思源自费孝通先生提出的"文化自觉"概念，"文化自觉"是费孝通先生认为能解决全球一体化发展中人与人关系的方法，涵盖了文化的自我觉醒、自我反思和理性审视，了解它有助于我们阅读本书。第二，能把握第一章中"乡土社会"等重要概念，提炼内容提要，理清行文思路，品味学术著作语言特色。第三，能了解阅读学术著作的基本要求及常用阅读技能，初步知晓本书学术价值。	课时学习目标紧随其后，适时适度且保持一致。对"文化自觉"的补充有必要
在课前提问中，不少同学提出同一个问题：我们为什么要在课内专门阅读《乡土中国》？	面前并无学生，但心中要有学生
是的，21世纪科技迅猛发展，学术著作浩如烟海，从《乡土中国》问世至今，大半个世纪过去了，中国农村发生了天翻地覆的变化，为什么要读这本似乎早已过时，"土得掉渣"的《乡土中国》呢？意大利作家卡尔维诺在《为什么读经典》一书中说："经典是那些你经常听人家说'我正在重读……'而不是'我正在读……'的书。"费孝通先生创作于20世纪40年代的这部作品针对他自己提出的"作为中国基层社会的乡土社会究竟是个什么样的社会"这个问题作答，视野	介绍本书经典性及理由，激发阅读动机

(续上表)

电视课堂实录	自评
宏大、见解精辟，引起广泛关注，结集后一版再版，成为社会学本土化的重要论著，具有开创性意义；在传统与现代的转换和融合、乡村与城市的碰撞和交流的当代，这本书仍能引起人们无尽的思考，仍是我们了解中国基层社会最有价值的读本之一。2020年，清华大学将《乡土中国》随录取通知书一起寄给新生阅读。由此我们不难发现，《乡土中国》正是这样一本超越时代和国界的许多人"正在重读"的经典之作。这部承载着中国知识分子对国家命运前途的关注和思考，承载着中华民族厚重文化的经典著作，也正是我们高中生了解优秀传统文化、增强文化自信的最佳载体。这是我们有必要在课内阅读这本书的第一个原因。第二个原因，这本书篇幅不长，全书仅6万余字，言简意远，平易晓畅。在"重刊序言"中，费孝通先生说《乡土中国》是他根据自己在西南联大和云南大学讲授"乡村社会学"课程内容，应《世纪评论》之约连载的14篇文章的合集。	言简意远
第三个原因，这是一本有温度的学术著作。费孝通先生从求学时起就立下"志在富民"的报国志向，终其一生，孜孜以求。他多次深入乡村，冒着生命危险调查研究，目的是希望找到改进社会、让人民富裕之路。古稀之年的费先生还义无反顾地担当重建中国社会学的重任，积极建言，直到生命最后一刻。我们读《乡土中国》，除了能学习社会学知识与研究方法，更能体会到文字背后支持着费先生不畏艰难险阻奋力前行的宝贵精神品质。同学们，从费先生身上我们会懂得做学问第一需要有高尚的品德。	"有温度"既是这本书的特色，也是打开它的一把钥匙

中学语文课堂教学展开的艺术

(续上表)

电视课堂实录	自评
好的,同学们在粗读过程中一定还有各种各样的困惑。非常好,这些困惑都表明,我们已经开始学习提出问题、思考问题,希望我们带着疑问走进《乡土中国》,带着更多更大的疑问走出《乡土中国》,学以致用,为建设更好的中国做准备。	学贵有疑
《论语》云:"工欲善其事,必先利其器。"接下来我们一起来了解一下学术著作阅读的基本要求及阅读技能。同学们在小学和初中已经掌握了精读、略读、浏览等阅读的基本方法,在此基础上学术著作的阅读还要求能进行概括、分类、比较、质疑、创新,达到了解、内化、把握、学习、审视、生成学术内容和观点的目的。 辅以这些阅读技能有助于我们达到这些要求,如圈点勾画、批注简析、思维导图、撰写读书笔记等。在后面各章节的学习中,老师们会结合文本指导大家掌握运用。	整本书阅读方法指引
具体到阅读《乡土中国》,孙老师提醒同学们注意四点:一是有概念意识。《乡土中国》的序言、目录、正文、后记中都提到一些概念,要留心琢磨这些概念是在哪些部分、什么"语境"中提出的,其内涵如何,属于一般概念还是核心概念,如何围绕概念展开论析。把提出概念或者定义概念的句子顺手圈画下来,读完全书回头再看那些圈画过的概念,串联起来,就如同有了一张阅读的"线路图"。二是有结构意识。认真理清全书章节之间、相关章节之间、章节内部段落之间不同层面的行文思路,这是阅读社科类论著最费功夫的地方。建构全书架构、理清章节之间的关联、梳	教师个性化阅读体会交流,提醒养成"意识"

(续上表)

电视课堂实录	自评
章节段落逻辑思路,是化繁为简的前提,特别有助于思辨性思维的养成。三是有关联意识。关注书本与书本、书本与现实间的联系。四是有语言敏感性,准确领会作者的表述意图。《礼记·学记》云"独学而无友,则孤陋而寡闻",最后希望同学们在独学静思的基础上主动与老师和同学交流读书心得。	
《乡土中国》"以中国的事实来说明乡土社会的特性",14篇文章看似分散独立,实为关联紧密的整体,因此,对全书内容应先有一个宏观的把握。这是用思维导图法梳理的《乡土中国》整本书的篇章结构,帮助同学们对全书先有一个总体印象。首先,作者开宗明义地提出"中国基层社会是乡土性社会",从这个基本观点出发,分别阐释了乡土社会的结构和变迁。其次,作者深入剖析文字难以下乡的社会原因、凝练出"差序格局"这一中国乡土社会的基层结构,进而揭示维持这个乡土社会的礼治秩序。最后,基于"完全静止的社会是不存在的",进一步讨论乡土社会变迁的表现形态。	回应前述"结构意识",首先对全书进行客观、整体把握
在阅读时请同学们注意,本书研究的对象并不是当下的中国乡村,但费先生提出的"乡土性"有助于我们客观地了解中国社会的"根"。事实上,他笔下的这个乡土中国对今天的中国仍有着深远的影响。同时,我们需要以反思的心态阅读这本书,思考农村已然发生的巨大变化中有哪些"不变",从而更好地认识现在,既看到乡土社会中值得传承的文化基因,也要反思在中国现代化道路上乡土文化存在的需要改进之处。	学生易误解处,提示很有必要
接下来我们学习第一章"乡土本色"。"孩子/在土	

(续上表)

电视课堂实录	自评
里洗澡；爸爸/在土里流汗；/爷爷/在土里葬埋。"臧克家这首仅21字的小诗三次出现"在土里"，用简洁质朴的语言传递出岁月不居、时节如流，三代人牢牢附着在土地上的生存状态，年复一年，代复一代。这首与《乡土中国》创作于同一年代的现代诗《三代》，能帮助我们理解本章从社会学角度对"作为中国基层社会的乡土社会究竟是个什么样的社会"给出的基于现象又高度概括的回答。同时，阅读本章也能加深我们对这首小诗所蕴含丰富内涵的领悟。	以小诗《三代》开启第一章阅读，生动、贴切，代入感很强 理解是双向的，作用是相互的
本章是全书的总领章节，总论点是：中国基层社会的本质是"乡土性"，共17个自然段。这是课前预习时刘畅同学的梳理，老师认为他梳理得很好（此略）。撰写内容提要是阅读学术类著作的重要策略，在梳理了段落大意的基础上，我们明确一下本章的内容提要：作者着眼中国基层乡土社会，把中国基层乡土社会的"本色"概括为"乡土性"，提炼出乡土中国的精髓，指出"乡土性"正是乡土中国基层社会生活方方面面的支配力量。然后，概述农耕文明影响深远、人对土地的依附以及聚村而居，村落内部是熟悉的社会，村落之间人员不流动、孤立隔膜的情形。最后，反思在社会急速变迁过程中这种"乡土性"产生了流弊。	概括段落大意，撰写内容提要，传统阅读方法依然有用
由此，我们不难发现本章的行文思路，据此可以绘制这样的思维导图（此略）。	用思维导图呈现行文思路，一目了然
下面我们来关注本章中的学术概念：乡土性、社会、乡土社会。"乡土性"说的是"依附于土地的本乡本土特性"，"社会"是由一定的经济基础和上层建筑	回应前述

(续上表)

电视课堂实录	自评
构成的整体,"乡土社会"则是"以乡土性为特点的社会形态"。请同学们注意学习学术著作对概念的界定,为进一步阅读打牢基础。 　　本章提及的概念有:社区、社群,礼俗社会、法理社会,机械团结、有机团结。请同学们分小组课后完成对前面四个概念的诠释。	"概念意识",引导学生初步认识"学术概念"
作为总章的第一章,内涵十分丰厚,下面我们通过问题一起来探讨文意。	文意探讨
探讨1:以下是作者在文中引用的平常语言、记录的司空见惯的现象,透过这些现象,作者发现了什么? 　　明确:作者透过这些常见的典型现象,发现了中国基层社会是熟人熟事的熟人社会、服于成规的礼治社会;耕种分工程度很浅,聚居另有其因;人员不流动等社会实质。阅读中注意观察作者是如何筛选案例材料,提炼为可以印证乡村社区结构特征的"现象",并和其他不同"文化格式"进行比较,从而凸显乡土中国的特殊性,而后进入理论分析层次的。	透过现象看本质
探讨2:"乡土本色"开头说"从基层上看去,中国社会是乡土性的",结尾说"从乡土社会进入现代社会的过程中,我们在乡土社会中所养成的生活方式处处产生了流弊"。你是否认同结尾这一说法?联系生活实际或阅读体验,谈谈你对这一说法的认识与思考。	引导学生深入思考,形成言之成理的观点
明确:同学们,这是一个开放性问题,可以根据你对生活的观察或阅读的其他作品中的相关内容大胆说出你的看法,认同或不认同都可以,陈述清楚自己的理由,自圆其说即可。例如,可以说:"我同意作者的观点。举个简单的例子,左邻右舍之间借钱,一般	截然相反的观点,都能自圆其说,思

（续上表）

电视课堂实录	自评
不用打借条，而在现代社会中，这种相处方式产生了弊端，一些人不守信用，辜负朋友、亲人的信任，借款不还、携款逃跑的事时有发生。所以，在现代社会，我们需要祛除乡土社会生活方式的弊端，提高契约、法治意识。"也可以说："我不同意作者的观点。乡土社会中乡邻之间互相信任，左邻右舍之间借钱，一般不用打借条，这是难能可贵的高度互信的人际关系，需要呵护。现代社会中一些人不守信用，向亲戚朋友借款不还甚至携款逃跑，这恰恰是现代社会的弊端，而不是乡土社会的流弊。"	维碰撞由此产生。如果是在课堂上，学生的生成性、互动性会很精彩
探讨3：本章末句说"'土气'成了骂人的词汇，'乡'也不再是衣锦荣归的去处了"，认为乡土社会的生活方式对社会现代化产生了阻碍，作者似乎对"乡土性"持否定态度，对吗？ 明确：同学们，费先生不以先进或落后的成见来看待城市和乡村、中国和西方的文化差异，他以学者客观的眼光观察社会现象，试图客观地回答"是什么"的问题。其实，原文结尾中这句话前面还有个词"于是"，也表明了作者观察现象的态度。所以，我认为不能由此判断作者对"乡土性"持否定态度。	这是来自师生同读交流中的问题，后文中类似误读还有不少，应予以明确
本章的语言艺术可圈可点，让我们举例说一说。这是首段，请同学们仔细阅读。 明确：这段话是这部经典著作中的经典段落，第一句，作者简明扼要提出"中国社会是乡土性的"这个观点，同时强调了"从基层上看去"这个前提，并随之解释了如此强调的原因，十分严谨。"注意"已经表达了"把心思放到某个方面"的意思，加上"集	回应前述"语言敏感性"，从严谨与传神等角度概括费氏学术语言的特点

（续上表）

电视课堂实录	自评
中"，更突出了聚焦的意味；"不完全相同""暂时""才是"等都能体现出作者表述语意力求精准的特点。这个经典段落表现出学术语言准确、简明、严谨的特点，值得好好品味。 　　长在土里的庄稼行动不得，侍候庄稼的老农也因之像是半身插入了土里，土气是因为不流动而发生的。 　　明确：好一个"行动不得"，赋予了庄稼"灵动"的生命性；而谈到本应是行动者的"老农"，却因这"行动不得"的庄稼倒像是"长"在土里一动不动。"侍候"多指对长辈或地位高者小心侍奉，在这里用于老农对"庄稼"，这种换位描写生动形象地表现了农民对土地的依赖和敬畏，庄稼与人仿佛互相照拂的老友，亲密无间。从这个句子和文中诸多同类表述中，我们还发现费孝通先生的学术语言兼具生动、有趣、传神的个性特色。	剖析典型例句
本章阅读过程中，同学们不难发现，作者列举了大量经过提炼的鲜活的社会现象引出或佐证自己的观点。生活中，类似的例子也不少。例如，城市里的人们在阳台、院子等地方见缝插针地"种菜"，逢年过节归乡心切的返乡大潮，等等。文学作品中也有一些间接经验，例如，汪曾祺笔下的"胡同文化"是一种封闭的文化，住在胡同里的居民大都安土重迁，不大愿意搬家；有在一个胡同里一住住几十年的，甚至有住了几辈子的。	回应前述"关联意识"，从不同角度选取典型例子
历史上，中国共产党基于对近现代中国80%以上的人口是农民，资本主义发展不充分的现状，认识到依附于土地的处于中国社会基层的广大农民才是中国	以革命传统史实为例，很有

（续上表）

电视课堂实录	自评
革命的主力军，中国革命的重点理应在农村，在实践中创造性探索出一条"农村包围城市、武装夺取政权"的中国革命胜利之路。这与本书对中国基层社会本质特点是乡土性的判断是不谋而合的。	说服力，理论与实践相互印证
作为总领章节的"乡土本色"，高屋建瓴而又言简意赅地统领着全书知识体系，我们可以通过梳理它与后面13个章节之间的关联突出感受到这一点。本章对全书的建构逻辑是："乡土性"是各相对独立章节论述的前提，其余各章节从多角度阐述作者对中国基层社会的这个基本认识。例如，农耕文明乡土社会的不流动产生的"熟悉"带来的无须文字即可彼此会意、学而时习的乡间礼俗、脱离契约的信任等诸多影响，正是《文字下乡》《再论文字下乡》《礼治秩序》《无讼》《无为政治》《长老统治》等文章展开论述的内容；在熟悉社会中聚村而居，人们得出的往往是具象个别的经验，而不是抽象的普遍原则，这正是《差序格局》《系维着私人的道德》《家族》《男女有别》重点阐述的内容；社会不可避免的急速变迁导致了从长老权力到时势权力、从血缘结合向地缘结合、从靠欲望行事向根据需要来计划的变迁，这正是《血缘和地缘》《名实的分离》《从欲望到需要》的论述内容。	章节关联探讨的是全书建构逻辑，既是阅读学术著作的关键点，也是难点，是深读的基础
2021年7月1日，在庆祝中国共产党成立100周年文艺晚会上，歌曲《和合之美》中唱起"世界之大，和合为尚；人间至美，福祉共享；各美其美，美人之美；美美与共，天下大同"，唱出了中国作为世界大国的和合文化之声和责任担当。"各美其美，美人之美；美美与共，天下大同"就是费孝通先生在80岁生日时	结语选材精当，收束有力。《乡土中国》中蕴含的"各

(续上表)

电视课堂实录	自评
对外国友人说的话,费先生说:"这几句话表达了我对未来的理想,同时也说出了要实现这一理想的手段。"我认为,"各美其美,美人之美"的思想已然蕴含在《乡土中国》一书中,这8个字是费孝通先生语言艺术与思想、情感的完美融合,展现出他超越时代的思想洞见和炉火纯青的语言功力,令人叹服。 　　最后,请同学们了解课后作业及推荐阅读。课堂到此结束,谢谢大家的观看,再见!	美其美,美人之美"的思想亦是这本书生命力之源泉

【自我反思】
"共享课堂"是网络时代的产物,新冠肺炎疫情加速了通过屏幕进行的线上教学的进程。参与"共享课堂"的录制,是任务,更需要公益精神。这次录课的体会是:线上课堂与线下课堂有同有异,差异不小,同大于异。先说不同之处:首先,没有学生的课堂容量明显增大,按每分钟大约250字的语速,讲26分钟,大约是6500字。录完课后我面对学生上课,在重点学校重点班至少需要两节课80分钟时间,在普通学校重点班40分钟则仅开了个头,估计需要160分钟。换言之,电视课堂内容要充实,备课量很大,就本节课而言,大约是线下3节课的容量。其次,线上录课预设性极强,需要提前做到字斟句酌;线下教学则生成性更为重要,需要随时根据学情互动。再谈相同之处:首先,无论什么课堂,解读文本是前提。线上课堂由于主要是教师讲解,对文本解读要求更高。要讲好《乡土中国》这样经典的社会学学术著作,我们要做的预备工作十分艰巨,需要阅

读大量相关书籍，如费孝通先生传记、社会学理论通识、《乡土中国》成书经过及重要评价、相关文学及影视作品、六万余字的文本解读等。2020年，相关教学辅助资料奇缺，难度很大。但是，正如统编语文教材总主编温儒敏老师所说："读书不能就易避难，不要总是读自己喜欢的、浅易的、流行的读物，在低水平圈子里打转。年轻时有意识让自己读一些'深'一点的书，读一些可能超过自己能力的经典，是一种挑战。应当激发自信，追求卓越，知难而上。"教师，理应先于学生知难而上，率先垂范。其次，无论什么课堂，心中都要有学生。我们的教学设计是贴近学生可能存在的疑惑或未知且重要之处而去的，虽然眼前没有学生，但时时处处都需要想象学生的存在，针对对象讲授，唯其如此，线上或线下的课堂才可能成功。最后，线上课堂受众更为广泛，影响更大，在意识形态、学科知识、语言表达等方面更需要站在立德树人的高度考量，追求精益求精的教学艺术境界。

为了弥补线上教学无法解答学生疑问的不足，"广州共享课堂"设计了"答疑"环节，由教师预设学生疑惑并解答，模拟课堂问答。以下撷取两例以飨读者。

问1：老师，您上课时提到费孝通先生透过现象看本质的本领很厉害，我很好奇，想知道怎样努力才能做到这一点？

答1：这位同学的好奇心十分可贵。前面我们说过"学术"是有系统的较专门的学问，具有很强的科学性、系统性和逻辑性，需要理论的支撑。费先生透过现象看本质的秘密就隐藏在本章第12自然段文字里。让我们一起重读同学们感到最枯燥也最容易被忽略的这一段落。这段百余字的文字中，有4个英语单词、6个学术概念，信息量非常大。费先生师承国际社会学大师门下，书中非常巧妙地融合政治学、经济学和人类学等理论，理论站位很高，学术分量厚重。例如，这段文字中提到的"有机团结""机械团结"就是"结构功能主义"中的著名概念，这个社会学理论认为社会是具有一定结构或组织化手段的系统，社会的各组成部分以有序的方式相互关联，并对社会整体发挥着必要的功能。这一观点正是本书学术大厦建构的理论基础，有兴趣的同学通过进一步了解还会有不少发现。在运用社会学理论观照中国社会及其"乡土性"文化特点的同时，费先生还为找到富民之路深刻反思乡土文化。可见，深厚的社会学理论基础和高度的文化自觉意识是费孝通先生透过现象看本质的深层原因。所以，要练就透过现象看本质的慧眼需要借助理论和思考的力量。

问2：老师，这本书太难读懂了，我感到很焦虑，怎么办？

答2：的确，以前的课文是一篇一篇学，现在要求课内读整本，又是很少接触的社会学著作，感到困难属于正常的"高原反应"；但是，不要怕，也无须焦虑。正如王安石所说，"世之奇伟、瑰怪，非常之观，常在于险远"，读书亦如是。阅读有难度的作品如同探险，攻坚克难的快乐是很美妙的阅读体验，只有在这样的体验中同学们的思考力才能得到长足提升，精神世界才会更加丰富。我建议同学们放平心态，尽力而为，力求读懂，碰到读不懂的地方可以跟老师、同学一起探讨、交流，也可以在脑子里按"暂停键"，留下印象，他日重读时很可能就豁然开朗了。说实在的，为了能指导大家阅读，这本书8位老师（注：他们是孙丽红、徐瑛洁、彭小丁、朱宪云、江鸿洋、赖君健、余静喜、陈正仪）都读了很多遍，但总觉得自己还有没读懂的地方，而且常读常新，每次都有新的发现和思考。所以，《乡土中国》是一座令人望而生畏的宝山，但入宝山必有所获，做难事必有所得，与大家共勉。

经历了多次线上线下脱胎换骨的研课、磨课，《乡土中国》10节课于2021年9月在广州电视台演播厅录制，2021年11月顺利上线，通过网络平台公开播放，反响较为热烈，得到一定好评。但是，我自己感觉的确还有许多遗憾，譬如镜头感、讲台表现、口头表达等诸多方面不尽如人意，内容方面也有待进一步完善和提高，等等，恳请亲爱的读者不吝批评指正。

参考文献

一、著作类

[1] 林崇德. 教育的智慧 [M]. 杭州：浙江教育出版社，2019.

[2] 杜威. 我们怎样思维：经验与教育 [M]. 姜文闵，译. 北京：人民教育出版社，2005.

[3] 申继亮. 教学反思与行动研究：教师发展之路 [M]. 北京：北京师范大学出版社，2006.

[4] 全守杰，尹子龙. 教学反思与教师发展的探索 [M]. 北京：光明日报出版社，2016.

[5] 叶圣陶，夏丏尊. 我怎样教语文 [M]. 武汉：长江文艺出版社，2017.

[6] 孙菊如，陈春荣. 课堂教学艺术 [M]. 北京：北京大学出版社，2019.

[7] 周浩波. 教育哲学 [M]. 北京：人民教育出版社，2019.

[8] 李如密. 课堂教学艺术新论 [M]. 福州：福建教育出版社，2017.

[9] 卡尔维诺. 为什么读经典 [M]. 黄灿然，李桂蜜，译. 南京：译林出版社，2019.

[10] 孙绍振. 经典小说解读 [M]. 上海：上海教育出版社，2016.

[11] 孙绍振. 孙绍振解读经典散文 [M]. 北京：中

华书局，2015.

［12］孙绍振. 孙绍振如是解读作品［M］. 福州：福建教育出版社，2007.

［13］孙绍振. 名作细读：微观分析个案研究［M］. 上海：上海教育出版社，2010.

［14］孙绍振. 月迷津渡：古典诗词个案微观分析［M］. 上海：上海教育出版社，2012.

［15］王意如. 中国古代文学与语文教育［M］. 上海：上海文艺出版社，2015.

［16］朱绍禹. 中学语文教学法［M］. 北京：中华书局，2015.

［17］罗锡英. 中学语文文本教学研究［M］. 桂林：广西师范大学出版社，2017.

［18］胡中锋，李方. 教育测量与评价［M］. 广州：广东高等教育出版社．1999.

［19］陈向明. 质的研究方法与社会科学研究［M］. 北京：教育科学出版社，2000.

［20］陈瑶. 课堂观察指导［M］. 北京：教育科学出版社，2002.

［21］赵希斌. 给语文教师的阅读建议：基础书目与导读［M］. 上海：华东师范大学出版社，2018.

［22］林崇德. 学习与发展：中小学生心理能力发展与培养［M］. 北京：北京师范大学出版社，1999.

［23］林崇德. 教育与发展：创新人才的心理学整合研究［M］. 北京：北京师范大学出版社，2002.

［24］唐晓杰，等. 课堂教学与学习成效评价［M］. 南宁：广西教育出版社，2000.

［25］张民生，金宝成. 现代教师：走近教育科研［M］. 北京：教育科学出版社，2002.

［26］傅道春. 新课程中教师行为的变化［M］. 北京：首都师范大学出版社，2001.

二、期刊类

［27］叶澜. 重建课堂教学价值观［J］. 教育研究，2002（5）.

［28］北京教科院基础教育教学研究中心课堂教学评价研制小组. 课堂教学评价体系的研究与实验［J］. 课程·教材·教法，2003（2）.

［29］刘志军. 课堂教学评价实施中若干问题的探讨［J］. 现代中小学教育，2002（9）.

［30］申继亮，刘加霞. 论教师的教学反思［J］. 华东师范大学学报（教育科学版），2004（9）.

跋

再讲述西西弗斯永不停歇搬运巨石上山的神话实在会令人审美疲劳,但教师这个职业又实在与西西弗斯运石的故事有着太多相似之处:日复一日在基本相同的环境中劳作,一节又一节似曾相识的课,一届又一届来来往往的学生……有意思的是,加缪认为"减少选择反而是件幸福的事情,西西弗斯沉默的喜悦全在于此"。那么,教师在看似重复的劳作中感到幸福吗?

实际情况是,有些老师能感觉到选择教师作为职业的幸福,有些不能,而且二者都占有不少的比例。根据我不算高明的观察,在乎学生成长的老师,他们的劳作不是重复的,因为每一个学生都独一无二,都需要在老师这里获得不一样的帮助与关爱;追求课堂教学艺术的教师,他们是不知疲倦、不会倦怠的,因为对艺术的求索永无止境。在乎学生成长的老师必然会不懈追求课堂教学艺术,而不懈追求课堂教学艺术的老师最大的动力即来自对学生成长的在乎。在我看来,"在乎学生"和"追求课堂教学艺术"是作为一名教师最纯朴的幸福和最纯粹的善良。《礼记·大学》云"止于至善",对此,我的理解是,"至善"其实并不存在,我们可以做到"小善""中善""大善",但永远做不到"至善",所以,求善无穷尽。

中学语文教师在学生人生中所能起到的作用极其特殊:一方面,是以文学教育为主体的中学语文教育对学生精神的

濡养作用；另一方面，是一位优秀的语文教师独特的学养和人格魅力对学生举足轻重的影响力。缺失了这两个重要方面中的任何一面，后果都将可能是灾难性的。

让我们回顾"复旦投毒案"，关注一下央视和新京报记者采访被关押的林森浩的两段发人深省的对话。

董倩：你从一个复旦大学学生，到了看守所里，成了一个犯罪嫌疑人在等待着宣判，这10个月你是怎么消化的？

林森浩：一直在看书，然后跟人沟通。

董倩：看什么书，做什么沟通？

林森浩：主要看一些文学经典。

董倩：为什么选择这方面的书？

林森浩：因为我觉得我以前读那些理工科的（书）太多，这方面的书读得太少。

董倩：你觉得是有欠缺，所以才读吗？

林森浩：对，我觉得我的思维有点太直。

董倩：自己性格中这种巨大的反差，你能解释吗？

林森浩：我真的可能有点跟你解释不了。可能还是跟我做事不计后果这个习惯有关。伤害别人身体的这种行为，好像在我这里不是我的底线。就那段时间来说，本来应该说每个人做事都有一个底线，对吧？不应该这么做。

……………

记者：在看守所关押这一年里你在想些什么？又是怎么度过的？

林森浩：一审没宣判之前，我对未来充满希望，一直在看书，通过阅读，发现一些自己的缺陷。公诉人说我不善于控制自己的负面情绪，我也这么认为。

记者：看了什么书？觉得自己的缺陷有哪些？

林森浩：看经典名著，如托尔斯泰的《复活》。聂赫留朵夫年轻时对不起一个女孩，当他看到那女孩就愧疚，后来做了很多好事，完成了自己的救赎。我现在最大的感受就是如果缺乏社会阅历，就必须有阅读的习惯。我以前大部分时间放在应试教育上，文学、宗教、哲学方面的书就看了大概三本，《围城》《活着》《三国演义》。如不阅读书，看看电视剧也好，电视剧里也有很多人生道理。我生活太单调，除了做实验，就是运动，我记得有个师姐说我情商太低。我觉得我现在需要的是潜移默化，慢慢地把自己的思维方式做一些调整。

我不认识投毒案中的任何人，但这个案件是压在我心上的一块巨石。我很关注此案，在看到这个采访后，我感到深深的惋惜：冰冻三尺非一日之寒，头顶数所名校光环的林森浩的问题，用他的话说是"思维方式"的问题，他最后意识到这一点十分难得，但大错已然酿成，悲剧无法挽回。

林森浩的反思是真诚的，他认识到自己人文学养的极度欠缺是悲剧的更深层次的原因。很多人认为小说无用，既不能像科技论文一样传达"有用"信息，又不能像新闻调查那样为我们讲述世间诸事的来龙去脉。但小说能带给阅读者情感体验，借此让他们设身处地地思考问题，感同身受地移情换位，在有限的时间里间接体验大千世界里的人情百态。它巧妙而生动地告诉我们：人类存在的意义不仅仅是了解关于世界的真相，还在于融入世界的感情经历。

当然，这个文学素养缺失的责任不能算在他的语文教师头上；但是，语文学科的重要性从这里再次得到惨痛的证明。他的悔悟是有价值的，我们每一位语文教师都有责任努力搬开这块"巨石"，承担起不同阶段学生精神成长的引路人的光荣职责，为学生的人生埋下更多"真""善""美"的种子，期待他们带给社会更多美好的东西。正如于漪老师所云："满地都是便士，作为教师，必须抬头看见月亮。"

回到本书的序言，"这是一本写给教师的书"，同时，"这是一本为学生而写的书"。既然我们选择了教师这个职业，那么，只管快乐地风雨兼程，只能勇敢地义无反顾！

卡尔维诺说："有时候我觉得世界正在变成石头。不同的地方、不同的人都缓慢地石头化，程度可能不同，但毫无例外地都在石头化，仿佛谁都没能躲开美杜莎那残酷的目光。"但我深知，"西西弗斯离开山顶的每个瞬间，都超越了自己的命运"。

2021 年 5 月 15 日于广州